DEBORA SOMMER

IM HERZEN IST RAUM FÜR MEHR

DEBORA SOMMER

Im Herzen ist Raum für mehr

SEHNSUCHT ALS **LEBENSKRAFT** ENTDECKEN

francke

Sofern nicht anders angegeben, erfolgt die Wiedergabe der Bibelzitate aus dem Alten Testament nach der „Elberfelder Bibel“ (ELB, © 1985, 1991, 2008 SCM R. Brockhaus in der SCM Verlagsgruppe GmbH Witten/Holzgerlingen), die aus dem Neuen Testament nach „Hoffnung für alle“ (Hfa, Copyright © 1983, 1996, 2002, 2015 by Biblica, Inc.®. Verwendet mit freundlicher Genehmigung des Herausgebers Fontis).

Des Weiteren wird zitiert aus:
Lutherbibel (LUT, revidiert 2017, © 2016 Deutsche Bibelgesellschaft, Stuttgart)
Neue Genfer Übersetzung – Neues Testament und Psalmen (NGÜ, Copyright © 2011 Genfer Bibelgesellschaft, Romanel-sur-Lausanne)
Neues Leben. Die Bibel (NLB, © der deutschsprachigen Ausgabe 2002 und 2006 SCM R. Brockhaus in der SCM Verlagsgruppe GmbH Witten/Holzgerlingen)

Trotz aller Bemühungen ist es uns leider nicht gelungen, die Rechteinhaber sämtlicher Fremdtexte ausfindig zu machen. Für Hinweise sind wir dankbar.

Bibliografische Information der Deutschen Nationalbibliothek
Die Deutsche Nationalbibliothek verzeichnet diese Publikation in der Deutschen Nationalbibliografie; detaillierte bibliografische Daten sind im Internet über http://dnb.dnb.de abrufbar.

ISBN 978-3-96362-141-3

35037 Marburg an der Lahn
Innenteil Grafik Herz: © iStockphoto.com / beastfromeast
Umschlagbild: © iStockphoto.com / swissmediavision
Umschlaggestaltung & Satz: Verlag der Francke-Buchhandlung GmbH
Druck und Bindung: CPI books GmbH, Leck

www.francke-buch.de

INHALT

Widmung

Für Ruben – meinen Weggefährten auf der Reise der Sehnsucht – zum 20. Geburtstag. Mein Herz ist voller Liebe, Dankbarkeit und Stolz, wenn ich an dich denke.

HERZENSGEDANKEN

sehnsucht

ach könnte ich zum himmel fliegen
den regenbogen sanft berühren
im schein des abendrots genesen
das meeresrauschen in mir tragen
im licht des nordens mit dir träumen
und den blauen himmel trinken

ach könnte ich die zeit einfrieren
zum lied der jahreszeiten tanzen
im frühlingsmorgen zart erblühen
im duft der sommernächte reifen
im wirbelsturm des herbstes ringen
im weiß der winterstille ruhn

ach könnte ich die welt erneuern
zerbrochenes zusammenfügen
im tal der not die tränen trocknen
den seelenschmerz in schönheit wandeln
das lachen meiner kinder schützen
und in dem sturm ihr nordstern sein

ach könnt ich wie ein vogel singen
der dunkelheit mein lied entgegnen
ach könnt ich in der wüste blühen
der dürre neues leben schenken
ach könnt ich wie die sterne funkeln
und die tiefste nacht erhellen

ach lass mich noch ein wenig atmen
die wunder dieser erde sehen
den hauch von ewigkeit erhaschen
ich weiß all das hier wird vergehen
ach lass mich bald den heimweg finden
und schaffe frieden meinem sehnen[1]

Debora Sommer, 20.02.2015

1 Debora Sommer, in: *longing – sehnsucht – længsel.* 2015. Gilleleje: VNP. Hg. Jørn Henrik Olsen. S. 17–21.

EINFÜHRUNG

Ich sitze entspannt am Fenster eines Flugzeugs, das mich von Neapel in die Schweiz fliegt. Ein Stück Herz bleibt stets in Süditalien zurück. Bei meiner Schwester, meinem Schwager und meiner kleinen Nichte.

Im Vergleich zum Hinflug, der meinem Nervenkostüm – unter Einfluss des Sturmtiefs Fabienne – ziemlich zugesetzt hat, ist der Rückflug eine wahre Wohltat. Schönes Wetter. Klare Sicht. Ruhige Flugverhältnisse. Nachdem wir eine bestimmte Flughöhe erreicht haben, wird die Wölbung der Erdkugel erkennbar. Das Meer geht nahtlos in den Himmel über. Es ist nicht länger auszumachen, wo das eine beginnt und das andere aufhört. Einmal mehr staune ich über die Wunder der Schöpfung, die ich meist für so selbstverständlich halte, dass mir gar nicht mehr auffällt, wie unglaublich sie im Grunde sind. Und sei es bloß die Tatsache, dass nichts von der Erdkugel fällt, selbst das, was in jenem Moment doch eigentlich »unten« an der Kugel ist. Wie ist es möglich, frage ich mich, dass die Erdanziehung so unglaublich stark ist, dass die Wassermassen rund um den Globus an die Erdkugel gebunden bleiben? Für mich geht dieses Wunder weit über physikalische Erklärungen hinaus.

Der Flug über Millionenstädte wie Rom und Mailand bringt mich ins Grübeln. So viele Menschen. Was bewegt sie? Was wünschen sie sich? Wonach sehnen sie sich? Wenn das Meer und die Berge, die ich sehe, Geschichten erzählen könnten, würden sie Jahrtausende weit zurückreichen ... Wie kurz ist im Vergleich dazu ein Menschenleben! Menschen kommen und gehen. Trotzdem gibt es Dinge, die ganze Generationen überleben und Menschen unterschiedlichster Zeiten und Kulturen miteinander verbinden. So auch die Sehnsucht.

GEHEIMNISVOLLE SEHNSUCHT

Während ich aus dem Flugzeugfenster blicke, frage ich mich, wie unglaublich viel Sehnsucht bei all diesen Menschen in den winzig kleinen Dörfern und Städten weit unter mir vorhanden sein muss. Ich versuche mir vorzustellen, wie es wohl aussehen würde, wenn man Sehnsucht sichtbar machen könnte. Zum Beispiel durch einen farbigen Nebelschleier, der die Betroffenen umgeben würde. Bei dem Gedanken an die Verwirrung, die dabei entstünde, huscht ein Lächeln über mein Gesicht. Doch selbst wenn all diese sichtbar gewordenen Sehnsüchte gestillt würden – stets bliebe Raum für mehr!

Sehnsucht kann Menschen gleichermaßen in die Verzweiflung treiben, wie ihnen zu Höhenflügen verhelfen.

Sehnsucht kann Menschen gleichermaßen in die Verzweiflung treiben, wie ihnen zu Höhenflügen verhelfen. Sie ist der schmale Pfad der Hoffnung auf der Gratwanderung zwischen Verzweiflung und Illusion. Und es stellt sich die Frage, was es auf unserer Lebensreise zu beachten gilt, damit wir nicht auf der einen oder anderen Seite des Weges in die Tiefe stürzen. Sehnsucht stellt uns immer wieder neu vor die Entscheidung, ob wir an ihr verzweifeln beziehungsweise einer Illusion nachjagen oder ob wir sie als Lebenskraft ergreifen, die unserem Leben eine sinnerfüllte und hoffnungsfrohe Perspektive schenkt.

SEHNSUCHT IN MEINEN BÜCHERN

Ich bin überzeugt, dass Sehnsucht in unserem Leben eine viel wichtigere Rolle spielt, als uns in der Regel bewusst ist. Bei mir hat es eine ganze Weile gedauert, bis ich realisierte, welch entscheidende Rolle Sehnsucht in meinem schriftstellerischen Schaffen spielt. Eigentlich wurde es mir erst vor wenigen Monaten bewusst. Und zwar während eines Interviews zu meinem damals neu erschienenen Buch *Blühe dort, wo du gepflanzt bist.*[2] Als ich mich auf die Frage antworten hörte, was mich zur Abfassung dieses Buches bewegt habe, überkam mich ein Déjà-vu-Gefühl. Irgendwie hatte ich den Eindruck, als ob ich genau diese Antwort schon oft gegeben hätte. Doch es war mein erstes Interview zu diesem Buch! In jener Nacht dachte ich vor dem Einschlafen über diese seltsame Episode nach. Ich kann meine Antwort von damals nicht wortwörtlich wiedergeben, aber ich erinnere mich, dass ich als Beweggrund meine Sehnsucht genannt hatte, dass blühendes Leben nicht länger ein Wunschtraum bleiben, sondern im Leben vieler Menschen Gestalt annehmen möge. Und plötzlich erkannte ich, dass sich Sehnsucht wie ein roter Faden durch all meine bisherigen Buchprojekte (die zum Teil völlig unterschiedlich sind) zieht. Zum Beispiel die Sehnsucht danach, dass wir unserer individuellen Lebensberufung folgen, auch wenn Widerstände da sind (*Juliane von Krüdener*)[3]. Die Sehnsucht nach Veränderung und danach, dass wir uns nicht mit weniger zufriedengeben, als sich der Schöpfer für uns vorgestellt hat (*einzigartig*)[4]. Die Sehnsucht, ich selbst sein zu dürfen und zu erkennen, dass es gut ist, wie ich von Gott geschaffen bin (*Die lei-*

---

2 Sommer, Debora, 2018. *Blühe dort, wo du gepflanzt bist.* Marburg: Verlag der Francke-Buchhandlung.

3 Sommer, Debora, 2014. *Juliane von Krüdener: Eine Baronin missioniert Europa.* Marburg: Verlag der Francke-Buchhandlung.

4 Sommer, Debora, 2017. *Einzigartig: Entfalte, was in dir steckt.* Marburg: Verlag der Francke-Buchhandlung.

sen Weltveränderer)[5] – verbunden mit der Sehnsucht, einen Unterschied zu machen und etwas in dieser Welt zu bewegen.

Dass ich nun ein Buch über Sehnsucht in Angriff nehme und somit über *das* Thema schreibe, das all meine bisherigen Projekte verbindet, ist ein Wagnis. Es ist eine Reise, die zunächst *mich* als Autorin und danach *Sie* als Leserin oder Leser herausfordert, sich mit dem Kern Ihrer Persönlichkeit auseinanderzusetzen. Mit dem, was Sie im Tiefsten antreibt. Dem, was Sie sich vom Leben erhoffen. Aber auch dem, was Sie allenfalls blockiert. Letztlich geht es darum, dass Sie sich Ihrer tiefsten Sehnsüchte bewusst werden und sie ins Gespräch mit Gott bringen. Sodass die Dynamik Ihrer Sehnsucht nicht in Selbstzerstörung oder Verzweiflung mündet, sondern mit Gottes Hilfe in Lebenskraft umgewandelt wird.

SEHNSUCHT IN MEINEM LEBEN

Selbstverständlich ist Sehnsucht nicht bloß in meinen Büchern ein Thema, sondern in erster Linie in meinem Leben. In meinen Büchern spiegelt sich lediglich, was ich auch im Leben durchbuchstabiert habe beziehungsweise durchbuchstabiere. Ich habe schon früh damit begonnen, mich mit meiner intensiven Gefühlswelt auseinanderzusetzen. Meiner Sehnsucht nach Liebe, der Sehnsucht nach Bedeutung, nach Lebenssinn, nach Erfüllung, nach heilen Beziehungen und vielem mehr. Auch mit der Sehnsucht, tiefer in die göttlichen Geheimnisse einzudringen: sensibler zu werden für Gottes Reden in meinem Leben; Jesus Christus immer besser kennenzulernen; mehr von der Kraft des Heiligen Geistes in meinem Alltag zu erfahren. Sehr oft ist es allerdings einfach diese undefinierbare »Sehnsucht nach mehr«, die mich umtreibt. Manchmal, indem sie mich anspornt, meine Lebenszeit zu nut-

---

5 Sommer, Debora, 2018. *Die leisen Weltveränderer: Von der Stärke introvertierter Christen*. Holzgerlingen: SCM Hänssler.

zen, dann wiederum, indem sie mich lähmt, weil mich diese Gefühle überfordern und ich mich so hilflos dabei fühle.

SEHNSUCHT NACH MEHR

Sehnsucht nach mehr. Diese Aussage trifft den Kern und beschreibt das Wesen von Sehnsucht. Vielleicht gibt es Momente, in denen wir das Gefühl haben, dass unsere Sehnsucht erfüllt ist. Das ist aber bloß eine flüchtige Empfindung, die nur so lange anhält, bis wir erneut von Sehnsucht eingeholt werden.

Trotz der dunklen und schwierigen Seiten, die mit meiner Sehnsucht verbunden sind und an denen ich oft leide, erkenne ich mehr und mehr, dass Sehnsucht etwas ganz Kostbares ist. Sehnsucht erinnert mich in der Hektik des Alltags daran, dass es im Leben um mehr geht als Kinder großzuziehen, einer Arbeit nachzugehen, Rechnungen zu bezahlen, ein Hobby zu pflegen oder ein anständiges Leben zu führen. Damit will ich keineswegs sagen, dass all dies bedeutungslos sei! Auf keinen Fall. Aber es ist nur ein winzig kleiner Ausschnitt aus einem viel größeren Lebensbild. Sehnsucht berührt die großen, existenziellen Fragen des Lebens. Sie strebt nach Glück, Erfüllung und Sinn. Sie ist die stetige Erinnerung daran, dass wir für mehr als das irdische Leben geschaffen sind. Dass es mehr gibt als das, was wir sehen. Sehnsucht rückt unser Leben in Perspektive und verbindet uns auf unsichtbare und geheimnisvolle Weise mit der Ewigkeit. Sie ist der verzweifelt-trotzige Kampfruf über der Kleinkariertheit und manchmal auch Trostlosigkeit des Alltags:

Sehnsucht berührt die großen, existenziellen Fragen des Lebens.

Ich will mehr vom Leben
die leise Stimme der Sehnsucht nähren
allen Grenzen und jeder Monotonie zum Trotz

Ich strecke mich aus zum Himmel
breche auf zum Horizont
trotze mutig den Stürmen des Lebens

Auf dass der winzige Same der Sehnsucht
zu einem Baum der Hoffnung wächst
dessen Früchte des Glaubens mich stärken

Meinem Kleinmut wachsen Flügel
Ich wohne in der Schatzkammer Gottes
und trage die Ewigkeit im Herzen[6]

Danach will ich mich ausstrecken. Nicht stillstehen, sondern mutig weitergehen und Neuland entdecken. Schritt für Schritt der Hoffnung folgen. Dort, wo ich diesem Impuls nachgehe und mich auf die Suche nach meinen tiefsten Sehnsüchten mache, beginnt meine ganz persönliche Reise der Sehnsucht.

VERÄNDERTE PERSPEKTIVE

Zurück zum Flug. Wir nähern uns der Schweiz. Das ist unschwer zu erkennen an der imposanten Alpenkette, die sich majestätisch unter uns auftürmt. Die Sicht ist immer noch klar. Doch von oben sieht alles ganz anders aus und es fällt mir schwer, mich zu orientieren. Berge, die für ungeübte Bergsteiger unbezwingbar sind, wirken aus der Luft direkt harmlos. In den türkisblauen Bergseen

---

6 Sommer, Debora, 2018. *So einzigartig wie ein Schmetterling.* Marburg: Verlag der Francke-Buchhandlung, S. 11.

spiegeln sich die Wolken. Wie Schlangen winden sich Flüsse durch die Landschaft. Von oben sieht die Schweiz nahezu unbewohnt aus. Ich wundere mich darüber, wie nah die Schweizer Seen und Berge beieinanderliegen, während die Distanzen im Auto viel Zeit in Anspruch nehmen. Es werden Zusammenhänge sichtbar, die vom Boden aus nicht erkennbar sind.

Im Grunde genommen ist es genau das, was ich mir von diesem Buch erhoffe: dass es Ihnen hilft, Ihr Leben aus der Sehnsuchtsperspektive zu betrachten und zukunftsweisende Schlüsse daraus zu ziehen. Denn die Art und Weise, wie wir mit unseren Sehnsüchten umgehen, entscheidet darüber, wie unsere Zukunft aussehen wird. Ich wünsche Ihnen ein neues Verständnis für den Sinn und die Bedeutung Ihres Lebens, sodass Sie mit gestärktem Herzen in der Gegenwart leben und mutig die Zukunft gestalten können. Die Sehnsuchtsperspektive schließt uns Räume der Hoffnung auf. Räume, in denen Wachstum, Leben, Entfaltung und Erfüllung zu Hause sind.

Die Art und Weise, wie wir mit unseren Sehnsüchten umgehen, entscheidet darüber, wie unsere Zukunft aussehen wird.

Vielleicht war Ihnen bis jetzt gar nicht bewusst, welche Rolle die Sehnsucht in Ihrem Leben spielt. Vielleicht leiden Sie aber auch an Ihren Sehnsüchten. Vielleicht haben Sie schon ein beachtliches Stück Weg mit dem Thema zurückgelegt. Was auch immer Ihr Ausgangspunkt sein mag – ich lade Sie herzlich ein, mich auf meiner Reise der Sehnsucht zu begleiten und sie zu Ihrer ganz eigenen Reise zu machen.

Debora Sommer, Flug EZY1124, Ende September 2018

1. SEHNSUCHT IST …

Nicht die sind zu bedauern,
deren Sehnsüchte nicht in Erfüllung gehen,
sondern diejenigen,
die keine mehr haben.

MARIE VON EBNER-ESCHENBACH

… Herzenssache

»Guten Tag, Frau Sommer, wie geht es Ihrem Herzen heute?« Mit diesen Worten empfing mich der Kardiologe, der mich wegen einer Herzmuskelentzündung behandelte. Diese Begebenheit liegt über zehn Jahre zurück und ich bin bis heute dankbar, dass mein Herz keinen bleibenden Schaden davongetragen hat. Aber der Schrecken jener Erfahrung steckt mir bis heute in den Knochen. Vor meinem geistigen Auge sehe ich mich noch heute die heimischen Treppenstufen hinaufsteigen, als ob es sich dabei um die Erklimmung des Kilimandscharos gehandelt hätte. »Schlimmer als eine alte Frau«, lautete der nüchterne Kommentar meines Ehemanns. Nicht sonderlich aufbauend, wenn man bedenkt, dass ich zu jenem Zeitpunkt noch keine fünfunddreißig Jahre alt war. Innerhalb kürzester Zeit hatte die Leistungsfähigkeit meines Herzens massiv nachgelassen. Die Auswirkungen im Alltag waren erschreckend. Aber ich konnte in jener Zeit viel über mich und meinen Körper dazulernen. Selten war ich bei einer Ultraschalluntersuchung emotional so berührt (die Schwangerschaftsultraschalle unserer beiden Kinder ausgenommen) wie bei meinem ersten Herzultraschall. Der Kardiologe war äußerst zuvorkommend und nahm sich Zeit, mir zu erklären, was zu sehen war. Einmal forderte er mich auf: »Hören Sie gut hin! Das ist Ihr Herzschlag. Er ist einzigartig. Kein anderes Herz schlägt wie Ihres!« Es hat mich seltsam angerührt, auf diese Weise Einblick in die Komplexität meines Herzens und dessen Tätigkeiten zu bekommen, die ich Tag für Tag als viel zu selbstverständlich hingenommen hatte. Am eigenen Körper zu erfahren, wie gravierend sich eine leichte Entzündung des Herzmuskels auf den Gesundheitszustand auswirkt, hat mich geprägt.

WIE GEHT ES IHREM HERZEN?

Die Frage des Kardiologen klingt auch Jahre später in mir nach. Wie würde *Ihre* Antwort lauten, wenn ich Sie ganz direkt fragen würde: »Wie geht es Ihrem Herzen – in diesem Moment?« Vielleicht würden Sie spontan erwidern, dass sie hoffen, dass es ihm gut geht. Ein Herz-Check-up beim Arzt könnte Ihre Aussage bestätigen oder Sie eines Besseren belehren. Was unser Herz tagtäglich leistet, ist schlicht phänomenal. Als »Lebensmotor« pumpt es pro Minute etwa fünf Liter Blut durch unseren gesamten Körper und versorgt ihn mit Sauerstoff und Nährstoffen. Und dies ein Leben lang – ohne dass wir uns Gedanken darüber machen müssten. Gefährlich wird es dann, wenn das Herz nicht mehr ausreichend mit sauerstoffreichem Blut versorgt wird. Zum Beispiel wenn sich Herzkranzgefäße durch Fett- und Kalkablagerungen verengen. Wenn das Herz infolgedessen nicht mehr ausreichend durchblutet wird, kann es zu einem Herzinfarkt kommen. Daher ist es so wichtig, darauf zu achten, dass der Blutfluss in keiner Weise beeinträchtigt wird.

GEISTLICHE KARDIOLOGIE

In Anbetracht dessen, dass das menschliche Herz weit mehr ist als ein mit Blut gefüllter Hohlmuskel, greift die Frage nach dem Zustand des Herzens jedoch wesentlich tiefer. Sie beschränkt sich nicht nur auf das Herz in seiner anatomischen Komplexität, sondern greift viel tiefer und berührt auch eine spirituelle beziehungsweise geistliche Realität.

Laut der Bibel steht das Herz stellvertretend für das Innere eines Menschen, für sein ureigenstes Wesen. Das hebräische Wort für Herz (*leb* oder *lebab*) wird im Alten Testament oft austauschbar mit *Verstand*, *Wille* und *Gefühle* gebraucht. Am häufigsten wird Herz jedoch auf die *Persönlichkeit* eines Menschen bezogen. Im Griechischen wird übrigens das Wort *kardia* verwendet, von dem unter anderem der Fachbegriff »Kardiologie«[7] abgeleitet ist.

Etliche Bibelstellen bestätigen, dass das Herz eines Menschen sein Denken (»*Und David dachte in seinem Herzen …*«, 1. Samuel 27,1), seinen Willen (»*Aber Daniel nahm sich in seinem Herzen vor …*«, Daniel 1,8) und sein Reden bestimmt (»*Wovon das Herz erfüllt ist, das spricht der Mund aus*«, Matthäus 12,34). Was in unserem Herzen ist und wie wir damit umgehen, prägt also alles an uns: unser Handeln, Denken, Fühlen, Entscheiden, unsere Identität, den Charakter, die Persönlichkeit.

Kein Wunder, dass die Bibel immer wieder an die Wichtigkeit des Herzens erinnert. Zum Beispiel in Sprüche 4,23 (NLB): *Vor allem aber behüte dein Herz, denn dein Herz beeinflusst dein ganzes Leben.* Oder wie es wörtlich heißt: *… denn aus ihm sprudelt die Quel-*

7 Laut Duden ein »Teilgebiet der Medizin, das sich mit der Funktion und den Erkrankungen des Herzens befasst«.

le des Lebens. Zudem ist der Mensch in seinem Herzen – obwohl er ein vergängliches und erdgebundenes Geschöpf ist – auf eine höhere, ewige und unsichtbare Welt angelegt.

SEHNSÜCHTIGE HERZEN

Wieso all diese Informationen über das Herz, wenn es in diesem Buch doch um Sehnsucht geht? Meinem Verständnis nach sind die Begriffe Herz und Sehnsucht untrennbar miteinander verbunden. Der Umgang mit Ihrer Sehnsucht trägt maßgeblich zum Zustand Ihres Herzens bei. Daher liegt es auf der Hand, im Zusammenhang mit dem Thema Sehnsucht zu fragen: »Wie geht es Ihrem Herzen, Ihrem Inneren – hier und jetzt?«

Fühlen Sie, was Ihr Herz bewegt? Erkennen Sie seine Sehnsüchte? Schlägt es noch für Themen und Menschen, die Ihnen einst auf besondere Weise am Herzen lagen? Kennen Sie seine Träume, Hoffnungen und Antreiber? Durchschauen Sie seine Ängste und Vermeidungsstrategien? Wissen Sie, was Sie davon abhalten will, mutige Schritte zu wagen?

Bereits die ersten Momente des Nachdenkens können aufschlussreich sein. Hier zeigt sich ziemlich schnell, ob Sie grundsätzlich Zugang zu Ihren tiefsten Gefühlen und Gedanken haben oder nicht. Dass man jene meist nicht auf Knopfdruck benennen kann, ist ganz normal. Dazu braucht es Zeit, Reflexion und etwas Übung. Schwieriger wird es dort, wo man keinen blassen Schimmer hat und deutlich wird, dass man den Zugang zu seinem eigenen Herzen verloren hat. Weil es im Laufe der Jahre zu gefährlichen Verstopfungen und Ablagerungen gekommen ist – durch Enttäuschungen, Verletzungen, Stress, Ängste, Mutlosigkeit und vieles mehr. Die gute Nachricht lautet: Solange Ihr Herz schlägt, besteht die Möglichkeit, etwas an diesem Zustand zu ändern und schädlichen Verengungen oder einer geistlichen Herzschwäche entgegenzuwirken. Dies ist die Voraussetzung dafür, dass Sie ein Leben in Fülle führen können, wie es Ihnen vom Schöpfer zugedacht ist.

»Behüte dein Herz!« bedeutet, aktiv zu werden und volle Verantwortung für Ihr Leben, Ihre Gedanken, Entscheidungen und Taten zu übernehmen. So ähnlich, wie es im Hinblick auf unser organisches Herz wichtig ist – z. B. durch gesunde Ernährung oder körperliche Fitness. Die Fortsetzung der Textstelle in Sprüche 4 gibt Aufschluss darüber, wie sich diese Verantwortung praktisch äußern kann: *Lüge nicht und vermeide jede Form von Betrug. Blicke stets nach vorn, richte deine Augen auf das, was vor dir liegt. Wähle den geraden Weg und halte unbeirrbar daran fest. Weiche nicht von diesem Weg ab und folge nicht dem Bösen* (Sprüche 4,24-27; NLB).

Der Umgang mit Ihrer Sehnsucht trägt maßgeblich zum Zustand Ihres Herzens bei.

Dort, wo Sie Ihrer Sehnsucht nachspüren und gute Wege finden, mit diesem richtungsweisenden Gefühl umzugehen, wird neues Leben durch Ihre Adern pulsieren. Dann werden Sie auf eine Weise lebendig, die Ihr Leben zu einem neuen Abenteuer macht.

LEBENSGEFÄHRLICHES WEGHÖREN

Sehnsucht ist in der Tat eine Herzensangelegenheit. Dies wurde mir umso deutlicher bewusst, als ich neulich im Wartezimmer einer Arztpraxis zum Zeitvertreib in einem Buch mit dem Titel *Der Cardio-Coach: Wie Führungskräfte an Herzerkrankungen wachsen*[8] blätterte.

Betroffen las ich von den körperlichen Konsequenzen, die eine Vernachlässigung dessen, was in unserem Herzen vor sich geht, mit sich bringen kann. Herz-Kreislauf-Erkrankungen gelten als Todesursache Nummer eins in der westlichen Welt. Die Zahlen für Deutschland sind alarmierend: rund 660.000 neue Herzkranke pro

8 Höhefeld, Günther, 2016. *Der Cardio-Coach: Wie Führungskräfte an Herzerkrankungen wachsen.* Frankfurt am Main: Campus.

Jahr, darunter 210.000 Herzinfarkte.[9] Die Ursachen für koronare Herzkrankheiten[10] liegen laut Günther Höhefeld »nicht nur in zahlreichen Ängsten, Depressionen, Süchten, Affären und Leiden, die vielen das Herz brechen, sondern auch im Getriebensein, in der Geschäftigkeit und im Kampf ums Überleben«[11]. Viele Erkrankungen könnten seiner Meinung nach vermieden werden, wenn man die Warnsignale des Herzens früher ernst nehmen würde.

Der Cardio-Coach mahnt daher, dass wir intensiver auf unsere Herzen hören sollten. Denn dann würden wir die Unzufriedenheit in uns spüren und endlich in Kontakt kommen mit unseren Sehnsüchten.

Selbst Probleme und Schicksalsschläge bieten mitunter eine besondere Chance. Auch sie können auf Sehnsüchte hinweisen. Sei es die krankheitsbedingte Kündigung, der Tod eines geliebten Kindes oder das Zerbrechen einer Ehe. Ereignisse, die uns bis ins Mark treffen, verstärken unseren inneren Aufschrei: So habe ich mir mein Leben nicht vorgestellt! Doch manchmal ändern selbst einschneidende Erlebnisse nichts an unserer Lebensgestaltung. Wir leben weiter wie zuvor und bemühen uns krampfhaft, die Stimme der Sehnsucht wieder zum Schweigen zu bringen. »Das ist«, so Höhefeld, »im wahrsten Sinne des Wortes, lebensgefährlich. Denn verzichten wir auf die enorm wichtige Reise zu unserem Herzen, dann geben wir unsere Sehnsucht auf und damit unser Leben. Wie ein Stück Dreck im Straßenrinnstein lassen wir unsere Herzen und Sehnsüchte einfach links liegen und versuchen stattdessen [...] weiter zu leben wie bisher. Was auch immer wir dabei gewinnen – Geld, Besitz, Einfluss, Ansehen, Status, Macht –, das alles ist es nicht wert. Denn was hat ein Mensch davon, wenn er die ganze Welt gewinnt, aber zuletzt sein Leben verliert?«[12]

---

9 Höhefeld 2016:60.

10 »Koronare Herzkrankheiten« sind eine chronische Erkrankung des Herzens, die durch Veränderungen der Herzkranzgefäße ausgelöst wird.

11 Höhefeld 2016:60.

12 Ebd.

Es ist mein Wunsch, dass Ihnen mein Buch dabei hilft, auf Tuchfühlung mit Ihrem Herzen zu gehen, indem Sie Ihren Sehnsüchten nachspüren. Ich kann mir vorstellen, dass es Ihnen bisher nicht leicht gemacht wurde, die Stimme Ihres Herzens zu hören. Spätestens die Kriegs- und Nachkriegsgeneration hatte gute Gründe dafür, ihr Herz und den erfahrenen Schmerz zu ignorieren. Entsprechend schwierig war es für jene Generation, diese Fähigkeit weiterzugeben. Aber vielleicht haben Ihnen auch Ihre Eltern, Lehrer, Mitschüler, Chefs, Arbeitskollegen und Freunde beigebracht, Ihren tiefsten Sehnsüchten zu misstrauen und sie zu unterdrücken. Die Devise der Gegenwart lautet, dass wir zuerst etwas leisten müssen, um jemand zu sein und es zu etwas zu bringen. Vermutlich hat es nur selten jemanden interessiert, wonach Sie sich im tiefsten Herzen sehnen. Vermutlich hat Sie nur selten jemand dazu ermutigt, aus Ihrem Herzen heraus zu leben. Infolgedessen haben sich viele Menschen von ihrem Herzen abgekoppelt und damit begonnen, ein Doppelleben zu führen. Wir haben gelernt, nur das von uns anzubieten, was auf Akzeptanz und Zustimmung stößt. Wir tun alles Mögliche, um von den Menschen um uns herum akzeptiert, anerkannt und geliebt zu werden.

Im Gegensatz zur äußeren Geschichte, die das beschreibt, was wir im Leben erreicht oder nicht erreicht haben, hat das Herz jedoch ein geheimnisvolles Innenleben. »Es ist das Leben jener tiefsten Orte in unserem Inneren, unserer Leidenschaften und Träume, unserer Ängste und unserer tiefsten Wunden. [...] Dieses Herz begehrt Abenteuer, Geheimnis, Schönheit, Kunst, Dichtung, Ekstase, Leidenschaft. Das sind die Inhalte und Themen, die unser Herz zum Leben erwecken. Das ist die Sprache, in der wir mit unserem Herzen reden sollten, wollen wir es wirklich erreichen.«[13]

Egal, was Ihnen bisher vermittelt wurde und welche Altlasten

13 Ebd.

Sie mit sich herumtragen: Sie können hier und jetzt neu anfangen und sich dafür entscheiden, Ihrem inneren Leben dieselbe Aufmerksamkeit zu widmen wie Ihrem äußeren. Ich wünsche mir, dass Ihnen zunehmend bewusst wird, welche kostbaren Schätze in Ihrem Inneren verborgen sind und dass die Sehnsucht als Lebenskraft Ihr Leben auf positive und heilsame Weise aufrüttelt. Ich wünsche mir, dass Sie im Laufe der Lektüre mehr und mehr erkennen, welche Rolle Sehnsucht in Ihrer Vergangenheit gespielt hat, inwiefern Sehnsucht Ihre Gegenwart prägt und wie Sie in Zukunft auf Ihre Sehnsucht reagieren möchten.

Hierbei geht es nicht darum, dass wir unseren Herzen blind folgen. Denn gezeichnet vom Leben und schmerzlichen Erfahrungen können unsere Herzen auch fehlgeleitet sein. Deswegen brauchen wir bei diesem Thema so dringend die Hilfe des besten Kardiologen des Universums: Jesus Christus! Wenn Sie mit seiner Hilfe erkennen, wofür Sehnsucht da ist und wie sie zu einer Lebenskraft werden kann, ist Sehnsucht etwas Fantastisches. Aber solange Sie nicht wissen, was Sie mit Ihrer Sehnsucht anstellen sollen, kann sie zu einer heimtückischen Falle werden. Es wäre allerdings ein verhängnisvoller Trugschluss, die Lösung darin zu sehen, seine Sehnsucht mittels einer schnellen Ersatzbefriedigung zum Schweigen zu bringen, sie zu betäuben oder zu ignorieren. Denn dies geschieht stets auf Kosten des wahren, echten Lebens. Wagen Sie einen mutigen Blick in Ihr Herz – unter Aufsicht des besten Spezialisten, den es dafür gibt. Bitten Sie ihn darum, dass er Ihnen Stück für Stück offenbart, welche Bedeutung die Sehnsucht, die Sie empfinden, für Ihr Leben hat.

> Sehnsucht kann Ihr Leben auf positive und heilsame Weise aufrütteln.

… ein Menschheitsthema

Die Beschäftigung mit dem Thema Sehnsucht hat mich auf eine überraschende Entdeckungsreise geführt und meinen Horizont in vielfacher Hinsicht erweitert. Ich fand Sehnsuchtsspuren in der Bibel, der Kirchengeschichte, der griechischen Mythologie, der Philosophie, der Kunst – Literatur, Poesie, Musik, Malerei etc. –, in der mystischen Spiritualität, im spirituellen Erbe der keltischen Welt, in fernöstlichen Lebensweisheiten, der Wissenschaft und vielem mehr. Es steht außer Frage: Wie kaum ein anderes Thema oder Gefühl bewegt Sehnsucht die Herzen der Menschen rund um den Globus. Je mehr mir bewusst wurde, worauf ich mich eingelassen hatte, desto mehr zweifelte ich daran, dass ich fähig sein würde, dieses Buch zu schreiben. Darf man es überhaupt wagen, über »die wichtigste spirituelle Kraft«[14] im Menschen zu schreiben? Ist es ratsam, sich diesem »Gefühlsriesen«[15] zu stellen? Mittlerweile halte ich es nicht nur für ratsam, sondern vielmehr für unerlässlich. Ja, wir sollten uns diesem Gefühlsriesen stellen, nach seinem Ursprung fragen und Strategien entwickeln, wie wir diese innere Triebkraft bändigen und auf ein sinnvolles Ziel ausrichten können.

Sehnsucht ist zeitlos, zutiefst menschlich und bewegt jede Generation aufs Neue.

Sehnsucht verbindet Epochen, Kontinente und Kulturen. Sie ist zeitlos, zutiefst menschlich und bewegt jede Generation aufs Neue. Einerseits uralt und andererseits topaktuell. Nachfolgend einige Sehnsuchtssplitter der vergangenen Jahrhunderte, um Ihnen zu verdeutlichen, dass Sie in guter Gesellschaft sind, wenn Sie Sehn-

14 Grün, Anselm, 2003. *Buch der Sehnsucht*. Hg. Von Anton Lichtenauer. Freiburg: Herder. S. 9.

15 Moser, Achill, 2017. *Sehnsuchtsorte: Wo das Glück unserer Träume greifbar ist*. Hamburg: Atlantik. S. 59.

sucht in sich spüren. Lassen Sie mich Ihnen in diesem Abschnitt ein kleines Fenster in die Geschichte der Menschheit öffnen – in die griechische Mythologie, die Bibel und die Kirchengeschichte –, um Ihnen so eine Idee davon zu geben, wie beeindruckend groß der Rahmen ist, in dem wir uns mit dem Thema »Sehnsucht« bewegen. Doch vorher noch kurz ein Blick auf den Begriff »Sehnsucht«.

SEHNSUCHT – EIN BEDEUTUNGSVOLLES WORT

»Sehnsucht« besitzt eine Bedeutungsfülle, die ihresgleichen sucht. Dementsprechend kann »Sehnsucht« auch nicht wirklich in andere Sprachen übersetzt werden, weil eine Übersetzung immer nur Teilaspekte wiedergibt. Das wurde mir bewusst, als ich im Jahr 2014 mit dem dänischen Künstler Jørn Henrik Olsen an einem Kunstbuch arbeitete, dessen Texte dreisprachig publiziert wurden (Deutsch, Dänisch und Englisch).[16] Während der deutsche Titel »Sehnsucht« von Anfang an feststand und als Leitplanke diente, gab es lange Diskussionen im Hinblick auf die beste englische Übersetzung des Titels: *longing*, *yearning*, *desire*, *craving*, *pining*, *wishfulness* ...? Schließlich entschieden wir uns für *longing* im Bewusstsein, dass es den Bedeutungsgehalt des deutschen Wortes »Sehnsucht« nicht annähernd erreicht. Sehnsucht und andere deutsche Wörter zeugen davon, dass die deutsche Sprache auf meisterhafte Weise Innerlichkeit beschreibt. Angesichts der Unübersetzbarkeit von Sehnsucht erklärt sich von selbst, dass Sehnsucht, gemeinsam mit anderen deutschen Begriffen, wie z. B. Heimat, »ausgewandert« ist. Als deutsches Lehnwort hat es auch in andere Sprachen Eingang gefunden und bietet Menschen anderer Länder die Möglichkeit, ihren Gefühlen dadurch Ausdruck zu verleihen. Insofern hat sogar der Begriff »Sehnsucht« geografische Grenzen überwunden.

---

16 Olsen, Jørn Henrik & Sommer, Debora, 2015. *longing – sehnsucht – længsel.* Gilleleje: VNP.

SEHNSUCHT IN DER GRIECHISCHEN MYTHOLOGIE: LIEBESHUNGRIGE KUGELMENSCHEN

Sehnsucht taucht bereits in der griechischen Mythologie auf – einerseits bei den Göttern und andererseits bei den Menschen. Im Hinblick auf die Sehnsucht der Menschen hat mich ganz speziell der Mythos der Kugelmenschen fasziniert.[17] Jener Geschichte zufolge waren die Menschen ursprünglich kugelförmige Wesen mit vier Armen, vier Beinen und zwei Gesichtern, die in entgegengesetzte Richtungen blickten. Die Kugelmenschen waren stark und mutig. Stark genug, um sogar die Götter anzugreifen. Um dies zu verhindern, beschloss der Göttervater Zeus, die Kugelmenschen in zwei Hälften zu teilen. Das Ergebnis waren Männer und Frauen mit zwei Armen, zwei Beinen und nur einem Gesicht – die heutigen Menschen. Danach zerstreute er sie in alle Winde. Von jenem Zeitpunkt an waren die halbierten Kugelmenschen auf sich allein gestellt. Sie litten unter ihrer Unvollständigkeit und in ihnen wuchs eine unstillbare Sehnsucht nach ihrem Gegenstück. Daher irrten sie auf der Suche nach ihrer verlorenen Hälfte durch die Welt, weil nur eine Wiedervereinigung – und damit die gefundene Liebe – sie wirklich glücklich machen konnte. Zu spät erkannten die Götter, dass sie aus Selbstsucht großes Leid über die Menschen gebracht hatten. Und so gelobten sie, dass sich zwei zueinander gehörige Kugelhälften wieder untrennbar vereinen dürften, wenn sie einander fänden.

17 Die Geschichte ist in Platons Werk *Symposion* festgehalten. Darin berichtet ein Erzähler vom Verlauf eines Gastmahls, bei dem alle Teilnehmer nacheinander eine Rede über die Liebe (Eros) hielten. Unter anderem erzählte Aristophanes die Geschichte der Kugelmenschen.

SEHNSUCHT IN DER BIBEL: HUNGER & DURST DER SEELE

Sehnsucht gehört auch zu den zentralen Themen der Bibel, dem Paradebuch menschlicher Sehnsüchte. Sehnsucht zieht sich nämlich wie ein roter Faden von der ersten bis zur letzten Seite der Bibel. Der biblische Befund bestätigt, dass Sehnsucht ganz selbstverständlich zum Menschsein dazugehört. Die große Herausforderung liegt im Umgang mit den Sehnsüchten. Darin, dass Gott durch diesen Umgang geehrt wird. Und letztendlich münden die menschlichen Sehnsüchte in die *eine* große Sehnsucht – die Sehnsucht nach Gott.

In den Psalmen begegnet uns das sehnsüchtige Spannungsfeld und Wechselbad der Gefühle besonders oft: einmal das Überwältigtsein von Gottes Nähe und dann wiederum das Leiden daran, von ihm getrennt zu sein. Letzteres hängt oft mit einer geografischen Distanz zum Tempel in Jerusalem zusammen. Der Tempel war der Ort, an dem ein frommer Jude der damaligen Zeit Gott begegnen und in seine Nähe kommen konnte. David umschreibt seine Sehnsucht wiederholt als Hunger und Durst der Seele. Eine Formulierung, die wir auch andernorts in der Bibel finden und die an Aktualität bis heute nichts eingebüßt hat. Als David in der Wüste Juda war, schrieb er: *Gott, mein Gott bist du, dich suche ich. Wie ein Durstiger, der nach Wasser lechzt, so verlangt meine Seele nach dir. Mit meinem ganzen Körper spüre ich, wie groß meine Sehnsucht nach dir ist in einem dürren, ausgetrockneten Land, wo es kein Wasser mehr gibt* (Psalm 63,2; NGÜ).

Die Bibel nimmt kein Blatt vor den Mund im Hinblick auf den Hunger und Durst der Seele. In Psalm 38 gibt David schonungslos Einblick in sein Ergehen. Mitten in der Schilderung seiner schwierigen Situation wendet sich David in Vers 10 (HFA) mit den folgenden Worten an Gott: *Herr, du kennst meine Sehnsucht, du hörst mein Seufzen!* David braucht seine Sehnsucht nicht weiter ausführen. Es genügt ihm, dass Gott darum weiß. Mir machen solche Psalmen Mut, dass auch ich mein Herz und meine Gefühle ehrlich und ungeschönt vor Gott ausbreiten darf. In der Gewissheit, dass er mich versteht und nicht dafür verurteilt.

Der »Durst der Seele« wird auch im Neuen Testament thematisiert. Und zwar bei der Begegnung von Jesus mit der Samaritanerin am Jakobsbrunnen (Johannes 4,1-42), auf die ich in Kapitel 4 noch näher eingehen werde. Mit Blick auf den Brunnen sagte Jesus zu der Frau: *»Jeder, der von diesem Wasser trinkt, wird wieder Durst bekommen. Wer aber von dem Wasser trinkt, das ich ihm geben werde, wird niemals mehr durstig sein. Das Wasser, das ich ihm gebe, wird in ihm zu einer Quelle werden, die unaufhörlich fließt, bis ins ewige Leben«* (Johannes 4,13-14; NGÜ).

Beim Lesen der Bibel wird deutlich: Der lebendige Gott weiß um den Hunger und Durst der menschlichen Seele. In seiner Gnade lässt er die Menschen jedoch nicht an ihrem Hunger und Durst zugrunde gehen, sondern er bietet ihnen ganz besonderes Wasser und unvergängliche Nahrung für ihre Seelen an.

SEHNSUCHT IN DER KIRCHENGESCHICHTE: ZWISCHEN DIESSEITS & JENSEITS

Mit der Entstehung der ersten christlichen Gemeinde (am jüdischen Pfingstfest, vgl. Apostelgeschichte 2,1-4) beginnt die Geschichte der christlichen Kirche. Der Blick in die Kirchengeschichte bestätigt unmissverständlich, dass Sehnsucht auch im Christentum über alle Jahrhunderte hinweg – und in unterschiedlichsten Zusammenhängen – ein Kernthema blieb.

Besonders aufschlussreich sind Gedanken von Gregor dem Großen, auch bekannt als Papst Gregor I. (540–604). Seine unermüdliche Sehnsucht nach dem, was nicht vergänglich ist, prägte sein Leben ebenso wie sein literarisches Schaffen. Sehnsucht nahm in der Spiritualität Gregors einen so zentralen Platz ein, dass er später sogar »Lehrer der Sehnsucht«[18] und »Doktor der

18 Leclercq, Jean, 1963. *L'amour des lettres et le désir de Dieu.* Paris: Les éditions du cerf. S. 35.

Sehnsucht«[19] genannt wurde. Die Sprache der Seelen ist die Sehnsucht, war Gregor überzeugt.[20] Dabei verglich er die Sehnsucht mit einem nicht zu stillenden Durst.[21] Und genau dieser unstillbare Durst war sein Antreiber, sich nach Gott auszustrecken und die Begegnung mit ihm zu suchen (z. B. in der Kontemplation).

Tiefe Sehnsucht hatte Gregor dazu bewegt, nach einer guten Ausbildung alle weltliche Würde abzulegen und sich in die Stille des Klosters zurückzuziehen. Als Papst Pelagius II. durch den Pesteinfall in Rom starb, wurde Gregor spontan (und gegen seinen Wunsch) vom römischen Volk zu dessen Nachfolger berufen. Im Sommer 590 trat Gregor sein neues Amt an und bekleidete es bis zu seinem Tod am 6. März 604. Die unerwünschte Ernennung zum Papst war eine schwere Bürde für den 50-Jährigen:

> Meine arme, von der Arbeitslast verwundete Seele denkt zurück, wie glücklich sie einst im Kloster war, wie alles Hinfällige weit unter ihr lag, wie sie alles Wandelbare hoch überragte, wie sie nur an Himmlisches zu denken gewöhnt war. [...] Jetzt aber muss sie sich wegen des Hirtenamtes mit den Anliegen der Weltleute befassen und sich, nachdem sie eine so herrliche Ruhe genossen, mit dem Staube irdischer Beschäftigung bedecken lassen. Und wenn sie sich durch das Eingehen auf so viele Fragen nach außen zerstreut hat, kehrt sie, wenn sie wieder dem Innerlichen sich zuwendet, geschwächt zurück. So erwäge ich denn, was ich zu tragen habe, erwäge, was ich verlor, und wenn ich den Verlust ansehe, wird mir meine Last noch schwerer. Denn siehe, jetzt bin ich ein Spielball der Wellen eines weiten Meeres und werde in meinem

19 Z. B. von Joseph Frickel und Claude Dagens.

20 Vgl. hierzu die englische Übersetzung von Gregors Moralia: *Moralia in Job,* Buch 2 (II), 7 (vii) 11. »the words of souls are their very desires« (https://tinyurl.com/vqfwtd4 [Stand: 12.12.2019]).

21 *Moralia in Job,* Buch 18 (XVIII), 54 (liv) 91 (https://tinyurl.com/vqfwtd4 [Stand: 12.12.2019]).

> Geistesschifflein von den Wogen eines heftigen Sturmes hin und her geworfen.[22]

Gregors Weltsicht wurde durch seinen Gesundheitszustand verschärft. Schon bevor er Papst wurde, hatte er mit gesundheitlichen Problemen zu kämpfen. Die mit der Übernahme des Pontifikats verknüpften täglichen Anstrengungen verschlechterten seinen Zustand. In den letzten sechs Amtsjahren war er meist bettlägerig. Infolge seiner Krankheiten verblasste Gregors Interesse für das Irdische, während sich sein Blick für das Himmlische weitete. Der Papst schrieb: »Je härter ich von den gegenwärtigen Leiden niedergedrückt werde, desto zuversichtlicher atme ich auf in der Hoffnung auf die Ewigkeit.«[23]

Die Erfahrung von Not und Schwierigkeiten war in Gregors Sehnsuchtsverständnis also eine stete Erinnerung daran, dass das Leben auf der Erde letztlich nur »Leben im Exil« ist. Das eigentliche Lebensziel, die eigentliche Heimat, ist der Himmel: »Mit ganzer Sehnsucht strebe also die Seele nach der himmlischen Heimat, nichts begehre sie in dieser Welt, von der feststeht, dass man sie ohnehin bald verlassen muss.«[24] So wurde die Sehnsucht nach dem Himmlischen[25] bei Gregor zur Brücke vom Diesseits ins Jenseits.

Ähnlich klang es auch bei Teresa von Ávila (1515–1582). Teresa war nicht nur bewusst, wie viel Glück und Qual ein Mensch erleben und ertragen kann, sie erkannte auch, dass dies eine Zerreißprobe war, die eine Entscheidung notwendig machte. Sie fühlte sich »wie zwischen Himmel und Erde aufgehängt«[26]. Dabei wurde die Versuchung, die Erde hinter sich zu lassen, der Sehnsucht

---

22 Zitiert bei Kisé Rade, 2011. *Patria Caelestis: Die eschatologische Dimension der Theologie Gregors des Großen*. Tübingen: Mohr Siebeck. S. 112.

23 Zitiert bei Kisić 2011:113.

24 Zitiert bei Kisić 2011:121.

25 = *caeleste desiderium*.

26 Teresa von Ávila, 2004. *Gedanken zum Hohenlied (GzH), Gedichte und kleinere Schriften*. Freiburg: Herder. S. 292.

nachzugeben und mit der Welt nichts mehr zu tun zu haben, schier übermächtig. An diesem entscheidenden Punkt war es der Gedanke an Jesus von Nazareth und seine Liebe zu den Menschen, der sie heilte. Was blieb, war der »Wunsch weiterzuleben«, »noch ganz viele Jahre« zu bleiben.[27] Sehnsucht war für Teresa die Brücke zum Göttlichen. Sie kannte den Drang der Seele nach dem Paradies, wusste aber auch um die Gefahren einer zu starken Sehnsucht (z. B. der Todessehnsucht) und musste sich selbst immer wieder bewusst davon distanzieren.

SEHNSUCHT ALS FORSCHUNGSGEGENSTAND

Angesichts der zentralen Bedeutung von Sehnsucht für die Menschen ist es verwunderlich, wie selten Sehnsucht in den letzten Jahrzehnten zum Forschungsgegenstand erklärt worden ist. Einzig in der Glücksforschung war es beinahe unausweichlich, Sehnsucht zu erforschen, da Sehnsucht letztlich ein Streben nach Glück ist. Paul Baltes, Entwicklungspsychologe und ehemaliger Direktor des Max-Planck-Instituts für Bildungsforschung in Berlin, und seiner Schülerin Susanne Scheibe ist es zu verdanken, dass Sehnsucht in jüngster Zeit vermehrt zum Forschungsgegenstand wurde.[28] Für Scheibe und Baltes gründete die Sehnsuchtsforschung in dem Versuch aufzuzeigen, wie wichtig und lohnend es für entwicklungspsychologische Forschung sein kann, herauszufinden, inwieweit Menschen von Über-

> Sehnsucht ist letztlich ein Streben nach Glück.

27 Prinz Alois, 2014. *Teresa von Avíla: Die Biographie.* Berlin: Insel Verlag. S. 129.

28 Vgl. z. B.: Scheibe, S., Freund, A. M., & Baltes, P. B., (2007). Toward a developmental psychology of Sehnsucht (life longings): The optimal (utopian) life. *Developmental Psychology,* 43, 778–795. Vgl. https://tinyurl.com/y4urn5fh [Stand: 13.06.2019].

zeugungen, Gedanken und Gefühlen geleitet werden, die nach einem besseren Leben streben. In diversen Forschungsprojekten versuchten sie beispielsweise herauszufinden: Was ist Sehnsucht eigentlich? Warum sehnen sich Menschen? Hat Sehnsucht eine Funktion? Verändert sich Sehnsucht im Laufe des Lebens? Ihre Forschungsergebnisse machen die menschliche Sehnsucht besser sicht- und greifbar.

Und so könnten zahllose weitere Sehnsuchtssplitter angeführt werden: aus diversen Epochen der Kulturgeschichte, verschiedenen Wissenschaften, der Philosophie, der Literatur und so weiter. Im Laufe dieses Buches werden uns immer wieder mal solche Sehnsuchtssplitter begegnen. Sie alle zeugen davon, wie wichtig das Thema »Sehnsucht« für uns Menschen ist.

… ein zwiespältiges Gefühl

Zur Zeit der Romantik war Sehnsucht ein durchaus beliebtes Wort. Die Vertreter der Romantik hielten Sehnsucht für ein positives, wertvolles und authentisches Gefühl. In der Folgezeit wurde Sehnsucht jedoch zunehmend als Flucht vor der Wirklichkeit missverstanden. Dass sich Menschen augenscheinlich ihrer Sehnsucht nach Unerfüllbarem hingaben, anstatt sich den konkreten Herausforderungen der Gegenwart zu stellen, hatte zur Folge, dass man das Wort »Sehnsucht« lange Zeit mied. Im letzten Jahrhundert war das Wort sogar verpönt, da man eine ungesunde Lebenshaltung, ja sogar etwas Krankhaftes damit assoziierte. Es verschwand aus dem Wörterbuch der positiven Emotionen und ist erst in unserer Zeit, so Anselm Grün, »wieder zu einem Urwort geworden«[29].

Wie beliebt das Wort »Sehnsucht« heute wieder ist, zeigt sich zum Beispiel an der Tatsache, dass »Sehnsucht« im inoffiziellen Wettbewerb von *Spiegel Online* auf der Suche nach dem schönsten deutschen Wort im Jahr 2004 auf dem Siegertreppchen gelandet

29 Grün 2003:14.

ist: »Sehnsucht« belegte den dritten Platz, direkt hinter »Lieben« und »Gemütlichkeit« und gehörte damit zu den unangefochtenen Spitzenreitern unter den eingesandten Wörtern (es beteiligten sich fast 23.000 Menschen am Wettbewerb).[30]

Diese Entwicklung ist auf ihre Weise Ausdruck der Tatsache, dass es sich bei «Sehnsucht» um ein sehr zwiespältiges Gefühl handelt. So kann Sehnsucht einerseits von positiven Gefühlen wie positiver Erregung, freudiger Erwartung und Hoffnung bestimmt sein und andererseits von Frustration, Verlustschmerz und Trauer. Im einen Moment sind wir verzweifelt, im nächsten hoffnungsvoll. Mal fühlt sich Sehnsucht verzehrend an, dann wieder belebend. Wir sehnen uns nach Sinn, nach Erfüllung, nach innerem Gleichgewicht, nach Gesundheit, nach Liebe, nach Geborgenheit, nach Erfolg, nach Bestätigung, nach Frieden, nach Schönheit, nach Freiheit, nach Vollkommenheit und vielem mehr. Sehnsucht steht zwischen der Alltagsrealität und dem, was wir uns vom Leben erhoffen (oder irgendwann einmal ersehnt haben): zwischen Wunsch und Wirklichkeit, Konstanz und Veränderung, Festhalten und Loslassen, Trauer und Freude, Angst und Hoffnung. Hätten wir keine Ahnung davon, dass das Leben noch anders, besser, erfüllter, glücklicher oder vollkommener sein könnte, gäbe es auch keine Sehnsucht. Die Spannung zwischen dem Istzustand und dem Wunschzustand ist oft nur schwer auszuhalten.

Sehnsucht kann einerseits von positiven Gefühlen bestimmt sein und andererseits von Frustration, Verlustschmerz und Trauer.

EIN WIDERSPRÜCHLICHES WORT

Die Widersprüchlichkeit dieser Gefühlsspanne liegt bereits der ursprünglichen Bedeutung von »Sehnsucht« zugrunde. Lassen Sie

30 Siehe https://tinyurl.com/y2cku269 [Stand: 18.04.2019].

mich Ihnen das kurz erklären, indem wir einen Blick auf die Geschichte der Wortherkunft werfen. »Sehnsucht« ist seit der mittelhochdeutschen Zeit[31] als *sensuht* überliefert (eigentümlicherweise ist das Wort *vor* dem Mittelhochdeutschen nicht belegt).[32]

»Sehnsucht« setzt sich aus den Bestandteilen »Sehn« und »Sucht« zusammen. »Sehn« ist vom alt- und mittelhochdeutschen Wort *senen* abgeleitet (und nicht etwa von einer gespannten »Sehne«, wie es der Begriff nahelegen könnte). Die Grundbedeutung von *senen* ist »schlaff sein, unglaublich müde sein«.[33] *Senen* bringt also eher etwas Passives zum Ausdruck im Sinne von dasitzen und weinen.[34] Anders verhält es sich mit dem zweiten Wortbestandteil, dem feurigen Verlangen der Sucht, das von seiner Tendenz her eher zur Aktivität drängt. Wichtig ist: »Sucht« wurde im Mittelalter nicht im heutigen Sinne einer Abhängigkeit verstanden, sondern hing sprachlich mit »siech« (»krank«) und »Seuche« zusammen. In deutschen Wortverbindungen wie »Gelbsucht« oder »Schwindsucht« ist diese ursprüngliche Bedeutung bis heute enthalten. Ähnliches gilt für Redewendungen wie »krank vor Liebe« oder »krank vor Heimweh«. Unter dem mittelhochdeutschen Wort *sensuht* verstand man also ein fast lähmendes »Kranksein vor Verlangen nach jemandem oder etwas«. Im Laufe der Zeit wurde der Krankheitsbezug abgeschwächt. Heute wird unter Sehnsucht meistens ein »inniges, fast schon schmerzliches Verlangen nach jemanden oder etwas« verstanden. So steht es auch in vielen Wörterbüchern.[35]

---

31 Darunter wird in der Regel der Zeitraum zwischen 1050 und 1350 verstanden.

32 Vgl. Prof. Dr. Jochen A. Bär, in: http://www.baer-linguistik.de/beitraege/jdw/sehnsucht.htm [Stand: 19.04.2019].

33 Vgl. das Interview von domradio.de mit Dr. Christine Möhrs vom *Institut für deutsche Sprache in Mannheim*, vom 20.03.2017. Quelle: https://tinyurl.com/y3hnancp [Stand: 18.04.2019].

34 *Senen* ist auch verwandt mit dem lateinischen Verb *sinere*, »geschehen lassen«.

35 Laut Duden ist Sehnsucht ein »inniges, schmerzliches Verlangen nach jemandem, etwas [Entbehrtem, Fernem]«.

Die Zwiespältigkeit sehnsüchtiger Gefühle, die auch in der Wortherkunft deutlich wird, ist im Lebensalltag oft nur schwer auszuhalten und man versteht sich selbst nicht mehr. Daher möchte ich in diesem Abschnitt die Frage vertiefen, wie sich Sehnsucht anfühlt und womit man dieses zwiespältige Gefühl vergleichen könnte. Es wurden bereits der Hunger und der Durst der Seele genannt.

Eine weitere Illustration dafür ist das Bild vom fehlenden Stück. Dieser Vergleich ist inspiriert vom Kunstwerk »Sehnsucht« des zeitgenössischen deutschen Künstlers Georg-Friedrich Wolf. Seit ich diesem Kunstwerk zum ersten Mal begegnet bin, halte ich es für eine der treffendsten und ausdrucksstärksten Darstellungen von Sehnsucht überhaupt. Wolfs Kunstwerk besteht aus 48 massiven Puzzleteilen, die aus einer quadratischen Stahlplatte mit einem Gesamtgewicht von 7,5 Tonnen geschnitten wurden. In seinem Kunstwerk fügen sich die Teile zu einem beeindruckenden Puzzle zusammen.[36] Für ein vollständiges Puzzle bräuchte es allerdings 49 Teile. Mit anderen Worten: *Ein* Puzzleteil fehlt! Und wie so oft, sticht beim Betrachten des Kunstwerks vor allem das, was fehlt, ins Auge. Bezeichnenderweise ist Wolfs »Sehnsucht« das erste Werk in seiner Reihe *The missing piece – Das fehlende Stück.*

Sehnsucht fühlt sich oft so ähnlich an wie ein fehlendes Stück in unserem Inneren.

Tatsächlich fühlt sich Sehnsucht oft so ähnlich an wie ein fehlendes Stück in unserem Inneren. Dieses fehlende Stück kann für einen bestimmten Menschen stehen, einen Ort, einen Gegenstand, einen Zustand, einen Traum oder vieles mehr. Die damit

36 Unter dem folgenden Link finden Sie einige Fotos des Kunstwerkes «Sehnsucht« von Georg-Friedrich Wolf: https://www.wolf-werk.com/de.the-missing-piece.sehnsucht.html [18.02.2019].

verbundenen Gefühle können je nach Sehnsucht oder persönlicher Verfassung unterschiedlich ausfallen. Sehnsucht ist ein Gefühl, das manchmal schwächer, manchmal stärker und manchmal fast übermächtig sein kann. Dabei erzeugt sie weitere Gefühle (oft nimmt man nur die »Folgegefühle« wahr und realisiert gar nicht, dass sie einer tief sitzenden Sehnsucht entspringen): zum Beispiel Einsamkeit, Trauer, Verzweiflung. In anderen Fällen aber auch Mut, Hoffnung und Stärke. Mit dem fehlenden Stück kann also sowohl etwas Positives als auch etwas Negatives in Verbindung gebracht werden.

POSITIV: EIN RAUM DER MÖGLICHKEITEN

Positiv betrachtet, macht das fehlende Puzzleteil Wolfs Kunstwerk überhaupt erst interessant. Die Lücke öffnet einen imaginären Raum der Möglichkeiten. Sie zeugt von einer kreativen Spannung und atmet Hoffnung. Es liegt ein Versprechen in der Luft, ein Traum lockt. Laut dem Weltenbummler Achim Moser ist Sehnsucht »der belebende Atem unserer Seele [...] ein inspirierender Impulsgeber [...] der Motor, der uns zu kleinen und großen Fluchten verführt, uns zu Orten treibt, an denen wir die absolute Erfüllung unserer Wünsche oder Träume erhoffen«[37]. Keine Realität der Welt kann es mit diesem imaginären Kraftort aufnehmen.

Die positive Energie der Sehnsucht ist auch eine Quelle der Inspiration: Sehnsucht steckt in Gemälden, Liedern und Gedichten. Kein Kinofilm wurde je ohne sie gedreht, kein Roman, keine Oper, kein Konzert ohne sie geschrieben. Aus Sehnsüchten heraus produzieren Menschen berührende und wunderschöne Kunst. Beeindruckende Errungenschaften, Entdeckungen und Kunstwerke dieser Welt haben gemeinsam, dass sie auf dem Nährboden der Sehnsucht entstanden sind.

Die Sehnsucht nach Abenteuer und nach der Ferne hat zur

---

37 Moser 2017:59.

Entdeckung von Amerika geführt. Die Sehnsucht danach, fliegen zu können, hat eine ganze Reihe von Männern dazu angetrieben, ungeachtet unzähliger Rückschläge an einer flugfähigen Maschine zu arbeiten. Am 17. Dezember 1903 schafften die Brüder Wright mit ihrem Pionierflug schließlich den lang ersehnten Durchbruch. Die Sehnsucht nach einem veränderten Miteinander von Schwarzen und Weißen bewegte Martin Luther King zu seiner berühmten Rede *I have a dream – Ich habe einen Traum*. Sein Traum kostete ihn zwar das Leben, doch das Erbe seines Engagements klingt bis heute nach. Diese Beispiele machen deutlich, dass die Kraft der Sehnsucht nicht zu unterschätzen ist. Das gilt auch für *Ihr* Leben!

Die Kraft der Sehnsucht ist nicht zu unterschätzen!

NEGATIV: EIN SCHMERZLICHES LOCH

Wenn das fehlende Stück als schmerzliche Lücke empfunden wird, als gähnendes Loch, das sich durch nichts und niemanden je wieder ausfüllen lässt, kann der Schmerz zum alles dominierenden Lebensgefühl werden. Der erlittene Verlust eines geliebten Menschen, die verlorene Heimat, der zerstörte Lebenstraum tun so unglaublich weh, dass es Betroffenen fast den Lebensatem abschnürt. »Wie die Zweige einer Trauerweide«, so Achill Moser, »hängen unsere sehnsüchtigen Hoffnungen dann herab und drücken mit Schwermut und Niedergeschlagenheit aufs Gemüt.«[38] Wenn die Last der Sehnsucht übermächtig wird, kann die Verzweiflung im Extremfall sogar zur Todessehnsucht führen.

Die Sehnsucht nach dem Verlorenen oder unerreichbar Fernen droht den Boden unter den Füßen wegzuziehen und zur Fallgrube zerstörerischer Süchte zu werden. Viel öfter, als wir das vielleicht

---

38 Moser 2017:60.

wahrhaben wollen, kann sich unsere Sehnsucht nämlich in eine Sucht verwandeln. Sucht ist in der Regel nichts anderes als verdrängte Sehnsucht. In der Sucht suche ich das, wonach ich mich in der Tiefe meines Herzens sehne. Nur gebe ich meine Sehnsucht nicht zu. Ich verberge sie. Oder vielleicht ist sie mir auch gar nicht bewusst.

Der klinisch-psychologische Suchtbegriff beschreibt meist eine substanzgebundene Sucht wie Alkoholsucht, Drogensucht, Nikotinsucht, Esssucht, Magersucht etc. Bei Süchten muss es sich allerdings nicht zwingend um die körperliche Sucht nach einer bestimmten Substanz handeln. Eine Sucht liegt allgemein formuliert dann vor, wenn uns Dinge auf eine Art und Weise beherrschen, dass wir glauben, wir könnten ohne sie nicht leben. So gibt es auch ein Alltagsverständnis von Sucht: zum Beispiel Geltungssucht, Habsucht, Herrschsucht, Eifersucht, Putzsucht oder Vergnügungssucht. In diesem Sinne sind vermutlich die meisten von uns suchtgefährdet. Es können Bücher, Magazine oder Zeitschriften sein, es kann das Fernsehen, Netflix, ein Computerspiel, Politik, Sport oder ein bestimmtes Hobby sein. Selbst edle Dinge wie Kunst, Philosophie, Genuss ... Es gibt eigentlich nichts, das wir nicht heranziehen könnten, um uns den Blick auf die Wirklichkeit zu verstellen. Auch Arbeitssucht, das Streben nach Erfolg, nach Macht und Reichtum etc. ist in der Regel Ausdruck von verborgenen Sehnsüchten. Hinter einer Arbeitssucht kann zum Beispiel die Sehnsucht nach Anerkennung stecken, hinter dem Streben nach Erfolg die Sehnsucht nach Bedeutung.

> Sucht ist in der Regel nichts anderes als verdrängte Sehnsucht.

Andere Süchte (z. B. Spielsucht) oder auch der übermäßige Gebrauch von Suchtmitteln wie Alkohol können mit dem Wunsch zusammenhängen, schmerzliche Gefühle zu betäuben und aus der Realität, die so schwer zu ertragen ist, zu fliehen. Doch das Leben ist viel zu kurz, um unsere Sehnsüchte einfach zu verdrängen.

Denn Sehnsüchte sind Signale der Seele. Sie wollen wahrgenommen und gehört werden. Das große Geheimnis im Umgang mit einer Sucht liegt darin, der Sucht etwas entgegenzusetzen. Wasserkraft wird zum Beispiel erst dann in Strom umgewandelt, wenn ein Staudamm errichtet wird, der die Energie mit Hochdruck in eine bestimmte Richtung lenkt. So sollte auch die Energie, die Sie Ihrer Sucht opfern, in eine neue Richtung gelenkt werden. Doch das gelingt nur, wenn Sie Ihren Süchten auf den Grund gehen und bereit sind, schädliche Verhaltensweisen durch lebensfördernde zu ersetzen.

EINE GROSSE HERAUSFORDERUNG

Alles in allem bleibt Sehnsucht eine große Herausforderung. Denn sie stellt uns vor die entscheidende Frage, wie wir mit diesem Sehnsuchtsloch, diesen Sehnsuchtslöchern in unserer Seele umgehen sollen.

Wir leben in einer Kultur, die schmerzhafte Gefühle (Sehnsucht, Einsamkeit, Wehmut, Trauer etc.) lieber verdrängt oder gar verbannt, statt sie zuzulassen. Doch deswegen lösen sich diese Gefühle nicht einfach in Luft auf. Sie sind immer noch da. Die europäische und nordamerikanische Kultur kennt fast keine Strategien zur Leidbewältigung mehr. Tatsache ist, dass Europäer und Nordamerikaner der Gegenwart dem Leid wesentlich schockierter und hilfloser gegenüberstehen als ihre Vorfahren. Im Mittelalter starb in Europa etwa jedes fünfte Neugeborene vor seinem ersten Geburtstag, und nur die Hälfte der Kinder wurde zehn Jahre alt. »Das Leben unserer Vorfahren war viel leidvoller als heute, aber unzählige Tagebücher, Briefe und andere Dokumente zeigen uns, dass sie dieses Leid viel besser bewältigten als wir heute unseres«,[39] konstatiert Timothy Keller in seinem Buch *Gott im Leid begegnen*.

Es ist wichtig, dass wir der Sehnsucht in unserem Leben Raum

---

39 Vgl. Keller Timothy 2015. *Gott im Leid begegnen*. Gießen: Brunnen. S. 26.

schaffen, indem wir unsere Gefühle, unsere Verletzlichkeit und Endlichkeit ernst nehmen. Was viel zu oft verdrängt oder sogar tabuisiert wird, sollte zum Vorschein kommen und beim Namen genannt werden. Das mag wehtun und Mut kosten. Aber es lohnt sich unbedingt.

... eine vielschichtige Angelegenheit

Auch wenn uns unsere Sehnsüchte oft verborgen bleiben, ist Sehnsucht nicht bloß etwas rein Innerliches, das sich in der Verborgenheit unseres Herzens abspielt, sondern sie findet auf vielerlei Weise Ausdruck. So ähnlich, wie mein Körper auf meine erste Schwangerschaft reagierte, lange bevor ich überhaupt realisierte, dass ich schwanger war, ist es auch mit der Sehnsucht. Sehnsucht hat Auswirkungen und zeigt gewisse »Symptome«. Dadurch wird sie sicht- und greifbar. Während eine Schwangere urplötzlich Heißhunger auf Essiggurken bekommt, kann es sein, dass ein Sehnsüchtiger (ohne dass er von seiner Sehnsucht weiß) kurzentschlossen – aus einem Sehnsuchtsimpuls heraus – eine Reise nach Rom bucht, weil er sich davon die Lösung seiner aktuellen Probleme erhofft. Nicht ahnend, dass es sich dabei um ein »Sehnsuchtssymptom« handelt. Sehnsucht findet Ausdruck in dem, was wir tun, was wir uns anhören und anschauen. Sehnsucht hinterlässt Spuren in unserer Google-Suche, in unserem Browser-Verlauf, in unserer Freizeitgestaltung, in unserem Kaufverhalten und auf unserem Bankkonto.

Sehnsucht hat Auswirkungen und zeigt gewisse »Symptome«.

Vielleicht fragen Sie sich, wie Sie denn herausfinden sollen, welche Sehnsüchte in Ihrem Herzen schlummern. Es kann gut sein, dass einige Leserinnen und Leser bereits zum jetzigen Zeitpunkt in der Lage sind, eine Sehnsucht (oder sogar mehrere Sehnsüchte) zu benennen. Andere tappen noch im Dunkeln. Es ist das Ziel der ersten beiden Kapitel, Ihnen dabei zu helfen, Ihren Herzenssehnsüchten auf die Spur zu kommen. Hilfreich ist, dass Sehnsüchte sichtbar werden. Zumindest teilweise. Bei aller »Sichtbarkeit« gilt es nämlich zu beachten, dass Sehnsucht vielschichtig ist. So ähnlich wie Kopfsalat. Die äußersten Blätter sind zwar Teil des Kopfsalats, machen aber weder den ganzen Kopfsalat noch sein Herz aus. Um zum Salatherzen vorzudringen, wo der Salat besonders zart und knackig ist, müssen erst etliche Blattschichten entfernt werden. Wenn Sie zum Beispiel *eine Reise zum Nordpol* als Sehnsucht identifiziert haben, dann ist das ein guter Anfang, aber noch nicht das Ende. Es ist noch nicht das Herzstück Ihrer Sehnsucht, aber ein Wegweiser dahin.

Lassen Sie uns zunächst ein Gedankenexperiment machen. Angenommen, Sie hätten bei einem Wettbewerb einen Gutschein für ein Buch Ihrer Wahl gewonnen. Mit dem Gutschein in der Tasche machen Sie sich wenig später auf den Weg zur Buchhandlung, die den Gutschein ausgestellt hat. Dort dürfen Sie sich nun ein einziges Buch aussuchen. Eigentlich bräuchten Sie im Moment gar kein Buch. Es steht zurzeit nichts auf Ihrer Bücherwunschliste (sofern Sie eine solche haben). Der Gutschein kann aber nur für Sie persönlich eingelöst werden. Mit anderen Worten: Es darf kein Buch für den bevorstehenden Geburtstag der Schwiegermutter sein; kein Kinderbuch für Ihren Neffen; kein Geschenk auf Reserve. Nein, das Buch ist einzig und allein für Sie bestimmt. Sie stehen also vor der schwierigen Aufgabe, aus einem riesigen Büchersortiment ein Buch auszuwählen. Ein Buch, das Sie aus einem bestimmten Grund mehr als andere Bücher interessiert und das Sie aus einem bestimmten Grund gerne lesen würden. Überlegen

Sie nun, in welche Abteilung der Buchhandlung es Sie am ehesten ziehen würde: zur Reiseliteratur, weil Sie eine besondere Vorliebe für ein bestimmtes Land haben? Zu den Ernährungsratgebern? Zu den Kriminalromanen? Zu einem bestimmten Sachthema? Falls Letzteres: zu welchem Thema? (Dieses Experiment lässt sich übrigens auch ohne Gutschein in die Tat umsetzen!) Für welches Buch würden Sie sich am ehesten entscheiden? Und wieso? Erkennen Sie eine Sehnsucht im Zusammenhang mit Ihrer Buchauswahl?

Ich habe dieses Gedankenexperiment schon etliche Male so ähnlich in die Praxis umgesetzt, indem ich mir beim Betreten einer Buchhandlung vorgenommen habe, dass es beim Kauf eines einzigen Buches bleiben muss. Eine heillose Überforderung für eine Bücherliebhaberin mit Entscheidungsschwäche! Nach stundenlanger Wanderung zwischen den Bücherregalen hindurch, kurz bevor ich irgendwo Wurzeln schlug oder zusammenbrach, entschied ich mich – nicht selten kurz vor Ladenschluss – mehr als einmal für die folgende Lösung: ein leeres Tagebuch. Und wissen Sie was? Sogar ein leeres Tagebuch macht Sehnsucht sichtbar! In meinem Fall die Sehnsucht nach Ruhe und Rückzug. Die Sehnsucht danach, ungestört über mein Leben und das, was ich erlebt habe, nachzudenken und mein Leben schreibend zu verarbeiten. Die vielen leeren Tagebücher, die sich in den vergangenen Jahren in meinem Büro angesammelt haben, schreien förmlich danach.

SEHNSUCHT IN DER WERBUNG

Ganz besonders die Werbebranche verleiht der Sehnsucht – oder besser gesagt einer Vielzahl von Sehnsüchten – Ausdruck. Gut gemachte Werbung weckt in den Menschen ein Bedürfnis nach Dingen, von deren Existenz sie vorher gar nichts wussten. Und zwar, indem Produkte mit bestimmten Emotionen und Versprechen aufgeladen werden. Die Werbung greift so verschiedenste Sehnsuchtsmotive auf und nutzt die Sehnsucht der Menschen oft schamlos aus. Zum Beispiel die Sehnsucht nach einem guten, glücklichen und sorgefreien Leben. Die Werbung verspricht schnelles Glück und viele Glücksmomente, die – natürlich durch die angepriesenen Produkte – käuflich erworben werden können. Das Geschäft mit der Sehnsucht floriert: Kreuzfahrten zu Sehnsuchtsorten, Filterkaffee namens »Harmonie«. Ein Sportcoupé verspricht Luxus, Freiheit und Weite. Das richtige Haus verheißt eine Familienidylle. Oft sieht man in Werbespots zunächst eine Person, die sich mit einem Leiden oder einem Problem herumschlägt. Danach wird das rettende Produkt präsentiert (z. B. eine Pille, Salbe, ein bestimmtes Nahrungsmittel, ein Getränk, ein Waschpulver, ein Parfüm, ein Handyvertrag, ein Ferienort, eine Klimaanlage). Am Ende des Spots sieht man wieder die anfangs eingeführte Person, die dank der Verwendung des gezeigten Produktes nun glücklich ist. Dem Betrachter wird damit suggeriert: Dieses Produkt macht dich glücklich, erfolgreich, schön, begehrt, reich, leistungsfähig, geliebt, sorgenfrei – oder was immer du dir wünschst. Deine tiefsten Sehnsüchte werden damit erfüllt.

Auffällig oft verwendet die Werbung religiöse Ausdrücke. Da wird der Himmel auf Erden versprochen. Eine Schauspielerin, die ein bestimmtes Parfüm verwendet, wird zur »Göttin«. Der Kauf einer neuen Soundanlage soll »himmlischen« Hörgenuss bescheren.

DIE SUCHE NACH GLÜCK UND SINN

Im deutschen Wort »Sehnsucht« klingt auch die Suche an, selbst wenn sich diese nicht direkt von der Wortherkunft ableiten lässt. Letztlich sind unsere Sehnsüchte Ausdruck einer intensiven Suche nach dem Sinn des Lebens. Sehnsucht weist über das Reale und Konkrete hinaus und strebt nach einem gelingenden und vollkommen(er)en Leben. Nach Glück und Erfüllung. Nach Inhalt und einem Ziel. Das bedeutet allerdings auch, dass uns Sehnsucht einen Mangel aufzeigt. Sie ist verbunden mit dem Gefühl, den Gegenstand der Sehnsucht nicht erreichen zu können. Darin unterscheidet sich die Sehnsucht von einem Wunsch, der erfüllt –

oder einem Bedürfnis, das befriedigt – werden kann. Sehnsucht kann vielleicht punktuell den Anschein erwecken, dass sie erfüllt worden sei, aber dieses Gefühl ist nie von Dauer. Die Sehnsucht des Menschen ist grenzenlos und ihre Erfüllung gelingt stets nur bruchstückhaft. Sehnsucht ist aber auch von Plänen oder Zielen zu unterscheiden. Ziele sind konkret und zumindest im Prinzip erreichbar und kontrollierbar. Sehnsüchte hingegen nicht. Und doch geben sie dem Leben Richtung. Im Unterschied zur Wehmut, dem Schmerz bei der Erinnerung an etwas Vergangenes und Unwiederbringliches, lebt in der Sehnsucht immer auch der winzige Funke Hoffnung auf zukünftige Möglichkeiten. Und genau diesem Funken wollen wir im weiteren Verlauf des Buches folgen.

Unsere Sehnsüchte sind Ausdruck einer intensiven Suche nach dem Sinn des Lebens.

Sehnsuchtsimpulse 1

Die »Sehnsuchtsimpulse«, die sämtliche Kapitel in diesem Buch abrunden, bieten Ihnen die Möglichkeit, Kerninhalte des entsprechenden Kapitels zu vertiefen und auf Ihre individuelle Lebenssituation zu übertragen. Bereits in der Einführung habe ich von meinem Wunsch gesprochen, dass wir uns mit diesem Buch auf eine Reise der Sehnsucht begeben. Die Zäsur am Ende eines jeden Kapitels stelle ich mir so ähnlich vor wie einen Zwischenstopp unterwegs. Man blickt zurück auf das, was man geschafft hat, verschafft sich einen Überblick über den aktuellen Standort, gönnt sich eine kleine Stärkung und überlegt sich, wie die Reise weitergehen soll. Von besonderem Gewinn kann es sein, wenn man seine Überlegungen mit Reisegefährten teilt (z. B. in einer Kleingruppe, mit dem Ehepartner, einer guten Freundin oder einem guten Freund). So kann man sich gegenseitig bestärken, aber auch herausfordern. Die Fremdsicht kann eine sehr wichtige Ergänzung zur Selbstsicht sein.

Suchen Sie sich einen ungestörten Ort, an dem Sie innehalten, sich stärken, orientieren und neu ausrichten können. Die folgenden Fragen sollen Ihnen dabei helfen, auf Ihrer persönlichen Reise der Sehnsucht voranzukommen:

- Nehmen Sie zunächst Ihr Herz wahr. Denn Ihr emotionales Herz ist auch Ihrem physischen Herzen ganz nahe. Legen Sie Ihre Hand auf Ihr Herz und nehmen Sie wahr, wie es schlägt. Sagen Sie Ihrem Herzen doch einfach mal »Hallo«. Begrüßen Sie es wie einen guten, alten Freund. Schließlich ist es Ihr lebenslanger Begleiter. Widmen Sie Ihrem Herzen Aufmerksamkeit, indem Sie nach seinem Zustand fragen. Ist es glücklich oder traurig? Ist es hoffnungsvoll oder bedrückt? Ist es von Ängsten oder Sorgen belagert? Sprechen

Sie mit Jesus, dem besten Kardiologen des Universums, über Ihr Herz. Stellen Sie sich vor, dass er Sie fragt: »Wie geht es deinem Herzen – genau jetzt? Wie kann ich dir weiterhelfen?«

- Machen Sie das »Buchhandlungsexperiment«, falls Sie einen konkreten Hinweis auf Ihre Sehnsüchte erhalten möchten. Besuchen Sie eine Buchhandlung und entscheiden Sie sich für genau ein Buch. Oder machen Sie das Experiment virtuell (z. B. in einem Online-Shop). Es kann auch einfach nur bei der Entscheidung ohne Buchkauf bleiben. Tauschen Sie sich ggf. über Ihre Ergebnisse aus. Wieso haben Sie sich ausgerechnet für dieses Buch entschieden? Verrät es Ihnen etwas über eine mögliche Sehnsucht? Falls ja, über welche?

- Was fehlt aktuell in Ihrem Leben? Welche Gefühle löst der Gedanke an dieses »fehlende Stück« in Ihnen aus?

- Stellen Sie sich vor, dass Sie den Auftrag erhielten, eine Autobiografie über Ihr Leben zu schreiben. Wie könnte der Titel Ihrer eigenen Lebensgeschichte lauten? Welcher Wert oder welche Eigenschaft müsste dort unbedingt erwähnt werden? Dies könnte ein Hinweis darauf sein, was Sie im Leben antreibt oder was Ihnen auf besondere Weise wichtig ist.

- Wo hat Ihnen die Sehnsucht (egal ob unbewusst oder bewusst) in Ihrem Leben schon dabei geholfen, über sich hinauszuwachsen und etwas zu erreichen, das Sie selbst überrascht hat?

- Gibt es Dinge in Ihrem Leben, die Sie auf eine Art und Weise kontrollieren, dass Sie glauben, Sie könnten ohne sie nicht leben? Gibt es einen Teil in Ihnen, der maßlos geworden ist und über den Sie die Kontrolle verloren haben? Versuchen Sie Ihre Sucht/Ihre Süchte zu benennen. Bedenken Sie, dass Süchte meistens nichts anderes als getarnte Sehnsüchte sind. Inwiefern könnte die Sucht, die Sie gefangen hält, ein Hinweis auf eine Sehnsucht in Ihrem Herzen sein?

- Und zum Schluss: Kümmern Sie sich um Ihr Reisegepäck! Ich weiß nicht, wie *Sie* es vor einer Reise handhaben. Bei mir ist es jeweils so, dass ich schon einige Zeit vor der Reise damit beginne, dies und jenes, das ich auf keinen Fall vergessen darf, an einem bestimmten Ort beiseitezulegen. Für Menschen, denen das Visualisieren eine Hilfe ist, könnte dies auch im Hinblick auf diese Reise eine große Hilfe sein. Erklären Sie einen kleinen Koffer, eine Schachtel, eine Büchse oder was auch immer Sie möchten zu Ihrem »Sehnsuchtskoffer«. Nutzen Sie die Reise der Sehnsucht dazu, von Zeit zu Zeit etwas in Ihr Reisegepäck zu füllen: eine Notiz (auf der Sie z. B. eine Sehnsucht, die Ihnen bewusst geworden ist, aufschreiben – z. B. »Sehnsucht nach Freiheit«), ein Gegenstand, der Sie an eine bestimmte Sehnsucht erinnert, ein Sehnsuchtszitat, ein Bibelvers und so weiter. Ähnliches könnte man natürlich auch auf einer Mindmap darstellen. Oder führen Sie ein Sehnsuchtstagebuch, in dem Sie wichtige Erkenntnisse festhalten, damit Sie auch später darauf zurückgreifen können.

2. DIE BLAUE BLUME

Die blaue Blume
Ich suche die blaue Blume,
Ich suche und finde sie nie,
Mir träumt, dass in der Blume
Mein gutes Glück mir blüh.

Ich wandre mit meiner Harfe
Durch Länder, Städt und Au'n,
Ob nirgends in der Runde
Die blaue Blume zu schaun.

Ich wandre schon seit lange,
Hab lang gehofft, vertraut,
Doch ach, noch nirgends hab ich
Die blaue Blum geschaut.

JOSEPH VON EICHENDORFF, 1818

Der Mensch als Sehnsuchtswesen

Es war ein warmer Spätsommersonntagmorgen. Mein Mann und ich waren zu einem Gottesdienst in einer Innerschweizer Freikirche eingeladen. Vor dem Gottesdienst blieb noch etwas Zeit, mit Gottesdienstbesuchern ins Gespräch zu kommen. Ich unterhielt mich mit einem aktiven Frührentner über die zurückliegende Urlaubszeit. Während wir von zu Hause aus einige Ausflüge mit den Kindern unternommen hatten, war mein Gesprächspartner mit einer Reisegruppe durch die Wüstenlandschaft der Sahara gezogen. Ganz unerwartet nahm der zunächst informative Austausch mit einem Fremden eine persönliche Wendung. Mein Gegenüber vertraute mir an, dass er in der Wüste das bisher schönste Erlebnis seines ganzen Lebens gemacht habe: die Wüstennacht unter dem Sternenhimmel! Als er mir davon erzählte – ein Mann, der sein Leben lang hart gearbeitet und weltweit vieles erlebt und gesehen hat –, rannen ihm plötzlich Tränen über die Wangen. Ich war so berührt, dass ich nicht verhindern konnte, dass auch mir das Wasser in die Augen stieg. Er sagte zu mir, dass ihn noch nichts in seinem ganzen Leben so tief bewegt hätte wie die Erfahrung jener Nacht unter dem Sternenhimmel. Er selbst, so winzig klein, unter diesem endlosen Sternenhimmel, das habe ihn für immer geprägt.

Diese Begebenheit ist ein schönes Beispiel für das, was in diesem Kapitel im Zentrum steht: die Tatsache, dass der Mensch ein Sehnsuchtswesen ist. Mal ganz nüchtern gefragt: Ist es nicht sonderbar, dass ein Mensch angesichts eines Sternenhimmels, eines herrlichen Sonnenuntergangs, einer Mondnacht, einer prächtigen Landschaft emotional so tief ergriffen sein kann? Erinnern auch Sie sich an einen solchen Moment in Ihrem Leben, in dem die Zeit stillzustehen schien und Sie fast den Atem anhielten, weil er auf so unbeschreibliche Weise wundervoll war? Dies ist die Erfahrung von Sehnsucht.

Der Bezug vom Sternenhimmel zur Sehnsucht liegt übrigens näher, als man im ersten Moment vermuten könnte. Die Lateiner nannten Sehnsucht »desiderium«, was von »sidera« – zu Deutsch

»Sterne« – abgeleitet ist. Als mein Gesprächspartner in jener Nacht den Sternenhimmel betrachtete, ist etwas in seinem Inneren geschehen. Er hat eine tiefe Sehnsucht gespürt. Doch wonach eigentlich? Wieso ist es so, dass in gewissen Momenten unseres Lebens dieses ganz besondere und schwer beschreibbare Gefühl in uns wach wird?

KENNZEICHEN EINES SEHNSUCHTSWESENS

Ein Sehnsuchtswesen zeichnet sich schlicht und einfach dadurch aus, dass es immer mehr will. Ein anonymer Verfasser bringt diese Tatsache in einem Gedicht, dessen Anfang von der jüdischen Schriftstellerin Nelly Sachs inspiriert ist, wie folgt auf den Punkt: *Alles beginnt mit der Sehnsucht, / immer ist im Herzen Raum für mehr [...] / Und wo Sehnsucht sich erfüllt, / dort bricht sie noch stärker auf.*[40]

Präzisierend ist darauf hinzuweisen, dass Sehnsucht bestimmte geistige Fähigkeiten voraussetzt. Studien aus Skandinavien haben gezeigt, dass Kleinkinder noch nichts mit Sehnsucht anfangen können, weil ihnen die notwendigen kognitiven Voraussetzungen dafür fehlen.[41] Erst im späten Kindes- und im Jugendalter entwickeln sich die Anlagen, die für das Empfinden von Sehnsucht nötig sind. Im Alter von 15 bis 16 Jahren ist es möglich, konkrete Sehnsüchte zu benennen. Zur vollen Entfaltung kommt die Sehnsuchtsfähigkeit aber erst im jungen bis mittleren Erwachsenenalter.

---

40 Oft wird das komplette Gedicht Nelly Sachs zugeschrieben, doch lediglich die Aussage »Alles beginnt mit der Sehnsucht« findet sich in ihrem Werk, und zwar in: Sachs, Nelly, 1962. Eli. Ein Mysterienspiel vom Leiden Israels. In: Nelly Sachs, *Zeichen im Sand. Die Szenische Dichtungen der Nelly Sachs.* Suhrkamp: Frankfurt am Main. S. 82. Der restliche Teil dieses Gedichts stammt von einem anonymen Verfasser.

41 Vgl. den Artikel *Zwischenstation Sehnsucht* von Klaus Wilhelm in der Zeitschrift *Max Planck Forschung*, 3/2008 (online: https://tinyurl.com/y6ffmru6 [08.08.2019]).

Dass der Mensch fähig ist, Sehnsucht zu empfinden, unterscheidet ihn auch von den Tieren, wie der promovierte katholische Theologe und Gründer des Augsburger Gebetshauses Johannes Hartl in einem Referat über Sehnsucht erklärt.[42] So hätten Tiere keine Sehnsucht, sondern Bedürfnisse, und wenn die gestillt seien, dann sei es gut. Während Tiere nur fräßen, bis sie satt seien, würden einige Menschen weit über ihren Hunger hinaus essen, weil sie damit etwas kompensieren wollten. Weiter gibt Hartl zu bedenken, dass kein Vogel 25 Nester baue, wenn das erste Nest schon passe. Bei den Menschen gebe es aber solche, die bereits vier Häuser besäßen und obendrein noch eine Ferienwohnung und trotzdem kauften sie sich noch ein fünftes, sechstes oder siebtes Haus. All dies sind Beispiele dafür, dass der Mensch nie genug hat und immer mehr will. Häuser bilden da wohl eher die Ausnahme, doch die Sehnsucht nach Glück treibt alle Menschen an, wie Blaise Pascal, ein berühmter Mathematiker und Philosoph des 17. Jahrhunderts, beschreibt: »Alle Menschen ohne Ausnahme streben danach, glücklich zu sein, wie verschieden die Wege auch sind, die sie einschlagen; alle haben dieses Ziel.« Ähnlich formuliert es der nicaraguanische Dichter und Theologe Ernesto Cardenal: »In den Augen aller Menschen wohnt eine unstillbare Sehnsucht. [...] In allen wohnt der gleiche Funke unstillbaren Verlangens, das gleiche heimliche Feuer, der gleiche tiefe Abgrund, der gleiche unendliche Durst nach Glück und Freude und Besitz ohne Ende.«[43]

Ein Sehnsuchtswesen zeichnet sich dadurch aus, dass es immer mehr will.

Sehnsucht ist keine Reise, deren Ziel man irgendwann erreicht. Kein Projekt, das man nach erfolgreichem Abschluss

42 https://tinyurl.com/y3foldcy [08.09.2019].

43 Cardenal, Ernesto, 1971. *Das Buch von der Liebe: Lateinamerikanische Psalmen.* Gütersloh: Gütersloher Verlagshaus Gerd Mohn. S. 27.

zufrieden von seiner Bucket List[44] streicht. Vielleicht erreicht man zwischendurch eine Oase, bevor man zur nächsten Etappe aufbricht beziehungsweise das nächste Sehnsuchtslevel startet. Doch Sehnsucht bleibt ein lebenslanger Begleiter – von der Wiege bis zur Bahre.

Selbst dann, wenn in Ihrem Leben alles rundläuft und Sie zufrieden und dankbar dafür sind, wie sich die Dinge entwickeln, kann es sein, dass sich in gewissen Momenten das Gefühl einschleicht, dass irgendetwas fehlt. Etwas Undefinierbares. Und zugleich Mächtiges. Sie blicken über das Meer und werden ergriffen von einer unbewussten schwermütigen Sehnsucht. Dabei handelt es sich nicht um eine bewusste Sehnsucht – wie »Sehnsucht nach Italien« oder »Sehnsucht nach Geld« – es ist vielmehr so, als wären Sie Sehnsucht. Als würden Sie Sehnsucht atmen. Als wäre Sehnsucht – wenn auch meist unbemerkt – Teil Ihrer Existenz. Der österreichische Lyriker Rainer Maria Rilke schrieb in einem Gedicht: »Unser Wille ist nur der Wind, / der uns drängt und dreht; / weil wir selber die Sehnsucht sind, / die in Blüten steht.«[45] In solchen Sehnsuchtsmomenten fühlt es sich ein bisschen so an, als würde »ein schlafender Riese«[46] in uns erwachen.

EIN SCHLAFENDER RIESE

Hier ein kleiner Einblick in einen Sehnsuchtsmoment meines Lebens. Während unserer Studienzeit im Raum Basel besuchten mein Mann Rolf und ich eines Abends ein Konzert in einer Basler

---

44 Der Begriff *Bucket List* stammt aus dem englischen Sprachraum und steht für eine Liste von Dingen, die man vor seinem Tod unbedingt noch machen möchte.

45 Das Zitat stammt aus Rilkes Gedicht »Wir sind ganz angstallein«, das er am 24.04.1898 in Fiesole abgefasst hat (Quelle: *Die frühen Gedichte*, 1909).

46 In seinem Buch *Sehnsucht: Das unstillbare Gefühl* (aus dem Jahr 2011, Klett-Cotta) bezeichnet Wolfgang Hantel-Quitmann die Sehnsucht als »einen schlafenden Riesen, der jederzeit wach werden kann« (S. 21).

Kirche. Eine Gruppe von vier Männern, die sich *Accapella* nannten (da sie a cappella sangen) bestritt den Abend. Dass es überzeugte Christen waren, zeigte sich zunächst daran, dass man sie vor dem Start des Konzerts hinter dem Bühnenvorhang beten hörte. An vieles kann ich mich nicht mehr erinnern. Aber *ein* Moment bleibt unvergessen. Als die Sänger zum ersten Lied ansetzten, war es, als hätte jemand in meinem Inneren einen Schalter umgelegt. Die Klänge durchströmten meinen ganzen Körper und ehe ich mich versah, liefen mir ungehindert die Tränen über die Wangen. In der Öffentlichkeit bin ich sonst sehr kontrolliert und es kommt nur in Ausnahmesituationen vor, dass ich meinen Gefühlen freien Lauf lasse. Meine Reaktion überraschte mich daher selbst wohl am meisten. Auch Rolf blickte mich verwundert an, da er solche Gefühlsausbrüche von mir nicht gewohnt war. Es schien mir, als hätte sich ein Schleier gelüftet und als wäre ein unmittelbarer Zugang zu himmlischen Sphären entstanden. Das klingt ziemlich wunderlich, wenn ich das so schwarz auf weiß zu Papier bringe. Aber genau so habe ich es in jenem Moment empfunden. Jener Abend gehört zu den speziellsten Erlebnissen, die ich je hatte. Das Gefühl, das mich zu Tränen rührte, grenzte an einen körperlichen Schmerz. Heute bin ich davon überzeugt, dass dies nichts anderes als ein überwältigendes Gefühl der Sehnsucht war. Es war mehr als ein bisschen Sehnsucht. Die Sehnsucht hatte ganz und gar von mir Besitz ergriffen.

> Bei einigen ist Sehnsucht ein bestimmendes Lebensgefühl, bei anderen erwacht sie erst in besonderen Momenten.

Während Sehnsucht bei einigen ein bestimmendes Lebensgefühl ist, erwacht sie bei anderen erst in besonderen Momenten. Um bei meinem Beispiel zu bleiben, könnte man sagen, dass der »Riese« in jenem Moment, in dem die Gruppe zu singen begonnen hat, aus seinem Schlummer erwacht ist.

So kann Sehnsucht in unserem Leben manchmal sehr präsent sein und manchmal schlummert sie still vor sich hin. Aber in bei-

WERTVOLL & INSPIRIEREND

Zu wie viel Nächstenliebe wärst du fähig?

Debra Moerke mit Cindy Lambert

Ein Mord, zwei Mütter und die Macht der Liebe

Wie ein schockierender Anruf meine Welt aus den Angeln hob

368 Seiten · gebunden
auch als e-Book
ISBN 978-3-96362-133-8
€ D 16,95 / € A 17,50 / sFr 26,10

Als Debra und ihr Mann sich als Pflegeeltern bewerben, ahnen sie nicht, wie sehr dies ihr Leben auf den Kopf stellen wird. Doch dann wird ihre fünfjährige Pflegetochter Hannah ermordet – ausgerechnet von Karen, ihrer leiblichen Mutter! Von Trauer und Entsetzen schier überwältigt, können die Moerkes keinen weiteren Schlag verkraften. Da ruft Karen aus dem Gefängnis an. Sie, nun zu lebenslanger Haft verurteilt und erneut schwanger, hat eine ungeheuerliche Bitte: Debra soll sie besuchen … und ihr Baby großziehen. Was sollen Debra und Al nur tun?

Eine schier unglaubliche wahre Geschichte – über eine ganz normale Familie, ihren Glauben und den mutigen Versuch, Gottes grenzenlose Liebe sogar dem Menschen widerzuspiegeln, der ihnen das Liebste geraubt hat.

francke

BEWEGENDE ERFAHRUNGSBERICHTE

Steffi Baltes (Hrsg.)
Mein Vers fürs Leben

25 Menschen und ihr ganz persönlicher Lieblingsvers

Christoph Zehendner, Roland und Elke Werner, Ulrich Parzany, Jürgen Mette, Marie-Louise Fürstin zu Castell-Castell, Gräfin Daisy von Arnim, Lynn Austin und weitere bekannte christliche Autorinnen und Autoren erzählen davon, wie Gottes Wort sie mitten im Leben getroffen und begleitet hat.

176 Seiten · gebunden · auch als e-Book
ISBN 978-3-96362-134-5
€ D 12,00 / € A 12,30 / sFr 18,50

Steffi Baltes (Hrsg.)
Verse fürs Leben

52 Lieblingsverse

Enthält die 25 Lieblingsverse aus »Mein Vers fürs Leben« sowie 27 weitere ausgewählte Bibelworte. Zum Verschenken oder zur eigenen Ermutigung. Ideal für Gemeindeabende etc.

52 Karten · Kunststoffbox
ISBN 978-3-96362-153-6
€ D 7,95 / € A 8,90 / sFr 12,20

den Fällen ist sie da. Die Umstände oder Momente, in denen die Sehnsucht geweckt wird, sagen einiges über unsere Person, unsere Leidenschaften und Hoffnungen aus. Wir reagieren gewissermaßen auf einen »Trigger«, einen »Auslöser«. Manchmal reicht ein Duft, ein Lied, ein Bild, ein bestimmter Gegenstand, der Besuch eines wunderschönen Ortes, ein Tag am Meer, eine bestimmte Jahreszeit (z. B. Advent und Weihnachten), um Gefühle der Sehnsucht in uns wecken ... Erinnern Sie sich an einen solchen Moment in Ihrem Leben? In welchem Zusammenhang geschah dies?

Jahre später erscheint es mir unmöglich, in Worte zu fassen, wonach ich mich in jenem Moment genau sehnte. Ich bezweifle allerdings auch, dass ich es zum *damaligen* Zeitpunkt hätte formulieren können. Ich weiß nur, dass die Sehnsucht sehr viel tiefer griff als bloße Sehnsucht nach schöner Musik. Es kam mir so vor, als ob mich die mit dem Lied verbundene Sehnsucht mit einer viel tieferen, schwer definierbaren Sehnsucht verbunden hätte. In Kapitel 3 wollen wir dieser geheimnisvollen Sehnsucht genauer auf den Grund gehen.

SEHNSUCHTSORTE

Weil der Mensch ein Sehnsuchtswesen ist, zieht es ihn an Sehnsuchtsorte. Damit sind nicht Orte gemeint, an denen unsere Sehnsucht gestillt wird, sondern Orte, die die Sehnsucht in uns beleben, nähren, zum Vorschein bringen und am Leben erhalten. Orte, an denen wir uns auf besondere Weise lebendig fühlen. Einige sprechen in diesem Zusammenhang auch von Kraftorten. Fern von esoterischen Vorstellungen und der Magie, die solchen Orten manchmal zugesprochen wird, bin ich der tiefen Überzeugung, dass Sehnsuchtsorte unserem Herzen neue Kraft und Inspiration geben können. Sehnsuchtsorte helfen uns,

> Sehnsuchtsorte sind Orte, die die Sehnsucht in uns beleben, nähren, zum Vorschein bringen und am Leben erhalten.

Distanz zum Alltäglichen zu gewinnen. In gewissem Sinne sind es auch Zufluchtsorte. An Sehnsuchtsorten kann man innerlich über sich hinauswachsen und sein Leben besser aus der Sehnsuchtsperspektive betrachten. Allein der Gedanke an solche Sehnsuchtsorte lässt das Herz ein bisschen höherschlagen.

So unterschiedlich die Menschen und ihre Sehnsüchte sind, so unterschiedlich sind auch ihre Sehnsuchtsorte. In vielen Fällen ist der Sehnsuchtsort zugleich ein Naturort. Während einige in den Bergen neue Kraft tanken, zieht es andere an ein Gewässer – einen Fluss, einen See oder ans Meer. Andere zieht es in ferne Länder – in den Orient, nach Mexiko, Afrika oder Asien. Weitere sehnen sich nach den Nordlichtern, dem Regenwald, nach Alaska oder nach der Wüste. Ich kenne tatsächlich etliche Menschen, deren Sehnsuchtsort die Wüste ist. Ein arabisches Sprichwort sagt: »Gott hat den Menschen das grüne Land und das Wasser geschenkt, damit sie sich ernähren können, und die Wüste, damit sie ihre Seelen finden.«

Wiederum andere finden ihren Kraftort im städtischen Getümmel ihrer Lieblingsstadt oder in der ländlichen Idylle ihres Wohnortes. Für einige ist der heimische Wald ihr Sehnsuchtsort. Für andere eine ganz bestimmte Sitzbank. Die Möglichkeiten sind so grenzenlos wie die Sehnsüchte der Menschen.

»Nächstes Jahr in Jerusalem« lautet der traditionelle Wunsch am Schluss des jüdischen Sederabends, dem Vorabend und Auftakt des Passahfestes. Unzählige Juden haben sich diesen Wunsch – zur Erinnerung an den Auszug der Kinder Israels aus Ägypten – zugerufen. Jerusalem bedeutet übersetzt »Stadt des Friedens«. »Nächstes Jahr in Jerusalem« ist Ausdruck einer tiefen Sehnsucht, der zwar mit einer Stadt verbunden ist, aber zugleich weit über die geografische Stadt hinausgeht und zu einer Metapher wurde. Die Sehnsucht nach dem Gelobten Land und nach Jerusalem hat dem Volk Israel immer wieder die Kraft gegeben, nicht aufzugeben – in all den Wüstenjahren, bei Hunger und Durst, in der Gefangenschaft, bei der Überwindung unzähliger Hindernisse.

DIE BLAUE BLUME

Vielleicht haben Sie sich gewundert, wieso dieses Kapitel mit »Die blaue Blume« überschrieben ist. Lassen Sie es mich Ihnen in diesem Abschnitt erklären. Die blaue Blume wurde in der Romantik zu einem wichtigen Symbol für die romantische Sehnsucht nach dem Unerreichbaren und Unendlichen. Bis heute steht die blaue Blume symbolisch für unerfüllbare Sehnsucht. Im Zusammenhang mit dem Menschen als Sehnsuchtswesen ist sie eines der stärksten Sinnbilder überhaupt.

Im Gedicht von Joseph von Eichendorff aus dem Jahr 1818, das die Einführung in dieses Kapitel bildet, spürt man etwas von dieser tiefen Sehnsucht nach der geheimnisvollen blauen Blume. Untrennbar mit der Suche nach der blauen Blume verbunden ist das Symbol der Wanderschaft und des Aufbruchs zu einer Reise der Sehnsucht. Vor Eichendorff hatte bereits Friedrich von Hardenberg – besser bekannt unter dem Pseudonym Novalis – in seinem Romanfragment Heinrich von Ofterdingen (1800) über die mysteriöse blaue Blume geschrieben. Um welche reale Pflanze es sich in der romantischen Vorstellung gehandelt haben könnte, ist nicht bekannt. Einige vermuten die leuchtende Kornblume oder die Wegwarte dahinter.

Dass die Blume ausgerechnet *blau* ist, hat seinen Grund. Blau ist die Farbe des Himmels und des Meeres, der Weite und der Ferne. Es ist die Farbe unbegrenzter Dimensionen. Wie keine andere Farbe steht Blau für die uralte Sehnsucht der Menschen nach dem Unerreichbaren. Weltweit rangiert Blau auf der Beliebtheitsskala ganz oben (was ich gut verstehen kann, da Blau auch meine Lieblingsfarbe ist!). Eine Studie von Wissenschaftlern der University of British Columbia in Kanada hat übrigens ergeben, dass Blau die Kreativität steigern kann. Probanden mit blauem Bildschirmhintergrund lösten Probleme am Computer kreativer.[47]

---

47 Vgl. Blau – die Farbe der Sehnsucht, in: Berliner Morgenpost vom 22.04.2014 (Quelle: https://tinyurl.com/y3q3vfgr [25.07.2019]).

Im Bild gesprochen ist jeder Mensch auf der Suche nach einer blauen Blume, nach *seiner* blauen Blume. Unbewusst oder bewusst jagen wir ihr alle nach – so wie es Eichendorff in seinem Gedicht beschrieben hat. Welche »blaue Blume« bewegt Ihr Innerstes und scheint gleichzeitig so unerreichbar fern zu sein?

Meine blaue Blume

EIN BESONDERER GOTTESDIENST

Als wir im Frühjahr 2019 in unserer Freikirche eine Predigtserie zum Thema »Sehnsucht« starteten, entschieden wir uns dafür, die blaue Blume als Veranschaulichung zu nutzen. Mit »wir« meine ich ein Team, zu dem ich gehöre und dessen Aufgabe es unter anderem ist, Predigtserien zu planen und umzusetzen. Dabei schätze ich die konstruktive Zusammenarbeit mit meinen männlichen Mitstreitern sehr. Den Auftakt in die Predigtserie bildete ein Gottesdienst, den wir gemeinsam gestalteten. Nach einer allgemeinen Einführung in das Thema »Sehnsucht« setzten wir uns zu fünft auf die Bühne und ergriffen nacheinander das Wort, um unsere »blaue Blume« vorzustellen.

Vorbereitend auf den Gottesdienst hatten wir uns die Aufgabe gestellt, *eine* Sehnsucht zu benennen, die uns im Moment ganz besonders bewegte. Dabei realisierten wir, wie schwer es uns fiel, uns auf eine einzige Sehnsucht zu beschränken. Denn in unseren Herzen gibt es verschiedene Sehnsüchte – mal ist die eine etwas stärker, mal die andere. Zudem wurde uns bewusst, wie viel Mut es kosten würde, in einem öffentlichen Rahmen so persönliche Dinge von sich preiszugeben. Allein schon der Austausch innerhalb unseres Teams kostete Mut. Aber es war uns wichtig, eine

In unseren Herzen gibt es verschiedene Sehnsüchte – mal ist die eine etwas stärker, mal die andere.

Idee davon zu haben, was die anderen sagen würden, damit wir uns dann nicht in die Quere kamen. Zwischen der Sitzung und dem Gottesdienst änderten sich dann nochmals einige Sehnsüchte. Das lag daran, weil wir uns so intensiv mit dieser Frage auseinandersetzten und uns dabei bewusst wurde, dass da noch eine andere Sehnsucht in uns schlummerte, die im Moment aktueller war. Wir hatten uns vorab darauf geeinigt, dass wir nicht nur fromme Sehnsüchte äußern würden (z. B. »Ich habe Sehnsucht nach Gott«). Das wäre durchaus eine Option gewesen. Sogar eine legitime. Des Weiteren hatten wir beschlossen, unsere Sehnsüchte nicht fromm schönzureden. Um eine schmerzhafte Sehnsucht auszuhalten, neigen Christen manchmal dazu, sie mit Worten irgendwie erträglicher zu machen, als sie ist. Darauf wollten wir bewusst verzichten.

BEWEGENDE ERFAHRUNG

Da saßen wir nun also mit unserer blauen Blume in der Hand und öffneten unser Herz. Weitere Blumen warteten darauf, im Laufe der Predigtserie von den Gottesdienstbesuchern beschriftet und in einen bepflanzten Blumenkasten gesteckt zu werden.

> Die Reise der Sehnsucht beginnt dort, wo wir unsere Masken ablegen und der Realität ins Auge blicken.

Bevor wir begannen, bat ich die Gottesdienstbesucher, sorgsam mit dem umzugehen, was wir ihnen nun anvertrauen würden. Denn wenn jemand sein Herz öffnet und sein Gegenüber lieblos damit umgeht, kann dies verheerende Folgen haben. Aber wir spürten in der Vorbereitung, dass dieser Schritt für uns dran war. Wir öffneten unsere Herzen in der Hoffnung, dass andere dadurch ebenfalls den Mut fänden, sich auf eine Reise der Sehnsucht zu begeben. Dass sie es wagen würden, sich ihren tiefsten Gefühlen zu stellen. Denn genau dort beginnt die Reise. Dort, wo wir unsere Masken ablegen und der Realität ins Auge blicken. Dort, wo wir mit unseren inneren Abgründen konfrontiert werden. Dort, wo wir entscheiden können, wie wir mit dem, was uns im Innersten begegnet, umgehen wollen.

Unsere Ehrlichkeit berührte. Hier und dort gab es feuchte Augen. Zum Beispiel als ein Teammitglied ehrlich über seine tiefe Sehnsucht nach einer kinderreichen Familie sprach und erzählte, dass sie sich als Ehepaar seit Jahren mit dem Thema »Kinderlosigkeit« konfrontiert sehen. In solchen Situationen wird Sehnsucht zu einem leidvollen Spannungsfeld.

EINBLICK IN MEIN HERZ

Ein Blick in mein Herz soll Ihnen als konkretes Anschauungsbeispiel dienen, damit Sie Ihrer eigenen blauen Blume (bzw. Ihren blauen Blumen) Schritt für Schritt näher kommen.

Ich werde mit derjenigen Sehnsucht beginnen, die ich an jenem Sonntagmorgen auf meine blaue Blume geschrieben habe: die Sehnsucht nach Heilung. Später folgten weitere Gottesdienste, in denen ich über das Thema »Sehnsucht« sprechen konnte – unter anderem gemeinsam mit meinem Ehemann. Das gab mir die Möglichkeit, noch weitere Blumen zu beschriften. So möchte ich Ihnen in der Fortsetzung nicht nur eine, sondern drei Sehnsüchte vorstellen. Damit sind meine Sehnsüchte nicht abschließend behandelt, aber es gibt Ihnen eine konkrete Vorstellung, welche unterschiedlichen Gestalten Sehnsucht im Leben eines Menschen annehmen kann. Das Kriterium für meine Auswahl war, dass es sich dabei um Sehnsüchte handelt, die mich schon seit vielen Jahren bewegen. Das schließt nicht aus, dass punktuell auch neue und andere Sehnsüchte dazukommen. Das ist ganz normal und diese sind ebenso wichtig zu nehmen. Denn Sehnsucht ist weit davon entfernt, etwas Starres und Unveränderliches zu sein. Sie ist – wie auch die Sehnsuchtsforschung bestätigt – vielmehr dynamisch und wandelbar und kann sich im Laufe unseres Lebens immer wieder verändern.

Bewegen Sie, während Sie von meinen Sehnsüchten lesen, innerlich bitte die Frage, was Sie selbst auf Ihre blaue Blume schreiben würden.

SEHNSUCHT NACH HEILUNG

Lange war ich hin- und hergerissen, ob ich es wirklich wagen sollte, »Heilung« auf meine blaue Blume zu schreiben. Ich war mir unsicher, ob ich stark genug wäre, öffentlich so viel von mir preiszugeben. Einigen war bereits bekannt, dass ich seit einer Rückenoperation an chronischen Schmerzen leide, die manchmal stärker und manchmal schwächer sind. Als wir in unsere Predigtserie starteten, waren die Schmerzen schon länger ziemlich stark und belastend. Aber das war nicht der ausschlaggebende Grund, weshalb ich mich schließlich dazu durchrang, »Heilung« auf meine Blume zu schreiben. Der eigentliche Grund dafür war meine Psyche. Höchstens eine Handvoll Leute wusste um meine wiederkehrenden depressiven Episoden, die mir in unregelmäßigen Abständen den Boden unter den Füßen wegziehen. Dieses innere »schwarze Loch«, das mir jeglichen Lebensmut raubt, ist weitaus schlimmer als der körperliche Schmerz. Wobei beides auf unheilvolle Weise miteinander verknüpft ist. Als wir die Predigtserie planten, befand ich mich schon seit etlichen Wochen in einem solchen schwarzen Loch und war innerlich unfassbar müde. In solchen Phasen gelingt es mir nur mit größter Anstrengung, Termine einzuhalten und nach außen hin den Schein zu wahren, dass alles in Ordnung ist. Wobei dieses Verhalten (so zu tun, als ob) die innere Not und Einsamkeit oft nur noch verschlimmert. Ein gefährlicher Seiltanz, bei dem man nie sicher weiß, wie lange man noch die Balance halten kann. Und doch versucht man genau dies so verzweifelt, weil man fürchtet, dass man bei einem Sturz ins Bodenlose fallen könnte. Wie dankbar bin ich in solchen Zeiten für ärztliche Betreuung und Medikamente, selbst wenn ich nicht immer gleich darauf anspreche.

Es ist mir bewusst, dass diese Thematik – besonders im christlichen Kontext – sehr kontrovers diskutiert wird. Das macht es für Betroffene umso schwieriger, damit umzugehen, geschweige denn, darüber zu sprechen. Christsein und (körperliches oder seelisches) Leiden schließen sich gegenseitig aus, behaupten einige. Eine große Bürde für betroffene Christen, die ihr Vertrauen immer wieder neu auf Jesus setzen und alles dafür geben würden, von ihrem Leiden befreit zu sein. Ich glaube an einen Herrn und Heiland, der heilen kann und will, aber dessen Handeln nicht immer unseren Vorstellungen entspricht. Die Sehnsucht nach Heilung ist real und spannungsvoll.

SEHNSUCHT NACH DEM MEER

Die nächste Sehnsucht, die ich nennen möchte, steht im Zusammenhang mit den bereits erwähnten »Sehnsuchtsorten«. Mein Sehnsuchtsort ist das Meer. Seit ich im Alter von ungefähr elf Jahren in Genua zum ersten Mal das Meer gesehen habe, fühle ich mich diesem Sehnsuchtsort auf geheimnisvolle Weise verbunden. Inwiefern dies in Einklang zu bringen ist mit der Vermutung eines Autors, der behauptet, dass die Sehnsuchtsorte mit unserer Biografie zusammenhängen, ist mir schleierhaft. Denn seit meiner Geburt lebe ich im Binnenland Schweiz – genau wie die Generation meiner Eltern und diejenige vor ihnen. Aber vielleicht gab es ja mal eine Generation, weit zurück in der Vergangenheit, die am Meer lebte? Tatsache ist, dass ich mit einer Art »Meer-Gen« geboren wurde. Einer unstillbaren Sehnsucht nach dem Meer. Zur Präzisierung: Es handelt sich dabei nicht um die Sehnsucht, in See zu stechen, sondern vielmehr um die Sehnsucht, diese geheimnisvolle Pracht vom Ufer aus zu bewundern und sie auf mich wirken zu lassen. Während ich das Meer-Gen zweifellos an unseren Sohn weitervererbt habe, teilen glücklicherweise auch mein Mann und unsere Tochter zumindest die Freude an diesem Reiseziel.

Ich schreibe diese Zeilen auf dem Balkon eines Appartements, in dem wir unseren diesjährigen Sommerurlaub verbringen. Das Schönste daran ist der Ausblick auf die Palmen und das Meer. Das ganze Jahr über sparen wir für zwei Wochen am Meer und verzichten dafür gerne auf andere Dinge. Während sich einige nichts Langweiligeres vorstellen können, als zwei Wochen am Meer zu sein, gibt es in meiner Vorstellung kaum etwas Herrlicheres.

Wie ein schillernder Teppich, bestickt mit Millionen von Diamanten, breitet sich die glitzernde Pracht vor mir aus. Unzählige Lichtpartikel spiegeln die strahlende Sonne wider und tanzen auf der türkisblauen Fläche mit dem Wind. Ich atme Sehnsucht und kann mich nicht sattsehen an diesem einzigartigen Schauspiel. Das Lichtspiel findet einen Weg in mein Inneres und wandelt düstere Gedanken in Lichtblicke der Hoffnung und Zuversicht.

Sehnsucht. Kein anderer Ort repräsentiert diesen Begriff meinem Empfinden nach so treffend wie das Meer. Diese rätselhaften, wunderschönen und zugleich zutiefst unheimlichen und unerforschten Tiefen. Manchmal friedlich, dann wieder stürmisch. Manchmal klar, dann wieder trüb und undurchsichtig. Ganze 71% der Erdoberfläche sind mit Wasser bedeckt! Kein Wunder, dass die Erde auch »blauer Planet« genannt wird. Blau – die Farbe der Sehnsucht. Dabei sind erst etwa fünf Prozent der Weltmeere erforscht, wie ich unlängst in einem Artikel gelesen habe. Wissenschaftler wissen demnach weniger über die Ozeane als beispielsweise über die Rückseite des Mondes. Vielleicht ist es genau diese Unergründbarkeit, die mich berührt und in der ich mich oft auch wiederfinde.

Das Meer erdet mich, berührt mich, wühlt auf, tut wohl und weh, verändert meine Sicht der Dinge, beflügelt mich, wirkt überaus inspirierend, setzt mein Leben in Perspektive und verbindet mich mit dem Ewigen. Ich empfinde ähnlich wie Thomas Mann, der einst schrieb: »Das Meer ist keine Landschaft, es ist das Erlebnis der Ewigkeit.«[48]

---

48 Thomas Mann im Essay *Lübeck als geistige Lebensform*, 1926 (publiziert in: Mann, Thomas, 1986. *An die gesittete Welt: Politische Schriften und Reden im Exil.* Hg. von Peter de Mendelssohn. Frankfurt am Main: S. Fischer).

Doch selbst wenn ich zwei Wochen im Jahr am Meer sein darf, ist meine Sehnsucht bei Weitem nicht gestillt. In meinem Herzen ist immer Raum für mehr Meer! Heute nutze ich die Zeiten am Meer ganz bewusst und versuche die intensiven Farben, das Meeresrauschen und den Geruch des Meeres mit all meinen Sinnen aufzunehmen, um möglichst lange davon zu zehren. Und doch weiß ich genau, dass ich mich zeitlebens nie am Meer werde sattsehen, satthören und sattriechen können. Als Autorin träume ich von meinem kleinen Haus am Meer, in dem ich ungestört und unabhängig meine Schreibpassion ausleben darf. Meine Sehnsucht nach dem Meer trifft in diesem Traum auf meine Sehnsucht nach Ruhe, nach Rückzug, nach Ungestörtheit, nach Raum für Kreativität.

SEHNSUCHT NACH LEBENSZEIT

Die dritte Sehnsucht, auf die ich eingehen möchte, ist die Sehnsucht nach Lebenszeit. Das mag im ersten Moment seltsam klingen aus der »Feder« einer Mittvierzigerin. Noch seltsamer mag es anmuten, dass mich diese Sehnsucht schon lange vor meinen Dreißigern umgetrieben hat. Die Sehnsucht nach Lebenszeit hängt mit einem wachsenden Bewusstsein der Vergänglichkeit zusammen. Dass viele Menschen in ihrer Lebensmitte in eine Krise geraten, kommt nicht von ungefähr. Denn spätestens in der Lebensmitte wird klar: Es gibt nicht mehr unendlich viele Möglichkeiten der Lebensgestaltung. Manch eine Chance ist verpasst und irgendwann wird mein Leben vorbei sein.

Ich habe mir schon in meiner Jugendzeit sehr viele Gedanken über mein Leben, die Zukunft und Vergänglichkeit gemacht. Zudem war ich immer sehr vielseitig interessiert und hätte liebend gerne eine Ausbildung an die nächste gereiht. Einfach, um noch mehr zu erfahren, mehr zu lernen, mehr zu entdecken. Manchmal habe ich mir ausgemalt, was ich tun würde, wenn mir alternative Leben zur Verfügung stünden. Mit Sicherheit hätte ich mich weiteren Studien gewidmet: diversen Sprachen, Musik, Judaistik, Schauspiel, Kunst, Grafikdesign, Fotografie ... Und entsprechend weitere Berufe gewählt. Aber so funktioniert das Leben nicht. Es steht uns nur eine einzige Lebensversion zur Verfügung. Mit jeder Entscheidung, die wir treffen, sagen wir zu etwas Ja und gleichzeitig – ganz automatisch und meist unbewusst – zu anderen Dingen Nein. Die Erkenntnis dieser Begrenzung tut weh und ist mit Wehmut verbunden. Wehmut ist jene Seite der Sehnsucht, der der Schmerz des Unumkehrbaren und nicht mehr Erfüllbaren anhaftet. Wehmut wurzelt beispielsweise in der Erkenntnis, dass ein geliebter Mensch nie mehr zurückkommen wird. Dass unsere Kinder erwachsen geworden sind. Dass sich Vergangenes nicht mehr ändern lässt. Es ist ein fortwährendes Abschiednehmen, ein Trauerprozess im Kleinen. Eine schrittweise Vorbereitung auf den letzten großen Abschied. In dem bereits erwähnten Kunstbuch *Sehnsucht*, das ich gemeinsam mit einem dänischen Künstler gestaltet habe, beschreibe ich Wehmut unter anderem wie folgt:

ich sehe den zeiger. unaufhaltsam drängt er vorwärts
die zeit läuft mir davon. ich fühle mich hilflos
ich sehe bücher. ungelesen stehen sie im regal
zu viele für ein leben. die begrenzung schmerzt
ich sehe briefe. unbeantwortet liegen sie auf dem tisch
sie sind mir kostbar. ich bin wie gelähmt

ich sehe sein lachen. ausgelassen hüpft er im regen
kleine hand in meiner hand. mein herz schmerzt vor liebe
ich sehe ihr nach. winkend verschwindet sie um die ecke
mit ihr ein stück von mir. der abschied tut weh
ich sehe dich. weinend verdränge ich die erinnerung
viel zu früh bist du verstummt. ich vermisse dich so sehr[49]

---

49 Debora Sommer, in: *longing – sehnsucht – længsel.* 2015. Gilleleje: VNP. Hg. Jørn Henrik Olsen. S. 29.

Als Mutter hat meine Sehnsucht nach Lebenszeit eine neue Dimension angenommen. Sich auf so intensive Weise mit den eigenen Kindern verbunden zu fühlen, sie zu lieben, mit ihnen zu bangen, sie loslassen zu müssen ... diese Gefühle und Vorgänge sind kaum in Worte zu fassen. Zwei Beispiele dazu.

Im Februar 2005 herrschte bei uns seit einigen Wochen tiefer Winter. Es war eine Zeit, in der ich nervlich immer wieder an meine Grenzen stieß und ich mich von unseren Kindern – damals fünf- und dreijährig – oft heillos überfordert fühlte. Wie schnell fiel dann ein unbedachtes Wort. Wie schnell wurde ich ungeduldig. Als ich eines Nachts vor dem Zubettgehen nochmals kurz ins Bad ging, blieb mein Blick an dem vielen Schnee hängen, der durch das Dachfenster im Bad zu sehen war. Im Lichtschein der Straßenlampe erschien die Welt wie ein Winterwunderland. Ich öffnete das Dachfenster, um die Pracht zu bewundern. Doch als ich das Dachfenster öffnete, fiel mein Blick auf etwas ganz anderes. Ganz offensichtlich war unser damals fünfjähriger Sohn Ruben kurz vorher auch im Bad gewesen. Er musste auf die Toilette geklettert sein und von dort aus ebenfalls das Dachfenster geöffnet haben. Denn im Neuschnee auf dem Dachfensterbrett war ganz deutlich ein kleiner Händeabdruck zu sehen. Der Abdruck war nicht zufällig entstanden, sondern da war ganz bewusst eine kleine Hand in den Schnee gedrückt worden. Als ich diesen kleinen Händeabdruck sah, war es um mich geschehen. Der Stress, die Ungeduld und die Gereiztheit des Tages fielen von mir ab, während ich hemmungslos weinte. Diese kleine Hand im Schnee ... ganz allein in der Kälte, so schutzbedürftig und hilflos, traf mich mitten ins Herz. Nachdem ich mich wieder gefasst hatte, legte ich meine eigene Hand direkt neben Rubens kleinen Händeabdruck in den Schnee. Mit einem stummen Gebet an Gott, dass er mir helfen möge, meinen Kindern eine gute Mutter zu sein und liebevoll auf ihre Nöte und Bedürfnisse einzugehen. Diese Aufgabe erschien mir viel zu schwierig – und wenn ich an die Zukunft dachte, wurde mir schwer ums Herz. Wie sollte ich das alles bloß schaffen?

Ungefähr ein halbes Jahr später verbrachte ich einen herrlichen Sommernachmittag mit unseren Kindern in einem kleinen Garten, den wir mitbenutzen durften und in dem wir einen Swimmingpool aufgebaut hatten. In einer Pause kam meine damals dreieinhalbjährige Tochter Dina zu mir auf den Liegestuhl. Um ihre Augen zu schützen, setzte sie sich meine Sonnenbrille, die vor mir auf dem Liegestuhl lag, auf die Nase. Dann wurde ihre Aufmerksamkeit von etwas gefesselt, das sich auf dem Feld neben uns abspielte. Keine Ahnung, was es war, und es interessierte mich auch gar nicht, denn ich konnte meinen Blick nicht mehr von meiner Tochter abwenden. Wie sie da vor mir saß, so klein und zart, so süß und unschuldig – in ihrem violetten Badekleid, mit ihren hellblonden, hochgesteckten Haaren und der viel zu großen Sonnenbrille auf der Nase –, war fast zu viel für mich. Mein Herz schmerzte vor Liebe. Ich wollte diesen Moment für immer in meinem Herzen festhalten. Am liebsten hätte ich die Zeit in jenem fast magischen Moment eingefroren. Ich konnte den Gedanken nicht ertragen, dass meinen Kindern etwas zustoßen könnte, dass sie Schwierigkeiten und Ungerechtigkeit durchleiden müssten.

Ganz ähnliche Gefühle beschleichen mich manchmal auch heute noch, wenn ich unsere Kinder anschaue. In der Zwischenzeit sind beide erwachsen geworden. An ihnen wird mir bewusst, wie schnell meine Lebenszeit verstreicht. In solchen Momenten sehne ich mich nach mehr davon. Ich würde gerne miterleben, wie sie selbstständig im Leben stehen und einem Beruf nachgehen, der ihren Fähigkeiten entspricht und in dem sie aufblühen können. Ich würde gerne ihre Hochzeit miterleben im dankbaren Wissen, dass beide ein Gegenüber haben, mit dem sie glücklich sind. Aber noch ist es nicht so weit und das ist gut so. Ich will dankbar sein für die Zeit, in der unser Zuhause noch ihre »Operationsbasis« ist.

Darüber hinaus wünsche ich mir noch ganz viel Lebenszeit mit Rolf, meinem Ehemann, mit dem ich nun schon 27 Jahre durchs Leben gehe (22 davon als Ehepaar). Wir haben schon so vieles zusammen erlebt und durchgestanden. Wie schön wäre es, wenn wir miteinander alt werden, noch viele Höhen und Tiefen gemeinsam teilen und uns noch lange gegenseitig unterstützen könnten auf unserer Lebensreise.

Auf besondere Weise sehne ich mich nach Lebenszeit mit meinen Eltern, die älter und gebrechlicher werden. Ich wünschte, ich könnte die Zeit anhalten und sie für immer bei mir behalten. Ich wünschte, ich müsste sie nie loslassen.

In dem Maß, wie mein Dienst öffentlicher geworden ist, hat auch die Komplexität meiner Aufgaben zugenommen. Vieles daran ist wundervoll, vieles auch anstrengend. Mein Alltag ist sehr voll und nicht selten fühle ich mich überfordert von der täglichen E-Mail-Flut und all dem, was erledigt werden sollte. Es gibt so viele Dinge, die ich schon längst tun wollte – aber oft fehlen die Kraft und Zeit dazu. Zum Beispiel das digitale Fotochaos, das ich seit Jahren ordnen will, oder Kontakte, die ich regelmäßig pflegen möchte, die aber in den Anforderungen und Überforderungen meines Lebens auf der Strecke bleiben. Das tut weh und konfrontiert mich immer wieder schonungslos mit meinen Grenzen.

Als ich vor einigen Jahren wieder einmal stark an dieser Sehnsucht nach Lebenszeit litt, brachte ich in einer Nachtkritzelei das folgende Gebet zu Papier:

Es scheint als hätte mein Leben

zu wenig Jahre
zu wenig Tage
zu wenig Stunden
zu wenig Zeit

zu viele Gedanken
zu viele Bücher
zu viele E-Mails
zu viele To-dos

als hätte mein Leben

zu wenig Atem
zu wenig Sinn
zu wenig Liebe
zu wenig Kraft

zu viele Träume
für diese kurze Zeit
für meine kleine Kraft
für den verhüllten Sinn

Himmlischer Vater

fülle DU jede Minute
des heutigen Tages
meines Lebens
mit Zeit
mit Sinn
mit Liebe
mit Kraft

WAS IST IHRE BLAUE BLUME?

Am Ende dieses Unterkapitels möchte ich Ihnen ganz direkt die Frage stellen: Was ist Ihre blaue Blume? (Oder falls es mehrere sind: Was sind Ihre blauen Blumen?) Vielleicht fällt es Ihnen noch schwer, Ihre Sehnsucht zu benennen. Dann behalten Sie die Frage einfach im Hinterkopf, während wir uns im nächsten Abschnitt gewissermaßen auf eine blaue Blumenwiese wagen.

Wonach sehnen sich Menschen?

Nach dem persönlichen Einblick in mein Herz möchte ich den Rahmen der menschlichen Sehnsüchte wieder weiter spannen und Ihnen noch mehr blaue Blumen menschlicher Sehnsüchte präsentieren. Wer weiß, vielleicht begegnen Sie auf diesem Abstecher ja irgendwo Ihrer blauen Blume! Die große Herausforderung am Ende dieses »Spaziergangs« durch die blaue Blumenwiese menschlicher Sehnsüchte wird sein, etwas Ordnung in das Durcheinander zu bringen.

Während der Arbeit an diesem Buch fragte ich einige Bekannte, was ihnen als Erstes in den Sinn kommt, wenn sie das Wort »Sehnsucht« hören. Es fielen unter anderem die folgenden Begriffe: Liebe, Ferne, Meer, Ruhe, Frieden, Leben, Reisen, Südtirol, Capri, Berge, Sonne, Freiheit, Harmonie, Heimat, Geborgenheit, Gerechtigkeit, Zugehörigkeit, Echtheit, Schönheit und Neuanfang. Würde man andere Menschen fragen, ergäbe dies eine andere bunte Sammlung von Antworten. Wenn man mit offenen Augen und Ohren durch den Tag geht, fallen zahlreiche weitere Sehnsüchte auf. Zum Beispiel die Sehnsucht nach Anerkennung, Wertschätzung und Annahme. Oder die Sehnsucht nach Genuss. Viele Menschen sehnen sich nach Lebenssinn, nach Erfüllung und Bedeutung. Während sich einige nach Sicherheit und Stabilität sehnen, träumen andere von Veränderung und Abenteuer. Die Sehnsüchte sind so vielfältig und individuell wie die Menschen, die sie in ihren Herzen tragen.

FORSCHUNGSERGEBNISSE

Nach dem Tod ihres Lehrers Paul Baltes im Jahr 2006 führte Susanne Scheibe die Sehnsuchtsforschung aktiv weiter. Gemeinsam mit Dana Kotter-Grühn widmete sie sich den Inhalten von Sehnsüchten, die mehr als 1.300 Frauen und Männer im Alter von 18 bis 81 Jahren angegeben hatten.[50] Dabei stellten die beiden fest, dass sich die Sehnsüchte der Befragten nicht um Traumkleider oder Fernreisen in die Südsee rankten, sondern um die wirklich wichtigen Grundmotive des Lebens: um Freundschaft, Liebe und Erfüllung. Um Glück, Aufgehobensein, Verstandenwerden. Ganz oben auf der Liste der meistgenannten Sehnsüchte stehen, laut Umfrageergebnissen, die Partnerschaft, Familie und eigene Persönlichkeitsmerkmale. Weitere bevorzugte Sehnsuchtskategorien sind Arbeit, Freundschaft, Gesundheit, Freizeit und Lebensqualität.

In der Wissenschaft wird zwischen materiellen und ideellen Sehnsüchten unterschieden. Damit verbunden ist auch das Spannungsfeld zwischen Haben und Sein. Während sich materielles Verlangen (Geld, Haus, Urlaub etc.) auf Äußerlichkeiten beschränkt, orientiert sich die ideelle Sehnsucht an Substanziellem, oder anders gesagt, an Wesentlichem (Frieden, Freiheit, Stille, Freundschaft, Sinn, Treue, Geborgenheit etc.). Die ideelle Sehnsucht ist von dem Wunsch beseelt, dass das eigene Leben gelingen möge. Jenseits von allem Materiellen sucht die ideelle Sehnsucht nach gehaltvollen Begegnungen, Erfahrungen und kulturellen Werten, die uns Leitlinien zur Orientierung erkennen lassen. Es ist die Suche nach einem sinnvollen und wertevollen Leben (z. B. Liebe, Herzensbildung, Hilfsbereitschaft, Mut, Freiheit, Kreativität). Ein werteleeres Leben erzeugt meist Sinnkrisen und Krankheiten an Körper und Seele.

In der Wissenschaft wird zwischen materiellen und ideellen Sehnsüchten unterschieden.

Bei den Forschungsergebnissen waren kaum Unterschiede zwischen Frauen und Männern auszumachen. Beide Geschlechter sind gleichermaßen vom Sehnen nach einem idealen und guten

50 Vgl. den Artikel *Zwischenstation Sehnsucht* von Klaus Wilhelm in der Zeitschrift *Max Planckforschung*, 3/2008 (online: https://tinyurl.com/y6ffmru6 [08.08.2019]).

Leben erfüllt. Selbst Menschen, bei denen man annehmen könnte, dass sie keine Sehnsüchte mehr haben, weil sie unfassbar reich oder unglaublich schön sind, sehnen sich nach mehr. Am Ende eines jeden Erfolges bleibt die Frage: Und jetzt? Das Sehnen geht weiter. Je höher der Bildungsstand, desto mehr verlangten die Probanden nach Vervollkommnung der eigenen Persönlichkeit. Je geringer der Bildungsstand, desto höher die Sehnsucht nach einer stabilen Familie.

Die verschiedenen Ausdrucksweisen, die Intensität und Bestimmtheit unserer Sehnsucht wird von Kindesbeinen an geprägt – durch unsere Biografie, unser soziales Umfeld und unseren individuellen Lebensentwurf. Auch Bildung, politische und kulturgeschichtliche Entwicklungen sowie soziale Beziehungen formen unsere Sehnsüchte auf maßgebliche Weise. Wer beispielsweise um seine tägliche Existenz ringen muss, ersehnt andere Dinge als jemand, der gänzlich frei von finanziellen Nöten und Sorgen ist.

Sehnsüchte sind aber auch an unterschiedliche Lebensphasen gebunden. In der Jugend sind die Sehnsüchte zunächst himmelsstürmend und fast unbegrenzt. Angesichts der Realitäten von beruflichem Erfolg, Partnerschaft oder Familie relativieren sie sich später wieder. Ältere Menschen fokussieren sich vor allem auf die Gesundheit und ein sorgloses Leben. Insofern spiegeln unsere Sehnsüchte auch erkennbare Erfahrungs- und Reifungsprozesse wider, die sich aber immer aus der eigenen Biografie entwickeln, egal in welchem Lebensabschnitt man sich befindet.

SEHNSUCHT NACH HEILEN BEZIEHUNGEN

Dass soziale Beziehungen sehr oft eine wichtige Rolle bei den Sehnsüchten spielen, ist nachvollziehbar. Das Bedürfnis, zu jemandem zu gehören, lässt sich auf zweierlei Weise erfüllen: durch häufigen, engen Kontakt mit anderen Menschen oder durch die soziale Anbindung an eine Familie. Obwohl Familie für die meisten Menschen so wichtig ist, gibt es wohl kaum einen anderen

Bereich, der so stark umkämpft ist wie dieser. Zeit ihres Lebens sehen sich Menschen mit familiären Konflikten konfrontiert, die sie belasten, die sie gerne ändern würden, die sich aber ihrer vollständigen Kontrolle entziehen. Also genau der Boden, auf dem Sehnsucht gedeihen kann. In diesem Fall die Sehnsucht nach einer heilen Familie oder – allgemeiner formuliert – nach heilen Beziehungen.

SEHNSUCHT NACH DER GROSSEN LIEBE

Einen Sonderfall unter den Beziehungssehnsüchten stellt die Sehnsucht nach der großen Liebe dar. In Kontaktanzeigen von Zeitungen und Zeitschriften, auf diversen Internetportalen und in sozialen Netzwerken sind Männer und Frauen auf der Suche nach ihrer großen Liebe. Nicht selten beginnt eine Anzeige mit den Worten: »Nach großer Enttäuschung ...«. Darin schwingt die Sehnsucht mit, dass es bei einer nächsten Beziehung besser gelingen möge. Zu den größten Schweizer Hits gehört ein Lied, das den schweizerdeutschen Titel »Ewigi Liebi« (Ewige Liebe) trägt.[51] Der Sänger schrieb das Lied für seine damalige Freundin, nichts ahnend, dass er damit einen Nerv traf und dieser Song eine außergewöhnliche Erfolgsgeschichte schreiben würde. Der Refrain des Liedes lautet: *Ewige Liebe / Das wünsche ich dir / Ewige Liebe / Das wünsche ich mir / Ewige Liebe / Nur für uns zwei / Ewige Liebe / Ich fühle mich bei dir zu Hause.* In Wort und Klang drückte er damit aus, was viele empfanden: Sehnsucht nach der großen Liebe, nach Glück und einer Beziehung, die Bestand hat.

Ergebnisse der Sehnsuchtsforschung ergaben allerdings auch, dass Sehnsucht nach einer erfüllenden Beziehung in der Regel erst ab dem mittleren Alter als solche formuliert wird. Das hängt da-

51 Der Song «Ewigi Liebi» wurde von Padi Bernhard geschrieben und mit der Schweizer Band *Mash* aufgeführt. Hier geht es zum schweizerdeutschen Song: https://www.youtube.com/watch?v=q1AG2-VcBZo [Stand: 08.08.2019].

mit zusammen, dass Jüngere eine ideale Partnerschaft noch als Ziel empfinden, das durchaus erreicht werden kann. Erst später wird sie als schwer realisierbar erkannt und dementsprechend zur Sehnsucht. Auch im Alter ist die Sehnsucht nach einem Partner vorherrschend – dann allerdings nicht selten verbunden mit der wehmütigen Erinnerung an vergangene Zeiten, weil der Partner verstorben oder aber eine Beziehung gescheitert ist.

SEHNSUCHT IN DER TRENDFORSCHUNG

In Kapitel 1 haben wir uns mit der Tatsache befasst, dass Sehnsucht ein Menschheitsthema ist. Das heißt, es gibt Sehnsüchte, die unabhängig von der jeweiligen Kultur und Zeit sind – wie zum Beispiel die Sehnsucht nach Heimat oder Angenommensein. Auf der anderen Seite hat jede Zeit und jede Kultur auch ihre ganz spezifischen Sehnsüchte. Damit beschäftigt sich unter anderem die Zeitgeist- und Trendforschung. Seit vielen Jahren verfolge ich höchst fasziniert neue Erkenntnisse verschiedener Trendforschungsinstitute. Meiner Meinung nach sollten Trendforschungen zur Pflichtlektüre für Verantwortungsträger werden, auch – und erst recht – im christlichen Kontext. Denn wie sollen wir auf gesellschaftliche Entwicklungen reagieren (geschweige denn proaktiv handeln!), wenn uns nicht bewusst ist, wonach sich die Menschen unserer Zeit sehnen?

Jede Zeit und jede Kultur hat ihre ganz spezifischen Sehnsüchte.

ZUKUNFTSREPORT 2019

Geschichte und Fortentwicklung vollzieht sich oft wie ein Pendelschlag. Diese Tatsache ist so alt wie die Menschheit. Das lehre ich auch meine Studenten im Fach Kirchengeschichte. Mal schlägt das

Pendel in die eine Richtung aus und dann wieder in die andere. So geht es nicht selten von einem Extrem zum nächsten. Nur in Ausnahmefällen gibt es mal einen Moment temporärer Ausgeglichenheit. So sind auch neue Trends in vielen Fällen eine Gegenbewegung zu alten Trends. Der Trend- und Zukunftsforscher Matthias Horx spricht im *Zukunftsreport 2019* in diesem Zusammenhang vom »Gegentrend-Prinzip«.[52] Ein Blick in das Inhaltsverzeichnis des Zukunftsreports 2019 macht deutlich, worauf die Gegentrends 2019 abzielen. Ich zitiere aus der Beschreibung: »Gegen das allmächtige Lärmen des Medialen entwickelt sich eine Sehnsucht nach der Stille. Gegen den grassierenden Individualismus setzt sich die Kooperation durch, das Co-Prinzip. [...] Gegen die Fake-Welt tritt eine Bewegung der radikalen Ehrlichkeit an. Und diametral zur depressiven Grundstimmung entsteht ein neuer Mut zum Mut, der in Unternehmen den entscheidenden Zukunftsunterschied macht.«[53] Nachfolgend ein Blick auf einige Trends, die die Gegenwart auf besondere Weise prägen und zugleich aufzeigen, welche Sehnsüchte momentan viele Menschen teilen.

> Neue Trends sind oft eine Gegenbewegung zu alten Trends.

SEHNSUCHT NACH STILLE

In unserer schnelllebigen, lauten und komplexen Welt, in der wir immer und überall erreichbar sein sollen (oder wollen), wird die Sehnsucht nach Stille und Rückzug immer dringlicher. Während permanente Erreichbarkeit lange Zeit als erstrebenswert galt, stelle ich heutzutage selbst bei unseren Kindern (beide sogenannte

---

52 Horx, Matthias (Hg.), 2018. Zukunftsreport 2019. zukunftsInstitut. S. 3.

53 Vgl. https://www.zukunftsinstitut.de/artikel/zukunftsreport-2019/ [Stand: 10.07.2019].

»Digital Natives«, was man mit »in der digitalen Welt Geborene« übersetzen könnte) fest, dass sie sich zunehmend Zeiten einräumen, in denen das Smartphone auf lautlos gestellt oder in den Flugmodus versetzt wird und sie nicht erreichbar sind. Die Studie *Social Media in der Schweiz*[54] eröffnete für das Jahr 2018, dass sich jeder dritte Schweizer gelegentlich eine Auszeit von seinem Online-Sein wünscht. Ich könnte mir vorstellen, dass diese Zahl in der Zwischenzeit sogar gestiegen ist und dass die Zahlen in Deutschland und Österreich vergleichbar sind.

Der uns ständig umgebende Lärm hinterlässt auch mentale Spuren, erzeugt Stress und Unwohlsein. »Es fehlt an innerer Stille«, erklärt Trendforscherin Anja Kirig, »an Zeit zum Alleinsein und stiller Verbundenheit in Gemeinschaft.«[55] Die Sehnsucht nach Stille ist eine doppelte: Es ist die Sehnsucht nach äußerer und innerer Ruhe. »Die Sehnsucht nach Stille ist eng verbunden mit dem Wunsch nach weniger Stress und Hektik. Die Welt wird nicht nur immer lauter, sondern auch immer komplexer. Die Stille soll uns von beidem erlösen.« Zum Beispiel durch Kontemplation, die bereits im Mittelalter florierte,[56] und heute in großen Teilen der Bevölkerung ein Revival erlebt. Immer mehr Menschen ziehen sich auf Zeit in Klöster und zu Schweigeretreats zurück. Ostasiatische Praktiken wie der Zen-Buddhismus erleben im Westen eine ganz neue Popularität. Diese Entwicklung bringt den wachsenden Wunsch zum Ausdruck, Körper und Geist wieder zusammenzuführen und auf neue Weise zu mehr innerer Klarheit und Ruhe zu finden. »Erst in der Stille ist Präsenz möglich – und damit auch ein

---

54 Durchgeführt von der Zürcher Online-Marketing und Social-Media-Agentur www.xeit.ch.

55 Kirig, Anja, 2018. Die neue Stille – Das Leben auf lautlos stellen: Die neue Sehnsucht der Menschen, in: *Zukunftsreport 2019*. zukunftsInstitut. S. 70.

56 Zum Beispiel im Orden der Kartäuser, die sich in kontemplatives Schweigen zurückzogen, um Gott so nah wie möglich zu sein. Spartanisches Leben, Abgeschiedenheit und Beten bestimmten ihren Alltag.

Zugang zu einem achtsamen und (selbst-)bewussten Lebensstil.«[57]

Während noch vor einigen Jahren Städte zu den bevorzugten Reisezielen gehörten, ist es heute gesellschaftlich durchaus anerkannt, sich auf einem Bauernhof zurückzuziehen. So mancher Städter der Gegenwart zieht die Idylle des Landlebens dem turbulenten Stadtleben sogar dauerhaft vor.

SEHNSUCHT NACH GESUNDHEIT

Sehnsucht nach Gesundheit ist kein Trend, der für das Jahr 2019 neu aufgetaucht ist, sondern vielmehr ein Megatrend. Megatrends muss man nicht ankündigen, denn sie sind schon da und markieren Veränderungen, die uns schon lange prägen und auch noch lange prägen werden. Als Tiefenströmungen des Wandels und Entwicklungskonstanten der globalen Gesellschaft umfassen Megatrends mehrere Jahrzehnte. Ein Megatrend umfasst alle Ebenen der Gesellschaft: Wirtschaft und Politik sowie Wissenschaft, Technik und Kultur. Einer dieser Megatrends ist die Gesundheit.[58]

> Gesundheit ist zu einem Synonym für ein gutes Leben geworden.

Gesundheit ist in den vergangenen Jahren zu einem Synonym für ein gutes Leben geworden. Als zentrales Lebensziel prägt der Megatrend »Gesundheit« sämtliche Lebensbereiche. Es gibt kaum etwas, das so wichtig ist wie die Gesundheit. Im Jahr 2018 haben Umfragen in Deutschland ergeben, dass neun von zehn Deutschen keinen größeren Wunsch haben als ein gesundes Leben.[59] Vielleicht auch

57 Kirig, 2018:71.

58 Vgl. https://www.zukunftsinstitut.de/dossier/megatrend-gesundheit/ [Stand: 10.07.2019].

59 Stefan Loß, Hauptsache gesund!?, (https://www.erf.de/themen/leben/hauptsache-gesund/6866-542-6118 [19.06.2018]).

als Reaktion auf den zunehmenden Stress, der auf einen hektischen Lebens- und Berufsalltag zurückzuführen ist. Laut der Weltgesundheitsorganisation (WHO) gehört Stress zu den aktuell größten Gesundheitsgefahren der Gegenwart. Die WHO schätzt, dass im Jahr 2020 jede zweite Krankmeldung am Arbeitsplatz auf Stress zurückzuführen sein wird.[60]

SEHNSUCHT NACH EINFACHHEIT

Ein weiterer Trend der Gegenwart ist die Sehnsucht nach Einfachheit. Während sich die Menschen vor einigen Jahren nach immer mehr von allem gesehnt haben, hat sich diese Sehnsucht in der Gegenwart ins Gegenteil verkehrt. Heute gilt: Weniger ist das neue Mehr! Der Mensch von heute ertrinkt in der Alltagskomplexität: zu viele Informationen, zu viele Produkte, zu viele Neuheiten, zu viele Aufgaben, zu viele Handlungs- und Entscheidungsmöglichkeiten. Dies äußert sich bei der Wahl des richtigen Joghurts vor dem Kühlregal eines Einzelhändlers ebenso wie bei der Entscheidung für ein individuelles Versicherungspaket. Wir verstehen immer weniger, was um uns herum passiert, verlieren den Überblick und die Kontrolle. Die kleinste Entscheidung wird zur Überforderung.

> Weniger ist das neue Mehr!

An diesem Punkt setzt die Sehnsucht nach Einfachheit an. Menschen sehnen sich zutiefst nach einer Reduktion der Komplexität, die in den vergangenen Jahren stetig zugenommen hat. Sie sehnen sich nach mehr Einfachheit im Lebensalltag, im Beruf

60 Hoffmeister, Carola, 2018. Entschleunigung: Die Wiederentdeckung der Langsamkeit. Artikel vom Juni 2018 im Gesundheitsmagazin *so gesund* (https://so-gesund.com/wiederentdeckung-der-langsamkeit/, Stand: 10.07.2019).

und im Lebensstil. Dies beginnt mit diversen Ansätzen des Ausmistens – sei es im Kleiderschrank, im Haushalt oder in der Freundesliste. Einzelne Prominente leben diese Einfachheit vor: So trägt zum Beispiel der Facebook-Chef Mark Zuckerberg immer wieder ein graues T-Shirt. Der Hintergrund dafür: Da selbst kleinste Entscheidungen wie die Kleiderwahl Zeit und Energie verbrauchen, bevorzugt Zuckerberg hier eine Reduktion der Komplexität. Inspiriert wurde er dabei von Steve Jobs und Barack Obama, die aus dem gleichen psychologischen Grund regelmäßig in derselben Kleidung zu sehen waren.

WEITERE SEHNSÜCHTE

Über diese drei Trends hinaus ist die Gegenwart von weiteren Sehnsüchten geprägt. Zum Beispiel von der Sehnsucht nach Echtheit. Diese zeigt sich auf der sozialen Plattform Instagram beispielsweise mit Hashtags wie #nofilter (»kein Filter«), #wokeuplikethis (»bin so aufgewacht«) oder #fürmehrrealitätaufinstagram.

In eine ähnliche Richtung zielt die *Sehnsucht nach radikaler Ehrlichkeit,* von der auch im Zukunftsreport 2019 die Rede ist. Der junge Trendforscher Tristan Horx ist überzeugt, dass mit radikaler Ehrlichkeit ein glücklicheres und erfüllteres Leben möglich wäre. Sie ist ein »Gegenentwurf zu pauschalisierenden Parolen, Fake News und Hetze«[61]. Dabei gelte es, die Lügen-Dynamik und oberflächlichen Nettigkeiten zu durchbrechen: »Seien es Ehen, Freundschaften oder auch nur die Interaktion mit dem Schaffner: Alles ist durchdrungen von Unwahrheiten, die uns und unsere Beziehungen belasten. [...] Dem Partner einmal sagen, was man wirklich denkt, passiert meistens nur in einem ernsten Beziehungsstreit.«

Zu den Sehnsüchten der Gegenwart gehört auch der Wunsch

---

61 Horx, Tristan, 2018. Radikale Ehrlichkeit: Im Zeitalter von Fake News und Verschwörungen ist es höchste Zeit für einen knallharten Gegentrend, in: *Zukunftsreport 2019*. zukunftsInstitut. S. 97.

nach Selbstverwirklichung und Selbstoptimierung. Antworten darauf sind für jeden erdenklichen Lebensbereich maßgeschneidert: angefangen mit einer individuell angepassten Ernährung (Superfood & Co.) bis hin zum sogenannten »Microdosing«. Bei Letzterem führt man sich regelmäßig Kleinstdosen der psychoaktiven Substanz LSD zu, um dadurch kreativer und erfolgreicher zu werden und auf diesem Weg – beruflich und privat – sein ganzes Potenzial ausschöpfen zu können. Das Thema »Selbstverwirklichung« hat sich mittlerweile zu einem Trend namens »Hyper-Individualismus« ausgeweitet.[62] Das »YOU« (»Du«) genießt mitten im Wandel volle Aufmerksamkeit. Kein Wunder, dass »you« Teil von so vielen Werbeslogans ist. »Nur, was *Du* willst, zählt. Und nur, was *Du* sein willst, ist wichtig. Von Körpercreme bis Deospray, das große Werbeversprechen ist mehr ›You‹«, führt die Zeitgeistforscherin Kirstine Fratz in »Das Buch vom Zeitgeist« aus.[63] Wir sehnen uns nach Produkten, die exakt auf unsere persönlichen Vorlieben abgestimmt sind und mit denen wir anderen gegenüber ein selbstbewusstes Statement abgeben können. Davon versprechen wir uns Sicherheit in der Selbstwirksamkeit und hoffen auf die Anerkennung von anderen.

Andere Sehnsüchte sind genau genommen schon sehr alt, präsentieren sich in der Gegenwart jedoch in moderner Gestalt. Dies gilt zum Beispiel für die *Sehnsucht nach einer besseren Welt*, die beispielsweise im Klimaaktivismus der jungen Generation – namentlich den Schulstreiks *Fridays for Future (»Freitage für die Zukunft«)* – zum Ausdruck kommt.

---

62 Fratz, Kirstine, 2017. *Das Buch vom Zeitgeist: Und wie er uns vorantreibt.* Basel: Fontis. S. 64.

63 Fratz, 2017:65.

Ordnung auf der »Blumenwiese«

Wir alle werden also von der Suche nach unserer blauen Blume angetrieben. Meist unbewusst, manchmal auch bewusst, beeinflussen unsere Sehnsüchte unsere Gedanken, Handlungen und Prioritäten. Daher ist es so wichtig, dass wir erkennen, welche blauen Blumen unser Unterbewusstsein auf Trab halten. Im letzten Teil dieses Kapitels möchte ich Ihnen deshalb einige praktische Hilfestellungen geben, wie Sie sich Ihrer blauen Blume(n) bewusst werden können.

SCHRITT 1: SEHNSÜCHTE FILTERN

Auf dem Weg zu mehr Klarheit muss eine Sehnsucht, die wir benennen können (z. B. Erfolg, Partner, Urlaub, Ferrari etc.), zunächst einen Filterprozess durchlaufen. Und zwar deshalb, weil es sich bei sehr vielen Sehnsüchten gar nicht um die eigentlichen Sehnsüchte, sondern vielmehr um eine getarnte Sehnsucht handelt. Die Abbildung zeigt, wie ein Filterprozess möglich wird.

Ausgangspunkt des Filterprozesses kann a) eine x-beliebige Sehnsucht sein, die Sie umtreibt; b) ein Sehnsuchtsort, der Sie lockt oder c) eine Sucht, die Sie gefangen hält. Diese geben Sie nun in Ihren »Klärungstrichter«, dessen Filter die eigentliche Sehnsucht zum Vorschein bringen soll. Das wird möglich, indem Sie sich selbst Fragen stellen und diese schonungslos ehrlich beantworten.

Klärend kann zunächst einmal die Frage sein, ob es sich bei Ihrer Sehnsucht um eine materielle oder eine ideelle Sehnsucht handelt. Wenn Sie sich nach einem Traumhaus sehnen, ist die Kategorisierung eindeutig: Das ist eine materielle Sehnsucht. Der nächste Schritt der Klärung bestünde nun darin, die ideelle Sehnsucht hinter der materiellen herauszufiltern. Fragen Sie sich zum Beispiel: Wieso ist mir dieses Traumhaus so wichtig? Was würde sich in meinem Leben verändern, wenn sich meine Sehnsucht nach einem Traumhaus auf wundersame Weise erfüllen würde? Möchte ich jemanden damit beeindrucken? Falls ja, wen? Und wieso? Angenommen, ich hätte noch drei Monate zu leben – würde dies etwas im Hinblick auf meine Sehnsucht nach einem Traumhaus verändern? Inwiefern und wieso?

Bei diesem Schritt im Filterprozess geht es also darum, sich selbst auf den Zahn zu fühlen mit dem Ziel, der eigenen Sehnsucht näherzukommen. Das kann sehr herausfordernd sein, insbesondere dort, wo man den Zugang zu seinem Herzen verloren hat. Aber es ist umso lohnender, weil es richtungsweisende Klarheit schenken kann.

Es ist natürlich nicht ausgeschlossen, dass die Sehnsucht, die Sie in den Filter geben, bereits Ihre eigentliche Sehnsucht ist (zum Beispiel die Sehnsucht nach Frieden). Aber sehr oft muss die Sehnsucht dahinter erst entdeckt werden. Zur Veranschaulichung für jeden Ausgangspunkt ein konkretes Beispiel mit Fragen, die Ihnen helfen sollen, Ihre Sehnsucht herauszufiltern.

a) Sehnsucht nach mehr Körpergröße

Nehmen wir als Beispiel für eine x-beliebige Sehnsucht die Sehnsucht nach mehr Körpergröße. Diese Sehnsucht gehört zu einer Reihe von Sehnsüchten, die das Aussehen betreffen. Die Schönheitsindustrie lebt davon, die Sehnsüchte von Menschen in dieser Hinsicht wachzuhalten und – erschreckend oft – operativ nachzuhelfen. Allerdings sind selbst der Schönheitsindustrie Grenzen gesetzt. Daher habe ich als Beispiel die Körpergröße genommen. Denn daran kann man in der Regel nichts ändern. Die Sehnsucht nach Körpergröße ist nicht die eigentliche Sehnsucht, sondern sie ist vielmehr Ausdruck einer viel tieferen Sehnsucht. Der Filter soll nun dabei helfen, zur eigentlichen Sehnsucht vorzudringen. Angenommen, es würden zwei Testpersonen ihre Sehnsucht nach mehr Körpergröße in den Filter geben, so müsste das gefilterte Ergebnis nicht zwingend dasselbe sein. Es könnte sein, dass bei der einen Testperson als Ergebnis die *Sehnsucht nach Erfolg* herauskommt. Und zwar insofern, als diese Person davon überzeugt ist, dass sie – mit mehr Körpergröße – zum Beispiel in einer bestimmten Sportart erfolgreicher wäre. Bei einer zweiten Person mit derselben Ausgangssehnsucht könnte das Ergebnis *Sehnsucht nach Aufmerksamkeit* lauten, weil eine groß gewachsene Person schneller auffällt, was (aus Sicht der zweiten Testperson) ihre Attraktivität erhöht und ihr mehr Aufmerksamkeit verschafft.

b) Sehnsuchtsort Marrakesch

Eine zweite Möglichkeit ist es, einen bestimmten Sehnsuchtsort in den Trichter zu geben. Zum Beispiel den Sehnsuchtsort Marrakesch. In seinem Buch *Sehnsuchtsorte – wo das Glück unserer Träume greifbar ist* – schreibt der Wüstenwanderer und Abenteurer Achill Moser: »Marrakesch. Schon der Name weckt Fantasien von Tausendundeiner Nacht, beschwört den Zauber des Orients und verspricht ein Fest der Sinne.«[64] Marrakesch, so schrieben arabische Dichter und Chronisten schon vor Jahrhunderten, »ist eine über das Atlasgebirge geworfene Perle des Südens.« In unserem Bekanntenkreis sind Reisen nach Marrakesch in den letzten Jahren immer beliebter geworden.

Auch beim Sehnsuchtsort lautet die Herausforderung, die tiefere Sehnsucht dahinter herauszufiltern. Im Fall von Marrakesch (Ähnliches gilt für andere Sehnsuchtsorte) gibt es viele Möglichkeiten: Es kann die *Sehnsucht nach Abenteuer* dahinterstecken, die *Sehnsucht nach Inspiration* oder *Freiheit*. Die Sehnsucht nach dem Orientalischen, dem Fremden und Andersartigen kann im Kern auch *Sehnsucht nach dem Leben* sein: danach, sich wieder einmal lebendig zu fühlen, indem man der Enge des Alltäglichen entflieht und der Horizont weit wird, indem man Dinge sieht und erlebt,

64 Moser, 2017:17.

die man so noch nie gesehen und erlebt hat. Möglich wäre auch die *Sehnsucht nach Bewunderung*, weil man sich – im Gegensatz zu anderen – einen Aufenthalt an einem solchen Ort (möglichst noch in exzellenter Lage und einer luxuriösen Unterkunft) überhaupt leisten kann. Es könnte aber auch etwas ganz anderes dahinterstecken: zum Beispiel die Sehnsucht nach einer heilen Beziehung. Dann, wenn man mit einem ganz bestimmten Menschen dorthin reisen möchte und sich danach sehnt, dass dort alles wieder gut wird.

c) Arbeitssucht

Die dritte Möglichkeit besteht darin, sich einer tieferen Sehnsucht über eine Sucht zu nähern. Wie in Kapitel 1 bereits erwähnt, ist Sucht in den meisten Fällen nichts anderes als verdrängte Sehnsucht. Ein Schlüssel zum Überwinden der Sucht liegt also darin, dass die Sucht wieder in Sehnsucht zurückverwandelt wird. Und genau das ist die Absicht dieses dritten Ausgangspunktes. Nehmen wir als Beispiel die Arbeitssucht.

Bei der Arbeitssucht geht es darum herauszufinden, wonach Sie sich sehnen, wenn Sie zu viel arbeiten und von Ihrer Arbeit nicht loskommen. Dahinter könnte die *Sehnsucht nach Anerkennung* stecken. Vielleicht machen Sie endlos Überstunden, um bei Ihrem Vorgesetzten, Ihren Kolleginnen und Kollegen anerkannt zu sein und auf keinen Fall übersehen zu werden. Eng damit verbunden ist das tiefe Verlangen danach, sich angenommen zu fühlen und in den Augen anderer respektiert und liebenswert zu sein. Hinter Ihrer Arbeitssucht könnte aber auch die *Sehnsucht nach finanzieller Sicherheit* stecken. Danach, dass Sie im Alter ausreichend abgesichert sind, um ein gutes Leben zu führen. Viele Workaholics flüchten sich lieber in chronische Überarbeitung, als sich der inneren Leere zu stellen, die in Zeiten der Ruhe und Stille zum Vorschein kommt und sie mit ihrer eigenen Wahrheit konfrontiert.

SCHRITT 2: DAS »FEHLENDE STÜCK« BENENNEN

Ausgehend von den Sehnsüchten, die Sie in Schritt 1 herausgefiltert haben, geht es in einem weiteren Schritt darum, Ihr »fehlendes Stück« in Worte zu fassen. In Kapitel 1 habe ich Sehnsucht mit einem fehlenden Stück in unserem Inneren verglichen, das positiv als Raum der Möglichkeiten, negativ als schmerzliches Loch wahrgenommen wird.

Nehmen wir aus den drei genannten Beispielen mal die Sehnsucht nach Erfolg (Beispiel a), die Sehnsucht nach Freiheit (Beispiel b) und die Sehnsucht nach finanzieller Sicherheit (Beispiel c). Versuchen Sie diesen Sehnsüchten nun noch etwas tiefer nachzuspüren und stellen Sie sich den Ängsten, die damit verbunden sein könnten.

Sehnsucht nach Erfolg: Wieso ist es mir so wichtig, Erfolg zu haben? Will ich jemandem etwas beweisen? Falls ja, wem? Und wieso? Was ist, wenn der Erfolg ausbleibt? Was macht mir am meisten Angst bei dem Gedanken an Misserfolg?

Sehnsucht nach Freiheit: Woher kommt diese Sehnsucht? Gibt es Bereiche in meinem Leben, in denen ich mich gefangen fühle? Wovor möchte ich fliehen? Wie würde ich mir mein freies Leben in meinen Träumen vorstellen? Was wäre in meinen Träumen radikal anders als in der Realität? Meine Beziehung? Meine berufliche Situation? Oder etwas anderes?

Sehnsucht nach finanzieller Sicherheit: Wieso ist mir finanzielle Sicherheit so wichtig? Gab es eine bestimmte Erfahrung in meinem Leben, die mich sehr geprägt hat, weil mir dort jede Sicherheit fehlte? Was erhoffe ich mir von finanzieller Sicherheit? Was wäre das Worst-Case-Szenario, das ich mir vorstellen kann? Welche Ängste löst die Vorstellung daran in mir aus?

Viele Sehnsüchte verraten, worüber wir uns definieren (Erfolg, Leistung, Einkommen, Aussehen) und welche Rolle die Bewertung durch andere Menschen (und von uns selbst) dabei spielt. In der Regel wird in der Sehnsucht ein bestimmtes Verhalten von anderen Menschen erwartet oder eben ersehnt (Harmonie, Liebe, Wertschätzung, Anerkennung, Bewunderung etc.). Doch haben wir auch Strategien für den Fall der Fälle, dass das, wonach wir uns sehnen, ausbleibt?

Besonders verwundbar ist die als Sucht enttarnte Sehnsucht. Wenn durch die Sucht ein Loch im Herzen gefüllt wird und man versucht, aus der Sucht auszusteigen, wird dieses Loch, das man doch so verzweifelt zu füllen und zu verdrängen versucht hat, wieder ganz neu aufgerissen – und die neu entstandene Lücke ist umso schmerzlicher. Es ist entscheidend, dass wir Wege finden, wie wir mit dieser Situation umgehen können. Ansonsten erliegen wir der Gefahr, dass wir von anderen manipuliert werden. Dass wir denen glauben, die uns versprechen, dass wir nur so oder so glücklich werden können. Dass wir dieses Auto und jenes Kleid brauchen, damit uns andere Aufmerksamkeit schenken. Dass wir erst diesen Body-Maß-Index haben und jene Traumreise machen müssen, damit wir von anderen bewundert werden.

SCHRITT 3: DIE SEHNSUCHT IN PERSPEKTIVE RÜCKEN

Sehnsüchte lassen sich nicht nur in materielle und ideelle Sehnsüchte unterscheiden, sondern auch in eine horizontale (waagerechte) und vertikale (senkrechte) Ebene einordnen. Zur horizontalen Ebene gehören Sehnsüchte, die den zwischenmenschlichen Bereich betreffen (zum Beispiel die Sehnsucht nach Zugehörigkeit, nach Harmonie, nach heilen Beziehungen, nach Anerkennung und so weiter). Bei den Beispielen, die ich in Schritt 1 zur Veranschaulichung verwendet habe, handelt es sich fast ausschließlich um Sehnsüchte dieser Ebene. Im vertikalen Bereich ist die Sehnsucht nach dem Transzendenten, nach dem Übersinnlichen angesiedelt (symbolisch dargestellt durch das Unendlichkeitszeichen). Also nach dem, das über das hinausgeht, was normalerweise wahrnehmbar ist. Dazu gehört die Sehnsucht nach einer höheren Macht, nach Lebenssinn oder dem Jenseits. Im christlichen Kontext ist hier von der Sehnsucht nach Gott die Rede, nach seiner Nähe, seinem Eingreifen und so weiter. Es gibt allerdings auch Sehnsüchte (wie zum Beispiel die Sehnsucht nach Geborgenheit, nach Heimat oder andere), die nicht eindeutig der einen oder anderen Ebene zuzuordnen sind. In solchen Grundsehnsüchten steckt ein ganz besonderes Geheimnis, wie wir im nächsten Kapitel sehen werden.

Viel zu oft erwarten wir die Erfüllung unserer Sehnsüchte auf horizontaler – also auf zwischenmenschlicher – Ebene. Insbesondere dort, wo wir Defizite haben. So erwarten wir zum Beispiel, dass unser Partner/unsere Partnerin unsere Sehnsucht nach einer erfüllten Beziehung und vorbehaltloser Liebe stillt. Oder dass der Arbeitskollege, den wir bewundern, unsere Sehnsucht nach Anerkennung stillt. Solche Erwartungen sind überhöht, problematisch und unrealistisch. Die Realität sieht anders aus. Kein Mensch kann unsere Sehnsucht je vollständig stillen. Mag sein, dass es uns in Sternstunden so vorkommt, als wäre dies auf zwischenmenschlicher Ebene möglich. Aber dieses Gefühl ist flüchtig.

In den folgenden Kapiteln werde ich vertieft darauf eingehen, welche Rolle Gott in dieser Thematik spielt, und erklären, wieso Sehnsucht aus christlicher Sicht ein Schlüsselthema ist. Vielleicht ist Ihnen im christlichen Kontext schon einmal aufgefallen, wie ein Christ davon sprach, dass Jesus Christus, der Sohn Gottes, all unsere Sehnsüchte stillen will. Vielleicht war diese Aussage sogar Bestandteil einer Predigt. Auch ich habe diese Aussage wiederholt gehört. Umso wichtiger, Folgendes vorwegzunehmen: Ich halte es für einen Trugschluss zu glauben, dass die Antwort auf jede menschliche Sehnsucht lautet: »Wenn du in einer lebendigen Beziehung mit Jesus stehst, dann werden all deine Sehnsüchte gestillt!« Meiner Erfahrung nach sind gewisse Sehnsuchtslöcher in meiner Seele auch noch da, wenn ich ernsthaft mit Jesus unterwegs bin. Die Tatsache, dass ich mich nach einem Partner oder einem Kind sehne, wird durch die Beziehung zu Jesus nicht vom Tisch gewischt. Dass ich einen Menschen schmerzlich vermisse, der viel zu früh sterben musste, oder dass ich mich in einer gesundheitlich ausweglosen Situation nach Schmerzfreiheit oder besser noch Heilung sehne, bleibt auch für Christen ein Spannungsfeld, bei dem viele Fragen offenbleiben. In Kapitel 5 werde ich auf diese Herausforderung zurückkommen.

Vielleicht erlebe ich heilige Momente, in denen ich eine kleine Vorahnung habe, wie es einmal sein wird, wenn meine Sehnsucht vollumfänglich gestillt ist. Aber diese Momente gehen wieder vorbei. Letztlich wird unsere tiefste Sehnsucht erst dann gestillt, wenn wir nach unserem Tod für immer in Gottes Nähe sind.

Bis es so weit ist, finden wir in der Beziehung zu Jesus die Grundlage dafür, unseren menschlichen Sehnsüchten reifer zu begegnen. Auch wenn meine Sehnsucht nach einem Partner oder nach Gesundheit nicht weniger herausfordernd wird, wenn ich mit Jesus unterwegs bin, so kann ich doch Trost und Halt in der Tatsache finden, dass ich nicht allein damit bin. Ich darf wissen, dass einer mit mir durch den Schmerz hindurchgeht. Und zwar einer, der dies alles selbst durchlitten hat – bis zum Tod am Kreuz. Jesus weiß um die Realität unserer gebrochenen Welt. Mitten in aller Gebrochenheit wartet er mit offenen Armen auf mich und hält mich aus mit meinem Schmerz, meinen Fragen und Zweifeln. Wenn die Last all der Dinge, die ich nicht verstehe, zu schwer wird, dann trägt er mich – mitsamt meiner Last – und hilft mir, dass meine Gedanken wieder zur Ruhe kommen. Er steht mir zur Seite, wenn mich eine Sehnsucht in die Verzweiflung stürzen will, und hilft mir, aus dem Teufelskreis von Süchten auszubrechen. Seine Liebe bietet einen schützenden Rahmen dafür, dass ich ihm im Gebet mein Herz öffnen und es wagen kann, meinen Sehnsüchten auf den Grund zu gehen.

SCHRITT 4: EINE ENTSCHEIDUNG TREFFEN

Das Ende dieses Kapitels stellt Sie vor eine wichtige Entscheidung: Sind Sie bereit, sich Ihren Sehnsüchten zu stellen, mit Gott über Ihre Sehnsüchte ins Gespräch zu kommen und von ihm konkrete Impulse für den Umgang mit ihnen zu empfangen? Auf diese Weise kann Ihre Sehnsucht zu einer Tür zu Gott werden, die Ihnen im wahrsten Sinne des Wortes neue Lebensräume aufschließt.

Viele Menschen haben so große Angst vor dem, was an Sehnsüchten in ihnen stecken könnte, dass sie den Blick in ihr Innerstes tunlichst vermeiden. Diese Angst ist berechtigt. Denn jeder Mensch hat innere Abgründe und es gibt durchaus Sehnsüchte mit zerstörerischen Anteilen. Doch selbst wenn wir sie verdrängen oder ignorieren, sind sie trotzdem da. Unsere Sehnsüchte sind viel einflussreicher und mächtiger, als wir oft wahrhaben wollen. Sie stehen am Anfang unserer Taten und unserer Zukunftsgestaltung. Daher gehört es zu den wichtigsten Aufgaben unseres Lebens, ihren Einfluss so zu steuern, dass wir nicht an ihnen leiden oder gar zerbrechen, sondern vielmehr an ihnen reifen. Dort, wo Sie es wagen, Ihrer Sehnsucht im Gespräch mit Gott auf den Grund zu gehen, werden sich Ihnen ganz neue Erkenntnisse erschließen.

In Ihrem Herzen ist Raum für mehr. Die Frage ist bloß, womit Sie diesen Raum ausfüllen. Nicht jede Sehnsucht ist es wert, dass Sie Ihr Herz damit füllen. Jesus möchte Ihnen dabei helfen, weitere Klärungen vorzunehmen. So wie es im Gelassenheitsgebet zum Ausdruck kommt, das im Deutschen wie folgt überliefert ist: »Gott, gib mir die Gelassenheit, Dinge hinzunehmen, die ich nicht ändern kann, den Mut, Dinge zu ändern, die ich ändern kann, und die Weisheit, das eine vom anderen zu unterscheiden.«[65] Vielleicht braucht es Klärung im Hinblick auf die Frage, welche Sehnsüchte Sie loslassen sollten, da sie Ihnen bloß schaden. Oder aber eine Klärung im Hinblick darauf, welchen Sehnsüchten Sie in Zukunft gezielter Aufmerksamkeit schenken sollten, weil damit ein Auftrag verbunden sein könnte, den Gott für Ihr Leben vorgesehen hat.

Sehnsucht ist ein ganz besonderes Geschenk des Schöpfers an jeden einzelnen Menschen.

Letztlich ist Sehnsucht ein ganz besonderes Geschenk des Schöpfers an jeden einzelnen Menschen (selbst dann, wenn es sich nicht danach anfühlt). Nicht zuletzt deshalb, weil Sehnsucht eine wertvolle Verbindung zu einer anderen Dimension darstellt und uns – bereits im Hier und Jetzt – mit der Ewigkeit verbindet.

65 Die Urheberschaft ist umstritten.

Sehnsuchtsimpulse 2

Die folgenden Sehnsuchtsimpulse und damit verbundenen Fragen sollen Ihnen dabei helfen, die Inhalte dieses Kapitels zu vertiefen.

- Erinnern Sie sich an meine Begegnung mit dem Mann, der so berührt war von der Wüstennacht unter dem Sternenhimmel, dass ihm beim Erzählen die Tränen über die Wangen liefen? Oder an mein Erlebnis bei dem Konzert, bei dem es mir ganz ähnlich erging? Gab es auch in Ihrem Leben schon einen solchen Moment? Einen Moment, in dem die Zeit stillzustehen schien und Sie fast den Atem anhielten, weil er auf so unbeschreibliche Weise wundervoll war? Tauschen Sie sich darüber aus und halten Sie das Erlebte in Ihrem Sehnsuchtstagebuch fest oder bewahren Sie es als Notiz in Ihrem Sehnsuchtskoffer auf.

- Was war bei Ihrem Erlebnis der Sehnsuchtstrigger (der entscheidende Auslöser), der Ihre Sehnsucht zum Vorschein gebracht und sie aus ihrem Schlummer geweckt hat? War es ein Duft, ein Lied, ein Naturschauspiel, ein bestimmter Gegenstand, ein bestimmter Anlass? War dieses Erlebnis einmalig oder gab es Wiederholungen? Könnte es sein, dass Sie ganz besonders auf diesen Auslöser reagieren und Ihre Sehnsucht hiermit sogar ganz bewusst »aktivieren« können?

- Gibt es einen Sehnsuchtsort in Ihrem Leben? Falls ja, suchen Sie nach einem Bild oder Foto (sofern ein solches nicht bereits in Ihrer Wohnung hängt oder in einem Fotoalbum steckt), das Ihre Sehnsucht treffend zum Ausdruck bringt. Überlegen Sie, wieso dieser Ort so speziell für Sie ist. Was verbinden Sie damit? Was bedeutet er für Sie? Falls Sie sich in einer Kleingruppe darüber austauschen, könnten Sie sich Ihre Sehnsuchtsorte in einer gemeinsamen Präsentation (zu der jeder mindestens ein Bild beisteuert – es dürfen natürlich auch mehrere sein) gegenseitig vorstellen. Kleben Sie ein Bild Ihres Sehnsuchtsortes in Ihr Sehnsuchtstagebuch oder deponieren Sie es (oder einen Gegenstand, den Sie damit verbinden, z. B. eine Muschel) in Ihrem Sehnsuchtskoffer.

- Den Schwerpunkt dieses Kapitels bildet die Suche nach der blauen Blume. Ich habe Ihnen verschiedene Anschauungsbeispiele dafür gegeben – unter anderem auch durch einen Einblick in mein Herz. Angenommen, Sie wären in diesem Moment herausgefordert, *eine* Sehnsucht zu benennen, wie würde diese lauten? Was würde heute auf Ihrer blauen Blume stehen und wieso? Vielleicht können Sie sogar Ihre ganz persönliche blaue Blume basteln, sich eine blaue Kunstblume anschaffen oder sich eine echte blaue Blume kaufen und Ihre Sehnsucht in einen Blumentopf/eine Vase stecken, damit sie Ihnen noch deutlicher vor Augen steht. Welche Gefühle löst es in Ihnen aus, diese Sehnsucht zu sehen? Schmerz? Hoffnung? Traurigkeit? Erwartung? Trost? Freude?

- Überlegen Sie, wo Ihre Sehnsucht einzuordnen ist: in der horizontalen (zwischenmenschlichen) Ebene oder der vertikalen (übersinnlichen)? Fragen Sie sich – im Fall, dass Sie eine Sehnsucht der horizontalen Ebene formuliert haben –, ob es auch eine Sehnsucht in vertikaler Ebene gibt, die Sie beschäftigt (und umgekehrt).

- Falls Sie sich dafür entschieden haben, Ihre Sehnsucht (Ihre Sehnsüchte) mit Gott ins Gespräch zu bringen, dann beginnen Sie doch genau jetzt damit. Sprechen Sie ganz offen mit Gott über das, was Sie im Hinblick auf Ihre Sehnsucht bewegt, und bitten Sie ihn darum, Ihnen Klarheit und Weisheit zu schenken, wie Sie damit umgehen sollen. In Jakobus 1,5a (NGÜ) steht: *Wenn es aber einem von euch an Weisheit fehlt, bitte er Gott darum, und sie wird ihm gegeben werden.* Nehmen Sie Gott beim Wort! Erwarten Sie, dass er Ihnen antwortet und weiterhilft. Denken Sie daran, dass im gemeinsamen Gebet eine besondere Kraft liegt! Beten Sie in der Kleingruppe oder als Freundinnen/Freunde unter sich, als Ehepaar oder in der Familie füreinander – gerade auch im Hinblick auf den Umgang mit Ihren Sehnsüchten.

3. DIE NABELSCHNUR

Die Bücher oder die Musik, in denen wir Schönheit vermuteten,
werden uns verraten, wenn wir unser Vertrauen in sie setzen;
sie war nicht *in* ihnen, sie kam nur *durch* sie,
und das was durch sie kam, war Sehnsucht.

Diese Dinge – die Schönheit und die Erinnerung
an unsere eigene Vergangenheit – (...) sind nicht die Sache selbst;
sie sind nur der Duft einer Blume, die wir noch nicht gefunden,
das Echo einer Melodie, die wir noch nicht gehört,
Berichte von einem fernen Land, das wir noch nie besucht haben.[66]

C. S. LEWIS (1898–1963)

66 Lewis, Clive Staples, 1982, 2005. *Das Gewicht der Herrlichkeit. Und andere Essays*. Basel: Fontis-Verlag, S. 97.

Geheimnisvolle Ursehnsucht

Kennen Sie die Chroniken von Narnia? Die siebenteilige Fantasy-Reihe stammt aus der Feder des irischen Schriftstellers Clive Staples Lewis und ist mit Abstand sein bekanntestes Werk. Die Bücher erreichten weltweit eine Auflage von über 100 Millionen Exemplaren und wurden mit großem Erfolg verfilmt. In jedem Teil gelangen Kinder in das geheimnisvolle Land Narnia und erleben dort aufregende Abenteuer. Narnia ist eine Chronik der Sehnsucht. Vor allem nach Aslan, dem mächtigen Löwen und König von Narnia. Aber auch sonst ist die Sehnsucht allgegenwärtig. Nicht zuletzt, weil Sehnsucht ein Schlüsselthema im Leben des Autors war. Im letzten Teil der Geschichte sind die Hauptfiguren unterwegs in Richtung Westen, um Aslan zu treffen, als ihnen ganz plötzlich die Besonderheit ihrer Umgebung ins Auge sticht:

> Es schien immer noch sehr früh zu sein und die Morgenfrische lag in der Luft. Immer wieder blieben sie stehen, um sich umzuschauen und zurückzublicken, teils, weil es so schön war, aber teils auch, weil da etwas war, was sie nicht verstanden.
>
> »Peter«, sagte Lucy, »was glaubst du, wo wir hier sind?«
>
> »Keine Ahnung«, sagte der Hochkönig. »Es erinnert mich an irgendetwas, aber ich komme nicht darauf. Könnte es sein, dass wir einmal in den Ferien hier waren, als wir noch ganz klein waren?«
>
> »Das müssten aber ausgesprochen herrliche Ferien gewesen sein«, meinte Eustace. »Ich wette, ein Land wie dieses gibt es nirgendwo auf *unserer* Welt. Schaut euch die Farben an! So ein Blau wie das Blau der Berge da drüben gibt es in unserer Welt überhaupt nicht.«

> […] »Die Hügel dort«, sagte Lucy, »die hübschen, bewaldeten und die blauen dahinter – sehen die nicht ganz ähnlich aus wie die südliche Grenze von Narnia?«
>
> […] »Und trotzdem sind sie nicht gleich«, sagte Lucy. »Sie sind irgendwie anders. Sie haben mehr Farben und sehen weiter entfernt aus, als ich sie in Erinnerung habe, und sie sind mehr wie … mehr wie … ach, ich weiß nicht …«
>
> »Mehr wie die Wirklichkeit«, sagte Lord Digory leise.[67]

Diese Szene lässt erahnen, was C. S. Lewis unter Sehnsucht verstanden hat. Wenn er über »Sehnsucht« sprach, bevorzugte er übrigens den deutschen Ausdruck, da ihm die englischen Ausdrücke für dieses Gefühl allesamt unzulänglich erschienen. Lewis glaubte daran, dass es eine Wirklichkeit hinter der Wirklichkeit gibt. Und dass die menschliche Sehnsucht darauf ausgelegt ist, immer wieder an »das Eigentliche«, das Bild hinter dem Bild, zu erinnern. Nebenbei bemerkt: Ist Ihnen aufgefallen, welche Bedeutung die Farbe Blau in der Szene spielt? Irdische Segnungen dürfen laut Lewis nie »mit diesem anderen Etwas« verwechselt werden, »von dem sie nur eine Art Nachahmung oder Echo oder Traumbild sind«[68]. Während Lewis als junger Mann und Atheist davon ausging, dass die Sehnsucht vor allem der Selbstverwirklichung dient, kam er später – als überzeugter Christ und Verteidiger des christlichen Glaubens – zur Überzeugung, dass Gott selbst die Sehnsucht in das menschliche Herz gepflanzt hat, um die Menschen daran zu

---

67 Aus Clive Staples Lewis: Die Chroniken von Narnia - Illustrierte Gesamtausgabe © Ueberreuter Verlag GmbH, Berlin 2019. Die zitierte Passage entstammt dem siebten und letzten Band der Buchreihe, für den C.S. Lewis die Carnegie Medal in Literature verliehen wurde, eine britische Auszeichnung für Kinder- und Jugendbücher.

68 Lewis, Clive Staples, 2016. *Pardon, ich bin Christ: Meine Argumente für den Glauben.* Neuübersetzung zum 50. Todestag. Basel: fontis. S. 139.

erinnern, dass das irdische Leben nicht alles ist, sondern dass es letztlich um die göttliche Realität dahinter geht.

DIE URSEHNSUCHT ERKENNEN

Auf dem Grund jeder bestimmbaren Sehnsucht liegt letztlich eine viel tiefere Sehnsucht, die nicht an ein Objekt gebunden ist. Eine Sehnsucht, die im Zusammenhang mit dem Schöpfer, der Ewigkeit und Unendlichkeit steht.

Unsere Sehnsüchte müssen also noch einen letzten Schritt im Filterprozess durchlaufen. Sie müssen an den Punkt gelangen, wo eine Ahnung von dem Bild hinter dem Bild, dem Urbild, der Wirklichkeit hinter der Wirklichkeit erwacht. So wie es bei Lucy auf dem Weg zu Aslan geschah. Es geht darum, die Ursehnsucht zu erkennen, die hinter den menschlichen Sehnsüchten steckt, und zu erkennen, welche Bedeutung sie hat. Es geht darum, den Ursprung, die Quelle der Sehnsucht zu finden. Damit befasst sich dieses Kapitel.

Bereits der Kirchenvater Augustinus brachte zum Ausdruck, dass letztlich alle Sehnsucht in Gott mündet.[69] Und auch Thomas von Aquin, der große Kirchenlehrer des 13. Jahrhunderts, bekräftigte, dass die »natürliche Sehnsucht«[70] nach Gott letzten Endes sämtliche menschlichen Sehnsüchte in *eine* zentrale Sehnsucht bündelt.

Ursehnsucht meint: Da ist eine Spur in mir, die Gott selbst in mich hineingelegt hat. Da sind von ihm angelegte Antennen, die ihn hören, sehen und spüren können. Da ist eine Sehnsucht hinter meiner Sehnsucht, die mich direkt in die Arme von Jesus Christus treibt, weil nichts und niemand außer ihm vertrauenswür-

---

69 Confessiones 1,1: »[...] fecisti nos ad te et inquietum est cor nostrum, donec requiescat in te«; *[...] du hast uns auf dich hin erschaffen und ruhelos ist unser Herz, bis es ruht in dir.*

70 Er sprach vom *desiderium naturale*.

dig ist. So gesehen ist Sehnsucht etwas vom Kostbarsten, das der Mensch in sich trägt. Sie ist der Anker, den Gott in das menschliche Herz geworfen hat. Sie ist die unsichtbare Nabelschnur, die uns mit Gott verbindet. Oder wie es der Kapuzinerpater Erich Purk in einer Predigt formulierte: »Die Sehnsucht ist die charmante Art Gottes, sich bei uns in Erinnerung zu halten.«[71]

Diese *eine* Ursehnsucht nach Gott kann sich im Leben eines Menschen auf unterschiedliche Weise manifestieren: zum Beispiel als Sehnsucht nach Liebe, nach Zugehörigkeit, nach Identität, nach Freiheit, nach Leben, nach Geborgenheit, nach Frieden und so weiter. All diese Grundsehnsüchte sollten aber nicht über die Tatsache hinwegtäuschen, dass sie letztlich in die eine große Ursehnsucht nach Gott münden. Denn keine dieser Grundsehnsüchte kann auf zwischenmenschlicher oder materieller Ebene dauerhaft gestillt werden.

Im Folgenden möchte ich drei Sehnsüchte aufgreifen, die – meiner Meinung nach – eine Sonderstellung unter den Grundsehnsüchten einnehmen (nicht zuletzt deswegen, weil sie verschiedene andere Grundsehnsüchte in sich vereinen): und zwar die Grundsehnsucht nach Transzendenz (dem Jenseitigen), nach Heimat und nach Schönheit.

---

71 Vgl. seine Predigt zum Thema »Dem Armen Bruder sein« im Rahmen eines ZDF-Fernsehgottesdienstes (https://tinyurl.com/y4xuu84d [Stand: 14.08.2019]).

1. GRUNDSEHNSUCHT NACH TRANSZENDENZ

»Es muss doch mehr als alles geben.«
(DOROTHEE SÖLLE)

Ein Buchtitel von Dorothee Sölle bringt die menschliche Grundsehnsucht nach Transzendenz auf den Punkt: *Es muss doch mehr als alles geben.*[72] Der Begriff *Transzendenz* leitet sich von *transcedere* (lateinisch für *überschreiten*) ab. Transzendenz beschreibt also etwas, das jenseits der Grenze des vernünftig Erfahrbaren liegt. Die Grundsehnsucht nach Transzendenz weist über das Gegenwärtige hinaus und bringt uns in Tuchfühlung mit einer Realität, die größer ist als alles, was wir uns vorstellen können: dem Übernatürlichen, Unvorstellbaren, Transzendenten, Jenseitigen oder – religiös ausgedrückt – dem Göttlichen.

Es muss doch mehr geben als das, was wir unmittelbar erleben. Das Leben muss doch mehr sein als Ausbildung, Beruf, Karriere, Familienleben und Hobbys. Sehnsucht ist Ausdruck einer Suche, Ausdruck von Mangel und Begehren. Man vermisst etwas, ohne es womöglich richtig zu verstehen oder benennen zu können. »Ich denke dies und denke das, / ich sehne mich, und weiß nicht recht nach was«, schrieb Eduard Mörike um 1828 in seinem Gedicht *Im Frühling*.

In den letzten Jahrzehnten hat der abgebildete Holzschnitt[73] viele Menschen fasziniert. Im Bereich der Naturwissenschaften erschien er als Illustration in zahlreichen Büchern und Zeitschriften. Auf dem Holzschnitt ist ein Wanderer zu sehen, der über den Weltenrand hinaus in eine unbekannte Welt jenseits der Sterne blickt. Bis heute ist ungeklärt, wann und von wem dieser Holzschnitt hergestellt wurde. Man konnte einzig feststellen, dass er

72 Sölle, Dorothee, 1992. *Es muss doch mehr als alles geben: Nachdenken über Gott.* Freiburg: Herder.

73 Unter diesem Link können Sie sich das Bild noch genauer anschauen: https://tinyurl.com/ozcf4vp [21.08.2019].

1888 in einem Buch des französischen Astronomen Camille Flammarion in Paris erschienen ist.[74] Aniela Jaffé, eine Schülerin von C. G. Jung, stellte das Bild später unter den Titel »Sehnsucht nach dem Unendlichen«.

Immer wieder blitzt bei uns Menschen die Sehnsucht nach dem Unendlichen und Transzendenten auf. Das zeigt sich zum Beispiel in der Verehrung von Schutzengeln, die in den vergangenen Jahrzehnten eine regelrechte Renaissance erlebte. Selbst diejenigen, die behaupten, es gäbe keinen Gott, suchen nach einem Ventil für ihre spirituellen Bedürfnisse und Transzendenzsehnsüchte. Das Angebot ist vielfältig: Da ist beispielsweise der indische Guru mit dem Reinkarnationsversprechen oder die Wahrsagerin, die aus den Karten, den Sternen oder der Hand die Zukunft liest. Aber auch heilende Kristalle oder Steine stehen hoch im Kurs. Die Möglichkeiten sind schier endlos. Und wer eine schlaue Idee hat, die den Nerv der Zeit trifft, kann einen großen Gewinn aus dieser Grundsehnsucht ziehen.

All dies bestätigt: Der Mensch verfügt über ein Gespür für Transzendenz. Er sehnt sich danach, dass eine andere Dimension in seine oft gnadenlose oder vielleicht auch eintönige Alltagswelt einbricht. Er sehnt sich nach einer Welt der Leichtigkeit, der Schönheit und der Hoffnung. Er sehnt sich nach Halt und Geborgenheit, die nicht der Brüchigkeit menschlicher Liebe unterworfen sind.

---

74 *L'atmosphère. Météorologie populaire* (»Die Atmosphäre. Populäre Meteorologie«).

Die Botschaft des christlichen Glaubens lautet: Die Sehnsucht nach Transzendenz ist weder rätselhaft noch diffus. Dahinter steckt die Ursehnsucht nach dem lebendigen Gott, dem ewigen Schöpfer.

2. GRUNDSEHNSUCHT NACH HEIMAT

»Obwohl wir Gott nie gesehen haben,
sind wir wie Zugvögel, die an einem fremden Ort geboren,
doch eine geheimnisvolle Unruhe empfinden, wenn der Winter naht,
einen Ruf des Blutes, eine Sehnsucht
nach der frühlingshaften Heimat,
die sie nie gesehen haben und zu der sie aufbrechen,
ohne zu wissen, wohin.«[75]
(ERNESTO CARDENAL)

Was ist Heimat? Ein Ort? Ein Gefühl? Ein Land? Eine Kindheitserinnerung? Eine Hoffnung auf Zukünftiges? Zahlreiche Fragen und ungewisse Antworten. Für viele ist Heimat der Ort, an dem sie aufgewachsen sind und jede Straßenecke kennen. Die ersten Schritte, die erste Liebe, Omas Pfannkuchen – unvergessliche Erinnerungen. Heimat ist oft verbunden mit Menschen, bei denen sich unser Herz zu Hause fühlt. Ein Ort, an dem wir angenommen und geliebt sind. In einer immer unübersichtlicheren Welt suchen Menschen zunehmend nach Sicherheit im Kleinen. Im Idealfall verleiht Heimat einem Menschen Stabilität und Sicherheit.

Doch leider können wir Heimat nicht festhalten. Trotz aller Erfahrungen von Vertrautheit und Nähe erlebt der Mensch immer wieder, wie vorläufig und unvollkommen beides ist. Kein Ort, kein Mensch und kein Zustand dieser Welt kann die nagende Sehnsucht nach Heimat, die in unseren Herzen schlummert, vollends

---

75 Cardenal, Ernesto, 1971/2004. *Das Buch von der Liebe.* Wuppertal: Peter Hammer Verlag.

stillen. C. S. Lewis kam zu dem Schluss: »Wenn wir uns mit einer Sehnsucht wiederfinden, die durch nichts in dieser Welt gestillt werden kann, ist die wahrscheinlichste Erklärung, dass wir für eine andere Welt gemacht wurden.«[76] Die Grundsehnsucht nach Heimat erinnert uns daran, dass wir als Ewigkeitswesen erschaffen wurden und unser irdisches Zuhause vergänglich ist. Unsere unvergängliche Heimat ist im Himmel, wie es der Apostel Paulus in Philipper 3,20 ausdrückt.

Eigentlich wissen wir alle, war der deutsche Schriftsteller und Literaturnobelpreisträger Heinrich Böll überzeugt, »dass wir hier auf der Erde nicht zu Hause sind, nicht ganz zu Hause sind. Dass wir also noch woanders hingehören und von woanders herkommen. Ich kann mir keinen Menschen vorstellen, der sich nicht, jedenfalls zeitweise, tageweise oder auch nur augenblicksweise, klar darüber wird, dass er nicht ganz auf diese Erde gehört. [...] Der Wunsch, die Sehnsucht, erkannt zu werden, führt in eine andere Welt.«[77]

> Kein Ort, kein Mensch und kein Zustand dieser Welt kann die nagende Sehnsucht nach Heimat, die in unseren Herzen schlummert, vollends stillen.

Spätestens wenn Menschen wegziehen oder von uns scheiden, ist Heimat plötzlich nicht mehr dasselbe. Die Erinnerungen vermischen sich mit Wehmut, weil nichts mehr je wieder so sein wird, wie es einst war. Wie schmerzlich muss es für Menschen sein, die nie eine Ahnung von Heimat bekommen haben, weil sie sich in dieser Welt nicht willkommen fühlten und ihr Lebensweg von Schicksalsschlägen gezeichnet ist. Was muss es für Menschen bedeuten, die ihre Heimat unfreiwillig, unter traumatischen Zuständen verlassen mussten und durch die Flucht

76 »If we find ourselves with a desire that nothing in this world can satisfy, the most probable explanation is that we were made for another world« (Lewis, Clive Staples, 2015. *Mere Christianity,* S. 106). Übersetzt von der Autorin.

77 Kuschel, Karl-Josef (Hg.), 1986. Gespräch mit Böll, in: *Weil wir uns auf dieser Erde nicht ganz zu Hause fühlen,* S. 65 f.

alles verloren haben, was ihnen lieb war? Zurück bleibt dumpfer, wortloser Schmerz.

HEIMATLOSIGKEIT & HEIMWEH

Rainer Maria Rilke begann seine Beschreibung von Sehnsucht im Alter von 21 Jahren mit den Worten: »Das ist die Sehnsucht: wohnen im Gewoge / und keine Heimat haben in der Zeit.«[78] »Keine Heimat haben« steht für das Gefühl und Erleben von Heimatlosigkeit, das die Geschichte der Menschheit und die Bibel als zentrales Thema durchzieht. Heimatlosigkeit ist gerade auch in der Gegenwart – z. B. im Zusammenhang mit dem Thema »Migration« – von höchster Aktualität.

Für das Gefühl der Heimatlosigkeit kennt die deutsche Sprache ein ganz besonderes Wort: *Heimweh*. Es steht für die Sehnsucht in der Fremde, wieder in der Heimat zu sein. Von seiner Entstehungsgeschichte her ist Heimweh ein urschweizerisches Wort.[79] Erstbelege hierzu finden sich bereits um 1651.[80] Im Jahr 1688 beschrieb der Elsässer Mediziner Johannes Hofer in seiner Dissertation die Ursache für Heimweh. Der Mediziner traf einen Nerv der Zeit. Es folgten unzählige Untersuchungen, Studien und Debatten. Schließlich wurde Heimweh zu einer anerkannten Krankheit. Lange Zeit galt sie als typisch Schweizerisch. Der Basler Arzt Theodor Zwinger behauptete im Jahr 1710,[81] »der Kuhreihen löse bei Schweizer Soldaten in fremden Diensten Heimweh aus und verlei-

78 Geschrieben am 3. November 1897 in Berlin-Wilmersdorf. Veröffentlicht in Rilkes Gedichtband: *Mir zur Feier*.

79 Vgl. Schmid, Christian 2010. Heimweh, in: *Historisches Lexikon der Schweiz*. Online im Internet: https://tinyurl.com/yyurozh4 [16.08.2019].

80 *Schweizerisches Idiotikon* 15,42-43. Online im Internet: https://tinyurl.com/woad9g6 [16.08.2019].

81 Und zwar in seiner Sammlung *Fasciculus Dissertationum Medicarum Selectiorum*.

te sie zur Fahnenflucht.«[82] Der »Kuhreihen« ist ein Lied (im Jahr 1545 zuerst als Instrumentalmelodie belegt), mit dem besonders in den Schweizer Alpen die Kühe auf der Weide eingetrieben, in einer Reihe angelockt und beim Melken beruhigt wurden. Heimweh galt als tödlich. Unter Todesstrafe war es deshalb verboten, in fremden Diensten den Kuhreihen zu spielen oder zu singen.[83] Heimweh konnte nur durch die Rückkehr in die Heimat geheilt werden. Die Verlegung des Kranken an einen höher gelegenen Ort brachte in der Regel lediglich eine vorübergehende Linderung mit sich. Selbst wenn die Diagnose »Heimweh« Nichtschweizer betraf, wurde sie als »Schweizerkrankheit« bezeichnet. Erst seit der Erklärung eines Psychologen im Jahr 1925 gilt Heimweh nicht mehr als Krankheit, sondern als ganz normales Verhalten von Menschen, das von außen beeinflusst wird. Die Verbindung zur Krankheitsdiagnose findet sich allerdings bis heute, zum Beispiel in der englischen Lehnübersetzung *homesickness* (»Heimat-Krankheit«).

HEIMWEHERFAHRUNG

Um Heimweh zu empfinden, muss man manchmal nicht einmal das Land verlassen. Meine erste große Heimweherfahrung machte ich im Alter von sechs Jahren in dem Dorf, in dem ich aufgewachsen bin und heute wieder wohne. Zu jener Zeit gab es im Leben meines Vaters einen gesundheitlichen Zwischenfall, der zu einer langen Krankschreibung führte. Alles in allem war er fast ein Jahr von zu Hause weg. Mehrere Wochen begleitet von meiner Mutter. Solange die ledige Schwester meiner Mutter, unsere »Ersatzmami«, auch liebevoll »Tanti« genannt, sich um meine Schwester und mich kümmerte, war meine Welt in Ordnung. Doch dann gab es

82 Vgl. Schmid, Christian, 2010. Heimweh, in: *Historisches Lexikon der Schweiz*. Online im Internet: https://tinyurl.com/yyurozh4 [13.10.2019].

83 Vgl. Baumann, Max Peter, 2011. Kuhreihen, in: *Historisches Lexikon der Schweiz*. Online im Internet: https://tinyurl.com/y23t78tn [13.10.2019].

Zeiten, in denen es auch ihr nicht möglich war, uns zu umsorgen. In solchen Fällen unternahm unsere Mutter ihr Möglichstes, eine gute Bleibe für uns zu finden. Ich erinnere mich daran, dass meine Schwester und ich für eine Woche getrennt voneinander untergebracht waren. Für mich war vorgesehen, dass ich eine Woche bei »Tante Hildegard« und »Onkel Hermann« (»Tante« und »Onkel« sind hier keine verwandtschaftlichen Bezeichnungen) verbringen sollte. Die beiden wohnten ganz in der Nähe des Schulhauses und waren die Liebenswürdigkeit in Person. Trotzdem habe ich Tag und Nacht nur geweint. Grund dafür war dieses schreckliche Heimweh in meinem Herzen. Tante Hildegard und Onkel Hermann verwöhnten mich nach Leibeskräften, kauften mir teure Süßigkeiten, kochten meine Lieblingsspeisen und versuchten alles, was in ihrer Macht stand, um mich aufzuheitern. Das war mir sehr wohl bewusst und ich erinnere mich noch ganz genau daran. Unter anderen Umständen hätte ich es mit Sicherheit geliebt. Doch all ihre Bemühungen kamen nicht gegen mein übermächtiges Heimweh an. Nach drei Tagen wurde die Übung abgebrochen und ich durfte wieder nach Hause. Ich erinnere mich nicht mehr daran, ob meine Mutter oder meine Tante zurückgekommen war. Ich war einfach nur glücklich, wieder daheim zu sein.

Fernweh ist nicht selten eine verkappte Form von Heimweh.

Erinnern auch Sie sich an einen Heimwehmoment in Ihrem Leben? An einen Moment, in dem das Heimweh nach einem Ort, einem Menschen oder etwas Vergangenem übermächtig war? Oder ist dieses Gefühl vielleicht genau jetzt in Ihrem Herzen lebendig – mal wehmütig, mal hoffnungsvoll? Übrigens ist auch Fernweh nicht selten eine verkappte Form von Heimweh. Viele suchen in der Ferne die Heimat, die sie dort, wo sie wohnen, verloren haben. Doch letztlich sind sie auf einer Reise zu sich selbst. Auf der Suche nach dem Unbekannten oder nicht Entdeckten in ihnen selbst. Sie sehnen sich danach, irgendwo anzukommen, wo sie glücklich sind und sich wohlfühlen. Danach, sich lebendig zu fühlen, bedingungslos geliebt, verstanden und angenommen zu sein, so wie sie sind. In den Worten von Kurt Tucholsky: »Reisen ist die Sehnsucht nach dem Leben.«

OBDACHLOSER JESUS

Die Sehnsucht nach Heimat, die auf dieser Erde nicht vollständig gestillt werden kann, verbindet uns auf besondere Weise mit Jesus Christus. Freiwillig hat er seine himmlische Heimat verlassen, um den Menschen von der wunderbaren Heimat zu erzählen, die auf sie wartet und die er selbst für sie vorbereiten wird (Johannes 14,2).

Auf dem Gelände der Petruskirche im alten Kapernaum am See Genezareth in Israel befindet sich die Nachbildung einer lebensgroßen Skulptur, die unter die Haut geht.[84] In eine Decke eingehüllt liegt ein Obdachloser schlafend auf einer Parkbank. Die lebensechte Wirkung ist beabsichtigt. Es erfordert einen zweiten Blick, um zu erkennen, dass es sich um eine Bronzefigur handelt. Einzig die beiden Füße sind klar erkennbar. Die Wundmale an den Füßen sind es denn auch, die dem Betrachter offenbaren, wer der Obdachlose ist: Jesus Christus. Jesus sagte in Matthäus 8,20 (NGÜ) über sich selbst: *»Die Füchse haben ihren Bau und die Vögel ihre Nester; aber der Menschensohn hat keinen Ort, wo er sich ausruhen kann.«*

Der Auferstandene als Obdachloser auf einer Parkbank?! Ein aufwühlender Gedanke. Im selben Moment wird klar: Wie kein anderer versteht Jesus das Gefühl der Heimatlosigkeit. Zugleich lehrte er, dass Sehnsucht nach Heimat nicht ungestillt bleiben muss, sondern Erfüllung finden kann. In vollendeter Form der-

---

84 Die Skulptur *Homeless Jesus* (»Der obdachlose Jesus«) stammt vom kanadischen Bildhauer Timothy Schmalz. Das Original wurde im Jahr 2013 in Toronto platziert. Mittlerweile gibt es weltweit etliche Nachbildungen. Hier geht es zur Version in Santo Domingo: https://tinyurl.com/y2wgdauz [16.08.2019].

einst im Himmel, in schattenhafter, unvollendeter Form aber auch schon hier auf Erden – in der Verbindung mit ihm, der in der Heimat auf uns wartet, aber schon hier und heute für uns da ist.

3. GRUNDSEHNSUCHT NACH SCHÖNHEIT

»Wenn es in Schönheit weilen kann, ist das Herz daheim.
Das menschliche Herz ist das Meisterwerk
des uranfänglichen Künstlers.
Gott schuf es für die ewige Verwandtschaft mit der Schönheit.«[85]
(JOHN O'DONOHUE)

Die Seele des Menschen dürstet nach Schönheit. Wir suchen sie überall – in der Natur, Musik, Kunst, Kleidung, Wohnungseinrichtung, in Gärten, Freundschaft, Liebe, Religion und in uns selbst. Niemand würde sich wünschen, nicht schön zu sein. Die Sehnsucht nach Schönheit treibt viele Menschen zu Schönheitsoperationen. Dabei ist Schönheit viel mehr als die äußere Erscheinung.

Schönheit lässt uns für eine Weile die Anstrengungen und Kämpfe des Lebens vergessen. So wird sie zum Zufluchtsort des Herzens und zum Trost mitten in aller Trostlosigkeit, mit der wir uns oft konfrontiert sehen. Schönheit tut gut – bis tief in die Seele! Haben Sie sich schon einmal gefragt, wieso man kranken Menschen Blumen bringt? Blumen sind kein medizinisches Heilmittel und doch berührt ihre Schönheit das Innere auf heilsam tröstliche Weise. Schönheit ist hoffnungsvoll. Vielleicht ist das der Grund, weshalb wir uns oft so verzweifelt an Zeichen der Schönheit klammern: damit wir nicht die Hoffnung verlieren.

Schönheit klingt in unserem Innersten an, weil wir vom größten Künstler aller Zeiten in seinem Ebenbild geschaffen wurden. Die Fähigkeit, Schönes zu erkennen, aber auch Schönes zu schaf-

---

85 O'Donohue, John, 2004. *Schönheit: Vom Reichtum des Lebens.* München: dtv. S. 273.

fen, wurde wesensmäßig im Menschen angelegt. Die Berührung mit Schönheit – zum Beispiel in der Kunst oder in der Natur – ist daher so etwas wie eine Urerfahrung. Das Problem dabei ist, dass wir Menschen den Gegenstand der Schönheit oft für das Eigentliche halten und dabei die Wirklichkeit dahinter vergessen. Dies kommt im Zitat von C. S. Lewis, das ich an den Anfang dieses Kapitels gestellt habe, auf treffende Weise zum Ausdruck.

»NOTRE-DAME UND WIESO SCHÖNHEIT VON BEDEUTUNG IST«

In unserer Kultur lebt eine tiefe Sehnsucht nach Schönheit. Das wurde mir wieder neu bewusst, als Mitte April 2019 ein Großbrand das historische Bauwerk der Kathedrale *Notre-Dame de Paris* teilweise zerstörte. Nachdem ich dieses wunderbare Pariser Bauwerk auf der Seine-Insel *Île de la Cité* in der Vergangenheit wiederholt vor Ort bewundern durfte, erschrak ich, als ich hörte, dass die historische Kathedrale in Flammen stand. Die *Île de la Cité* ist der älteste Teil der französischen Hauptstadt Paris und der Bau der Kathedrale reicht bis ins Mittelalter zurück (12.–14. Jahrhundert). Notre-Dame ist somit eines der frühesten gotischen Kirchengebäude Frankreichs und als solches untrennbar mit der französischen Geschichte verwoben.

Kaum hatte sich die Nachricht verbreitet, dass Notre-Dame in Flammen stand, starteten auch schon die ersten Spendenaufrufe für einen Wiederaufbau. Bereits kurz nach dem Brand stiegen die Spenden für die Kathedrale ins Unermessliche: In nur zwei Tagen wurden Spendenzusagen im Wert von einer Milliarde Euro gemacht. Das sind Tausend Millionen! Eine Zahl, die das finanzielle Denkvermögen einer Durchschnittsbürgerin wie mir bei Weitem übersteigt. In der Neuen Zürcher Zeitung (NZZ) vom 28. April 2019 war zu lesen: »Erst kam das Feuer. Dann das Geld. Und schließlich die Wut.«[86] Letzteres meinte die Wut darüber, dass für

86 Vgl. https://tinyurl.com/y4tqxlu3 [Stand: 09.09.2019].

einen Bau aus Stein und Holz innerhalb kürzester Zeit viel mehr Geld zusammenkam als bei humanitären Krisen. In den sozialen Netzwerken entflammte eine hitzige Diskussion, an der sich auch Prominente beteiligten. Ich fühlte mich in der ganzen Diskussion hin- und hergerissen. Irgendwie wünschte ich mir beides: die überaus großzügige Unterstützung sozialer Hilfsprojekte, aber auch, dass Notre-Dame wiederaufgebaut würde. Gleichzeitig fragte ich mich, wieso mir das überhaupt wichtig war, zumal es sich doch bloß um ein Gebäude handelte.

Ein Internetartikel – mit dem Titel *Notre Dame and Why Beauty Matters (Notre Dame und wieso Schönheit von Bedeutung ist)*[87] – des amerikanischen Pastors Jordan Sutton vom 17. April 2019 (kurz nach dem Brand geschrieben) ließ mich aufhorchen. Darin gibt Sutton zu bedenken, dass Schönheit gewaltig unterschätzt wird hinsichtlich ihrer Bedeutung im menschlichen Leben und in der Heiligen Schrift. Wir besingen die Schönheit Gottes, die Größe seiner Liebe, die Erhabenheit seiner Schöpferkraft, die in der Natur zum Ausdruck kommt, aber gleichzeitig wird das Thema »Schönheit« in unserer Lehre und Theologie kaum beachtet. Sutton erinnert daran, dass es eine Zeit gab, in der Kunst eines der wichtigsten Transportmittel für das Evangelium war. Menschen, die weder lesen konnten noch Zugang zu Gottes Wort hatten, erkannten das Evangelium in unzähligen Glasfenstern, Deckenmalereien, Fresken, Statuen oder anderen Kunstwerken. Die Schönheit der Kunst half den Menschen dabei, dem lebendigen Gott zu begegnen. Seit jeher lehren uns die Künste: Sehnsucht nach Schönheit ist immer auch Ausdruck der Sehnsucht nach Gott. In der Folgezeit – durch die Anfänge des Buchdrucks und die Reformation – erhielten die Menschen zu-

In unserer Kultur lebt eine tiefe Sehnsucht nach Schönheit.

87 Vgl. https://reknew.org/2019/04/notre-dame-and-why-beauty-matters/ [Stand: 09.09.2019].

nehmend Zugang zur gedruckten Schrift. Die intellektuelle Auseinandersetzung mit Gottes Wort rückte in den Vordergrund.

SCHÖNHEIT EMPFANGEN

Sutton befürchtet – und ich schließe mich ihm an –, dass wir bei dieser Entwicklung etwas Wichtiges übersehen haben: Vielleicht (ich formuliere es mit meinen eigenen Worten) haben wir die Kraft des intellektuellen Ergründens überschätzt und im Gegenzug die Kraft staunender Ergriffenheit unterschätzt. Es stehen uns immer präzisere Hilfsmittel zur Verfügung, damit es uns gelingt, geistliche Wahrheiten aus Gottes Wort herauszuschälen, aber wann, fragt Sutton, lesen wir mal in der Bibel und lassen die Worte einfach auf uns wirken? Indem wir zum Beispiel tief durchatmen oder einfach in Stille und Ehrfurcht dasitzen? Wann lassen wir uns von einem Kunstwerk berühren, das etwas von der göttlichen Liebe und Wahrheit offenbart? Wo sind wir bereit, Schönheit mit offenen Sinnen zu empfangen, statt immer alles ergründen zu wollen? Wo halten wir Ausschau nach Wundern in der Natur und sind wir überwältigt vom Werk des Schöpfers?

Sutton spricht mir aus dem Herzen. In der Bibel steht an verschiedenen Stellen, dass die Schöpfung auf vielerlei Weise von Gottes Schönheit und Herrlichkeit zeugt (vgl. z. B. Psalm 19,2). Die Natur ist voller Schönheit, an der wir oft achtlos vorbeigehen. Selbst ein Spinnennetz, das im Morgentau glitzert, offenbart Schönheit. Aber auch eine Pflanze, die langsam ihre wundervollen Blüten öffnet und dabei deren einzigartige Symmetrie offenbart. Der frisch entpuppte Schmetterling, der seine farbenprächtigen Flügel von der Sonne trocknen lässt. Die Farbenpracht eines Herbstwaldes, der sich vom stahlblauen Herbsthimmel abhebt. Ein Sonnenaufgang in den Wintermonaten, der den Neuschnee auf den Ackerfeldern in glitzernde Diamantflächen verwandelt. Wenn wir über Schönheit staunen, ist der Weg zum Lob des Schöpfers nicht weit. Der erste Auftrag in der Bibel an den Menschen lautete übrigens, die Schönheit der Schöpfung zu bewahren und zu kultivieren (1. Mose 2,15). Gott sehnt sich danach, dass er in seiner Schöpfung erkannt wird, dass wir dahinter *seine* Schönheit erkennen und ihn dafür preisen.

Nabelschnur der Sehnsucht

Die Ursehnsucht des Menschen ist mit einer unsichtbaren Nabelschnur vergleichbar, die uns mit dem lebendigen Gott verbindet. Dieser Vergleich begleitet mich schon seit längerer Zeit und ich habe mir viele Gedanken dazu gemacht. Als Autorin träume ich davon, meiner Leserschaft neue Inhalte zu vermitteln. Zusammenhänge zu erkennen, die noch niemand vor mir so gesehen hat. Doch die Erfahrung dessen, was bereits in Prediger 1,9 angekündigt wird, holt mich immer wieder auf den Boden der Realität zurück: *Es gibt nichts Neues unter der Sonne!* So hätte es mich eigentlich nicht weiter verwundern sollen, dass schon ein anderer – lange vor mir – den Vergleich zur Nabelschnur hergestellt hat. Und zwar kein Geringerer als der dänische Philosoph Søren Kierkegaard. Am 2. Februar 1839 schrieb der damals 26-Jährige in sein Tagebuch: »Sehnsucht ist die Nabelschnur des höheren Lebens.« Auch wenn seine Aussage keinen unmittelbaren Bezug zu Gott aufweist, so ist der Bezug zum Übersinnlichen doch offensichtlich.

> Die Ursehnsucht des Menschen ist wie eine unsichtbare Nabelschnur, die uns mit dem lebendigen Gott verbindet.

Ein Bild hat selbstverständlich seine Grenzen. Aber trotzdem hilft der Vergleich mit der Nabelschnur, tiefer in das Geheimnis der Ursehnsucht einzudringen.

HATTEN ADAM UND EVA EINEN BAUCHNABEL?

Bevor ich die Bedeutung der sinnbildlichen Nabelschnur weiter vertiefe, hier noch eine kleine Gedankenspielerei am Rande. Ich weiß nicht, ob Ihnen die folgende Situation genauso vertraut ist wie mir: Da sollten Sie sich ernsthaft auf eine bestimmte Aufgabe konzentrieren und plötzlich taucht völlig unvermittelt eine Frage vor Ihrem geistigen Auge auf. Etwa so wie ein unwillkommenes Pop-up-Fenster auf dem Computer, das sich selbst mit größter Anstrengung nicht mehr schließen lässt. So erging es mir, als ich vor einigen Monaten an meinem Schreibtisch saß und dabei war, die Monatsrechnungen zu begleichen. Plötzlich tauchte wie aus dem Nichts die Frage auf: Hatten Adam und Eva eigentlich einen Bauchnabel? Vielleicht war mir die gedankliche Ablenkung in jenem Moment gerade recht und so dachte ich ernsthaft darüber nach. Rein schöpfungsmäßig wäre kein Bauchnabel erforderlich gewesen. Menschen haben einen Bauchnabel, weil sie im Mutterleib über die Nabelschnur versorgt wurden. Das erste Menschenpaar entstand aber ganz anders: Während Gott zur Erschaffung von Adam Staub von der Erde nahm, diente Adams Seite[88] als »Ausgangsmaterial« für die Erschaffung von Eva.

Auf der Suche nach einer Antwort nahm ich interessiert alte Gemälde unter die Lupe. Dabei stellte ich fest, dass Adam und Eva, selbst bei Größen wie Albrecht Dürer, Lucas Cranach und Michelangelo, durchweg *mit* Bauchnabel gemalt wurden. Ob die Künstler wohl gar nicht weiter über den Bauchnabel nachgedacht haben? Oder ob sie bei der Darstellung der menschlichen Prototypen bewusst die wesentlichen Körpermerkmale eines jeden Menschen abbilden wollten? Schließlich landete ich noch in Internetforen und auf Frageseiten (was man nicht alles tut, um sich vor Zahlungen zu drücken ...), in denen es zu meiner Verwunderung lange

88 Das Wort, das im Urtext an jener Stelle verwendet wird, kann sowohl mit Rippe als auch mit Seite übersetzt werden. Im Vergleich mit weiteren Bibelstellen erscheint mir die Übersetzung »Seite« naheliegender.

Threads zu dieser Frage gab. Am meisten amüsierte mich die Antwort eines Stern.de-Lesers, der auf die Frage eines Gastes »Hatten Adam und Eva einen Bauchnabel?« ernsthaft antwortete: »Ja, sie hatten Bauchnabel. Schau Dir doch einfach die alten Bilder an.« Dass die Erschaffung der ersten Menschen zeitlich weit vor der dieser »alten Bilder« lag, war diesem Leser offensichtlich nicht bekannt.

Bauchnabel hin oder her – wenden wir uns nun dieser unsichtbaren Nabelschnur zu, die Gott und Mensch auf geheimnisvolle Weise verbindet.

GOTTES SEHNSUCHT

In Kapitel 1 habe ich unter anderem dargestellt, dass Sehnsucht ein Menschheitsthema ist. Das ist aber nur *eine* Seite der Medaille. Die andere Seite wurzelt in der Tatsache, dass Sehnsucht zunächst und zutiefst ein Gottesthema ist. Genau genommen sollte jede Abhandlung über menschliche Sehnsüchte bei Gott ansetzen. Denn mit ihm nimmt die Geschichte der Sehnsucht ihren Anfang.

Augustinus werden die Worte zugeschrieben: *Homo desiderium Dei.*[89] Diese lateinische Aussage lässt sich auf zweierlei Weise übersetzen: 1. *Der Mensch ist die Sehnsucht Gottes* oder 2. *Der Mensch ist Sehnsucht nach Gott* (im Sinne von: Der Mensch hat Sehnsucht nach Gott). Hier wird deutlich: Nicht nur der Mensch hat Sehnsucht,

89 Bis jetzt konnte ich diese Aussage allerdings nirgends bei Augustinus finden.

sondern auch Gott. Genauer gesagt: Bevor es den Menschen überhaupt gegeben hat, war Gottes Herz schon erfüllt von einer tiefen Sehnsucht nach einem Gegenüber. Bereits die Tatsache, dass Gott den Menschen »in seinem Bild«, also ihm ähnlich geschaffen hat (1. Mose 1,26-27; 5,1; 9,6; Jakobus 3,9), bringt Gottes Sehnsucht nach einer vertrauensvoll innigen Beziehung zum Menschen auf berührende Weise zum Ausdruck.

Die göttliche Nabelschnur ist Ausdruck eines doppelten Geschenkes, das Gott den Menschen gemacht hat: 1. die Erschaffung im Bild Gottes und 2. der Empfang des göttlichen Lebensatems.

GESCHAFFEN IM BILD GOTTES

Dem Menschen wurde durch seine Gott-Ebenbildlichkeit etwas geschenkt, das ihn von allen anderen Geschöpfen unterscheidet. Seine Gott-Ebenbildlichkeit beschreibt die Würde und Identität, die ihm von Gott verliehen ist. Der hebräische Begriff *zelem*, der übersetzt »Ebenbild«, »Bild« oder »Abbild« bedeutet, ist übrigens verwandt mit dem akkadischen Wort *salmu* (für »Bild« oder »Statue«). Letzteres wurde zur Zeit des Alten Testamentes im Vorderen Orient auch für Götterstatuen in Menschengestalt verwendet. Jene wurden angebetet, weil sie eine bestimmte Gottheit repräsentierten. »Bild Gottes« – *salmu* – war im Ägypten des Neuen Reichs auch die häufigste Bezeichnung für den König. Dasselbe galt für die Könige in Mesopotamien. Indem sie sich zum Ebenbild eines Gottes erklärten, beanspruchten sie für sich, von dem jeweiligen Gott zur Herrschaft beauftragt zu sein. Interessanterweise geht es auch im unmittelbaren Zusammenhang von 1. Mose 1,26-28 um das Herrschen. So verstanden, ist der Mensch nach 1. Mose 1,26-28 Gottes Repräsentant auf Erden. Weder eine Götterstatue noch ein König, sondern Mann und Frau sollen in Gottes Auftrag über die Schöpfung herrschen. Und dies nicht im Sinne einer gewaltsamen Unterdrückung, sondern im Sinne einer verantwortlichen Fürsorge.

Indem der Ewige den Menschen in seinem Bild erschuf, hat er sich selbst im Menschen sichtbar gemacht. Mann und Frau spiegeln in Ergänzung verschiedene Facetten von Gottes Wesen wider.

Der Mensch wurde also nicht einfach ziel- und planlos ins Leben gerufen, sondern aus einer bestimmten Absicht heraus. *Fecisti nos ad te*,[90] schreibt der Kirchenvater Augustinus in seinen *Bekenntnissen* im Hinblick auf Gott, aber auch im Hinblick auf den Menschen als Teil von Gottes Schöpfung. Auf Deutsch übersetzt, lautet seine Aussage in etwa: »Du hast uns auf dich hin erschaffen.« Genau darin wurzelt laut Augustinus die Ursache, dass das menschliche Herz so lange ruhelos bleibt, bis es in der Gemeinschaft mit Gott und im Lob[91] des Schöpfers zu seiner eigentlichen Bestimmung findet: *[...] fecisti nos ad te et inquietum est cor nostrum, donec requiescat in te – »[...] du hast uns auf dich hin erschaffen und ruhelos ist unser Herz, bis es ruht in dir«.* Die vertraulichen Spaziergänge im Garten Eden unterstreichen dies (1. Mose 3,8). Gott geht im Garten spazieren und sucht bewusst die Nähe von Adam und Eva. Genau hierfür hat Gott die Menschen geschaffen: um mit ihnen Gemeinschaft zu pflegen.

Ausgehend hiervon wage ich zu behaupten, dass sogar die menschliche Sehnsucht Teil dieser Gott-Ebenbildlichkeit ist. Und zwar schöpfungsgemäß, nicht erst als Folge der Trennung von Gott. Mit anderen Worten: Ich bin überzeugt, dass Sehnsucht ein Gottesgeschenk an uns Menschen ist. Vor der Trennung von Gott noch rein und vollkommen, nach der Trennung pervertiert und schmerzlich. Anzeichen hierfür sehe ich in der Reaktion von Adam auf die Erschaffung von Eva: »Endlich!« Gott hat Adam eine tiefe Sehnsucht erfüllt, indem er ihm ein Gegenüber schenkte, eine Hilfe zum Leben. Die ersten beiden Menschen – Mann und Frau – waren die erste kleine Gemeinschaft auf Erden. Abbild eines Gottes,

---

90 Confessiones 1,1.

91 Der Abschnitt, in dem sich das erwähnte Zitat befindet, ist überschrieben mit: *Die Lobpreisung* Gottes. Dies ist auf seine eigene Veranlassung zurückzuführen (vgl. https://www.unifr.ch/bkv/kapitel63.htm [21.08.2019]).

der als Dreieinigkeit selbst in Gemeinschaft lebt – als Vater, Sohn und Geist. Diese Sehnsucht meine ich auch in den Spaziergängen im Garten Eden in der »Kühle des Tages« (wörtlich »beim Wind des Tages«) in 1. Mose 3,8 zu erkennen.[92] Offensichtlich war es vor dem Sündenfall üblich, dass Gott die ersten Menschen im Garten besuchte, mit ihnen Gemeinschaft hatte und mit ihnen sprach. Ich stelle mir vor, wie sehr sich Adam und Eva jeweils darauf gefreut haben, Gott wieder zu begegnen und ihm von ihren neusten Erlebnissen zu erzählen. So ähnlich, wie ich meine Sehnsucht als jung Verliebte oft empfand und es auch heute als reife Ehefrau noch kenne: Selbst wenn es einen Geliebten gibt und ich zu ihm gehören darf, kann ich trotzdem Sehnsucht nach ihm empfinden. Sogar, wenn ich weiß, dass ich ihn heute Abend wiedersehen darf. Die gemeinsame Zeit reicht nie aus, dass diese Sehnsucht vollkommen gestillt wäre. Denn immer wieder gibt es eine zeitliche oder örtliche Trennung.

Die Quelle der Sehnsucht ist nicht der Mensch, sondern Gott.

Dieser zwischenmenschliche Vergleich ist nur ein schwaches Bild für die Nabelschnur der Sehnsucht, die Gott und Mensch verbindet. Was mich an jener einzigartigen Nabelschnur am allermeisten berührt: Die Quelle der Sehnsucht ist nicht der Mensch, sondern Gott. Wo immer Sie der Grenzenlosigkeit Ihrer Sehnsüchte begegnen: Sie sind lediglich der Abglanz oder die Resonanz einer Sehnsucht, die noch viel größer und mächtiger ist.

BESCHENKT MIT GÖTTLICHEM LEBENSATEM

In 1. Mose 2,7 lesen wir: *Da formte Gott, der Herr, aus der Erde den Menschen und blies ihm den Atem des Lebens in die Nase. So wurde*

92 Was nicht explizit so als Regelmäßigkeit geschrieben steht, was ich aber aus 1. Mose 3,8-10 ableite.

der Mensch lebendig (NLB). Bei der Erschaffung des Menschen hat Gott dem Menschen seinen göttlichen Atem eingehaucht. Was für eine besondere Veranschaulichung der göttlichen Nabelschnur! Im Mutterleib ist es so, dass die Mutter bis zur Geburt die Sauerstoffversorgung des Kindes übernimmt. Über die Plazenta und die Nabelschnur wird der Fötus von der Mutter beatmet.

Gott schenkt seinen Atem, der weiterfließt – über unzählige Generationen bis zu Ihnen – und zu mir. Stellen Sie sich vor: Gottes Atem fließt – in diesem Moment, in dem Sie diese Zeilen lesen – in Ihnen und durch Sie hindurch! Der lebendige Gott ist es, der uns allen das Leben und die Luft zum Atmen gibt (vgl. Apostelgeschichte 17,25). In unserem Sein sind wir ganz und gar von ihm abhängig.

Den Atem brauchen wir nicht nur, um unseren Körper mit dem lebensnotwendigen Sauerstoff zu versorgen, sondern auch beim Reden oder Singen. Reden ist gewissermaßen klingender Atem. Jedes Mal, wenn wir atmen, durchströmt Gottes Lebenshauch unseren Körper. Wenn wir reden, reden wir mit Gottes Atem. Gottes Atem in uns zu tragen, ist demzufolge nicht nur ein Privileg, sondern auch mit einer großen Verantwortung verbunden, wie unter anderem der Appell von Jakobus aufzeigt: *Genauso ist es mit der Zunge: Sie ist nur ein kleines Organ unseres Körpers und kann sich doch damit rühmen, große Dinge zu vollbringen. Wie ist es denn beim Feuer? Ein Funke genügt, um einen ganzen Wald in Brand zu setzen! Auch die Zunge ist ein Feuer [...] die Zunge kann kein Mensch bändigen. Sie ist ein ständiger Unruheherd, eine Unheilstifterin, erfüllt von tödlichem Gift. Mit ihr preisen wir den, der unser Herr und Vater ist, und mit ihr verfluchen wir Menschen, die als Ebenbild Gottes geschaffen sind. Aus ein und demselben Mund kommen Segen und Fluch. Das, meine Geschwister, darf nicht sein!* (Jakobus 3,5-10; NGÜ).

Im Atem verbindet sich die göttliche Welt mit der menschlichen. Der jüdisch-chassidische Schriftsteller Friedrich Weinreb beschrieb das Geschenk des göttlichen Atems wie folgt: »Du hast den Faden, der die beiden Stücke Stoff miteinander verbindet, hin und her, wie das mit einer Nähmaschine schnell geht. Zwei Welten werden hier durch das Ein- und Ausatmen verbunden.«[93] Selbst dann, wenn sich ein Mensch radikal von Gott lossagt, wird er weiter vom göttlichen Lebensatem durchströmt. So ist der Lebensatem eine stetige Erinnerung an die Liebe Gottes zu den Menschen. Aber auch Ausdruck der göttlichen Sehnsucht, dass der Mensch so auf dieses Geschenk reagiert, dass er seinen Atem und sein Reden zu Gottes Ehre einsetzt.

Ewigkeit im Herzen

Man schrieb das Jahr 1795, als ein Diplomat aus England nach Burma (heute Myanmar) reiste. Als erster Europäer, der mit den Karen – einem südostasiatischen Bergvolk – in Kontakt kam, war er höchst verwundert über den überschwänglichen Empfang, der ihm bereitet wurde. Der Grund für diese Euphorie war eine uralte Überlieferung der Karen: Der allerhöchste Gott *Y'wa* hatte den Menschen einst ein Buch gegeben. Die Karen gingen aber nicht sorgfältig damit um und verloren das Buch. Laut Überlieferung sollte eines Tages ein weißer Mann in einem Schiff mit weißen Flügeln kommen und ihnen das weiße Buch wiederbringen. Der Diplomat erzählte seinen Vorgesetzten von diesem Ereignis, woraufhin ein Bericht verfasst wurde, der lange unbeachtet in einem Archiv schlummerte.

Im Jahr 1816 besuchte ein muslimischer Reisender ein abgelegenes Karen-Dorf.[94] Die Karen prüften ihn sorgfältig und fragten sich, ob er vielleicht ihr »weißer Bruder« sein könnte. Der Moslem war zwar nicht hellhäutig, aber er besaß tatsächlich ein Buch. Und er sagte ihnen, das Buch enthalte Schriften über den wahren Gott.

---

93 Weinreb, Friedrich, 1996. *Psychologie der Sehnsucht: Entwurf einer biblischen Seelenkunde.* Hg. von Christian Schneider. Weiler im Allgäu: Thauros Verlag. S. 41.

94 Richardson, Don, 1999. *Ewigkeit in ihren Herzen.* 5. Aufl. Bad Liebenzell: VLM. S. 103.

Da die Karen das Buch nicht lesen konnten, wickelten sie es in ein Tuch und legten es behutsam in einen besonderen Korb. Sie verehrten das Buch so sehr, dass sie mit der Zeit anfingen, es anzubeten. Es wurden sogar Priester eingesetzt, die das Buch bewachen sollten. Während die Karen weiter ihrer animistischen Religion anhingen und Naturgeister verehrten, traten immer wieder Priester auf, die an den höchsten Gott *Y'wa* erinnerten und nach dem weißen Buch und dem weißen Lehrer Ausschau hielten.

Ein Jahr später erreichte Adoniram Judson, ein amerikanischer Baptistenprediger und Missionar, Rangun (Yangon), die größte Stadt des Landes.[95] Zunächst schien sein Dienst nicht viel zu bewirken. In sieben Jahren wandte sich nur eine einzige Person dem christlichen Glauben zu. Erst später zeigte sich, dass Judson mit seiner Bibelübersetzung in die burmesische Sprache das wichtigste Fundament für alle nachfolgenden Missionsbestrebungen unter den vielen Minderheiten Burmas geschaffen hatte.

Doch eines Tages kam ein junger Mann zu ihm, der Arbeit suchte. Es war Ko Thah-byu, ein Mann aus dem Stamm der Karen. Diesem Mann erzählte der Missionar aus der Bibel und vom Evangelium. Plötzlich beschlich Ko Thah-byu eine Ahnung: Könnte dies der verheißene weiße Mann sein, der den Karen das lang vermisste weiße Buch bringen würde? Ein neu angereistes Missionarsehepaar nahm sich des jungen Mannes an. Durch sie lernte er lesen und schreiben und irgendwann ließ er sich taufen. Als das Ehepaar ins Landesinnere aufbrechen wollte, um dort zu missionieren und Gemeinden zu gründen, bat er darum, sich ihnen anschließen zu dürfen. Sie zogen von Dorf zu Dorf, lehrten das Evangelium und sprachen über das weiße Buch. Die Offenheit der Karen war überwältigend. Es schien, als hätten die Karen all die Jahre voller Sehnsucht darauf gewartet, dass ihnen jemand von Gott erzählte. Schließlich erreichten die Missionare das Dorf, in dem das Buch bewacht wurde. Es entpuppte sich überraschenderweise als *Book*

95 Richardson, 1999:121.

of Common Prayer, das Gebetbuch der anglikanischen Kirche.[96] In der Folgezeit wandten sich Zehntausende Karen dem christlichen Glauben zu.[97] Ko Thah-byu gilt bis heute als Apostel der Karen.

»EWIGKEIT IN IHREN HERZEN«

Diese Geschichte stammt aus dem vergriffenen Buch *Ewigkeit in ihren Herzen*[98] von Don Richardson. Ich habe das Buch als Teenager gelesen und war tief berührt davon. Der Autor hat in seinem Buch Hintergrundmaterial über viele Urreligionen zusammengetragen, in denen er nach dem Vorhandensein von Wissen um einen »Himmelsgott« forschte. Dabei stellte sich heraus, dass es in vielen Urreligionen verblüffende Anknüpfungspunkte für den christlichen Glauben gab und gibt.

> In vielen Urreligionen gab und gibt es das Wissen um einen »Himmelsgott«.

»Ewigkeit in ihren Herzen« – so ähnlich klingt ein geheimnisvoller Satzteil im biblischen Buch »Prediger« (hebräisch *Kohelet,* wobei das hebräische Wort »kohelet« eigentlich »Sammler« bedeutet). Ich sehe darin eine Bestätigung für diese unsichtbare Nabelschnur, die Gott und Mensch verbindet. Und zwar ist in Prediger 3,11 zu lesen, dass Gott die Ewigkeit in das Herz der Menschen gelegt hat. Eine Aussage, die eine nähere Betrachtung erfordert – nicht zuletzt deshalb, weil es unterschiedliche Meinungen gibt, wie diese Stelle korrekt übersetzt werden sollte und was sie genau bedeutet. Im Brennpunkt der Diskussion steht der hebräische Ausdruck *ha-olam*, der in den meisten deutschen Übersetzungen mit »die Ewigkeit« wiedergegeben wird, wobei »ha« für

96 Richardson, 1999:123.

97 Richardson, 1999:124.

98 Richardson, Don, 1999. *Ewigkeit in ihren Herzen*. 5. Aufl. Bad Liebenzell: VLM. S. 100–124.

den bestimmten Artikel »die« steht. Die ganze Textstelle in Prediger 3,11 lautet wie folgt (ich zitiere aus der Elberfelder Bibel, einer Übersetzung, die anspruchsvoller ist als andere, die sich aber durch eine besondere Nähe zum Originaltext auszeichnet):

> *Alles hat er [= Gott] schön [od. gut] gemacht zu seiner Zeit, auch hat er* ***die Ewigkeit*** *[ha-olam] in ihr Herz gelegt, nur dass der Mensch das Werk nicht ergründet [wörtlich »nicht findet«], das Gott getan hat, vom Anfang bis zum Ende.*

WAS BEDEUTET HA-OLAM IN PREDIGER 3,11?

Wenn wir in einer deutschen Bibel lesen, ist uns oft nicht bewusst, welche herausfordernde Übersetzungsarbeit hinter jedem einzelnen Satz, manchmal sogar einem einzelnen Wort steht. Das gilt auch für *ha-olam*. Nicht alle Übersetzer sind der Ansicht, dass *ha-olam* in Prediger 3,11 mit »die Ewigkeit« übersetzt werden sollte. Dies ist auch der Grund, weshalb diese Bibelstelle – wenn man verschiedene deutsche, englische oder anderssprachige Übersetzungen miteinander vergleicht – zum Teil sehr unterschiedlich übersetzt ist. Obwohl ich diesen Bibelvers schon viele Jahre kenne, ist es tatsächlich das erste Mal, dass ich mich mit den sprachlichen Feinheiten dieser Stelle auseinandergesetzt habe. Keine Angst, ich verschone Sie mit sprachlichen Details. Denn ich muss gestehen, dass selbst mir als Theologin der Kopf rauchte, als ich versuchte, in den zum Teil hochkomplexen theologischen Papers und sprachlichen Abhandlungen den Durchblick zu behalten. Um mein Ergebnis vorwegzunehmen: Ich halte die Übersetzung mit »die Ewigkeit« (im Sinne einer unbegrenzten Zeitdauer) an dieser Stelle für sehr plausibel und stichhaltig.

Weitere Übersetzungsvarianten von *ha-olam* in Prediger 3,11 sind – ohne dass ich auf die entsprechenden Argumentationen eingehe – beispielsweise »Mühe«, »Dunkelheit«, »Unklarheit«, »Unwissenheit«, »Wissen«, »Welt« und andere. Jeder Begriff hängt mit einer bestimmten Begründung und Interpretation von Prediger 3,11 zusammen. Die Widersprüchlichkeit dieser Begriffe macht deutlich, wie anspruchsvoll die Übersetzung dieses Verses ist. Bei einigen Begriffen wird auf eine andere Sprachwurzel verwiesen (z. B. auf eine arabische oder ugaritische Wortwurzel). Die Übersetzungsvariante »Welt« geht auf eine spätere – von der Mischna[99] geprägte – Bedeutung des hebräischen Wortes olam zurück. Derartige linguistische Verrenkungen sind aber unnötig, wenn die Bedeutung eines Wortes im hebräischen Alten Testament so klar belegt ist. Zudem legt eine hebräische Wendung im Satz nahe, dass es sich bei *ha-olam* um etwas Positives handeln muss.[100] Übersetzungen wie »Unwissenheit«, »Dunkelheit«, »Mühe« etc. sind daher nur schwer zu begründen.

HA-OLAM ALS ZEITBEGRIFF

Die meisten Ausleger stimmen darin überein (indem sie sich auf die sprachlichen Standardwerke stützen), dass *ha-olam* als Zeitangabe verstanden werden muss. Hinsichtlich der Länge und des Zeitpunkts dieser Zeitangabe herrscht allerdings Uneinigkeit. Mögliche Interpretationen sind beispielsweise »lange Zeit«, »eine bestimmte Zeitdauer«, »zukünftige Zeit«, »vergangene Zeit«, »eine unbegrenzte Zeitdauer« und so weiter.

Das Thema »Zeit« zieht sich denn auch wie ein roter Faden durch das Predigerbuch. Der Abschnitt, in dem diese Aussage zu finden ist, beginnt mit den Worten: *Alles hat seine Zeit, alles auf dieser Welt hat seine ihm gesetzte Frist* (Prediger 3,1; NLB). In den

---

99 Die Mischna ist einer der zentralen Texte des Judentums. Sie ist die zusammengefasste Niederschrift der mündlichen Thora und beinhaltet eine Sammlung wichtiger Regeln und Gesetze für das jüdische Zusammenleben.

100 Die hebräische Wendung, die dem Satzteil mit *ha-olam* folgt, erfordert einen inhaltlichen Gegensatz. Und da es im Anschluss an diesen Satzteil darum geht, dass der Mensch Gottes Werk nicht ergründen kann (= negativ), muss im vorderen Satzteil als Kontrast dazu etwas Positives zu finden sein.

Versen 2-8 folgt die Aufzählung von vierzehn gegensätzlichen Erfahrungen, die Teil der menschlichen Lebensrealität sind (z.B. Geborenwerden und Sterben, Weinen und Lachen, Klagen und Tanzen, Umarmen und Distanz, Schweigen und Reden etc.). All diese gegensätzlichen Erfahrungen haben ihre Zeit, erklärt der »Prediger«, bei dem es sich um den weisen König Salomo handelte, den Sohn von König David (vgl. Prediger 1,1).

Der Wortstamm von *olam* kommt übrigens vom hebräischen Verb *alam*, was »verbergen« bedeutet. Man könnte *olam* also als Zeitfenster mit einem noch verborgenen Ende verstehen. Im Zusammenhang mit Menschen (z. B. in 5. Mose 15,17, wo es darum geht, dass sich ein Mensch dazu verpflichtet, »für immer«, also für den Rest seines Lebens, als Sklave demselben Herrn zu dienen) meint *olam* in der Regel eine *begrenzte Zeiteinheit*. In der erwähnten Textstelle in 5. Mose 15,17 ist *olam* insofern passend, als noch nicht bekannt ist, wie lange der Sklave leben wird. Der Zeitpunkt seines Ablebens ist noch *verborgen*. Anderswo meint *olam* aber keine begrenzte, sondern eine unbegrenzte Zeit.

Nun stellt sich die Frage, ob es sich bei der Angabe von *ha-olam* in Prediger 3,11 um einen zeitlich begrenzten oder einen unbegrenzten Zeitraum im Sinne von Ewigkeit handelt. Die Mehrheit der Ausleger – und ich schließe mich ihnen an – ist der Überzeugung: Es handelt sich hier um »Ewigkeit« im Sinne eines unbegrenzten Zeitraums. Dieses Verständnis wird sowohl von wichtigen lexikalischen Quellen, vom Gebrauch des Wortes im gesamten Alten Testament[101] sowie vom weiteren und direkten Kontext von Prediger 3,11 untermauert.[102] Prediger 3,14, also drei Verse nach

101 Zur Erinnerung: Hier ist von *ha-olam* die Rede, also von *olam* in Verbindung mit dem bestimmten Artikel *ha* und nicht vom Adjektiv *olam*. Diese Aussage steht also nicht im Widerspruch zu der vorher genannten Stelle in 5. Mose 15,17, wo das Adjektiv *olam* verwendet wird.

102 Näheres hierzu und zur Bedeutung von *ha-olam* in Prediger 3,11 bei: Postiff, Matthew A., 2005. The Meaning of הָעֹלָם in Ecclesiastes 3:11. Hebrew Exegesis of Ecclesiastes. Detroit Baptist Theological Seminary.
Online: https://tinyurl.com/yxcp6dmn [Stand: 03.09.2019].

unserer untersuchten Stelle, beginnt mit den Worten: *Ich erkannte, dass alles, was Gott tut, für ewig (olam) sein wird.* Hier gibt es keine Diskussionen darüber, dass sich das Wort *olam* auf eine unbegrenzte Zeitdauer bezieht.

WAS BEDEUTET »EWIGKEIT IM HERZEN«?

Damit ist allerdings noch nicht die Frage beantwortet, was es konkret bedeutet, dass Gott die Ewigkeit ins menschliche Herz gelegt hat. Handelt es sich hierbei um diese Ahnung vom Göttlichen, die Don Richardson im Hinblick auf viele Urvölker in seinem Buch beschreibt? Gemäß Römer 1,19-20 verfügt der Mensch tatsächlich über ein eingepflanztes Wissen von Gott. Der Theologe Matthew Postiff weist allerdings sprachlich nach, dass es in Prediger 3,11 um mehr geht als um eine angeborene Intuition.[103] Er erklärt, dass es an dieser Stelle nicht nur um ein allgemeines Wissen von Gott geht, sondern vielmehr um ein konkretes Nachsinnen über Gottes Werke (was das Wissen von Gott voraussetzt); darüber, wie Gottes Handeln zu verstehen und zeitlich einzuordnen ist. Aber auch um die Sinnfrage. Dies kommt im Predigerbuch besonders deutlich zum Ausdruck. Der »Prediger« sucht nach einem Schlüssel, der das Unbegreifliche des Lebens aufschließt. Er kommt zum Schluss, dass nur Gott diesen Schlüssel besitzt. Egal, wie sehr wir uns bemühen – das Geheimnis bleibt bei Gott verwahrt. Dies kommt auch in der zweiten Satzhälfte von Prediger 3,11 (NLB) zum Ausdruck: *Gott hat allem auf dieser Welt schon im Voraus seine Zeit bestimmt, er hat sogar die Ewigkeit in die Herzen der Menschen gelegt.* ***Aber sie sind nicht in der Lage, das Ausmaß des Wirkens Gottes zu erkennen; sie durchschauen weder,***

> Gott hat die Ewigkeit ins menschliche Herz gelegt.

103 Postiff, 2005:15.

wo es beginnt, noch, wo es endet. Daher – so folgert der Prediger – bleibt am Ende die Herausforderung, Gott mitten in all dem Unverständlichen unseren Gehorsam zu schenken und ihm zu vertrauen. Denn keiner steht über ihm. Er ist der erhabene König, der den Menschen zugleich auf berührende Weise nahekommt.

VON GOTT INS HERZ GELEGT

Im Alten Testament gibt es noch weitere Bibelstellen, in denen davon die Rede ist, dass Gott einem Menschen etwas ins Herz gelegt hat (wobei die gleiche hebräische Wendung wie in Prediger 3,11 verwendet wird). So steht zum Beispiel in 2. Mose 35,34, dass Gott Bezalel und Oholiab mit besonderen künstlerischen Fertigkeiten ausgestattet und ihnen die Fähigkeit ins Herz gelegt hat, andere bei handwerklichen Arbeiten (im Zusammenhang mit dem Bau der Stiftshütte) anzuleiten. In 1. Könige 10,24 heißt es, dass Gott Weisheit in Salomos Herz gelegt hat. In Nehemia 2,12 bezeugt der Prophet Nehemia, dass Gott ihm ins Herz gelegt hat, die zerstörte Stadtmauer in Jerusalem zu reparieren. In Nehemia 7,5 steht, dass Gott Nehemia die Idee ins Herz legte, die Einwohner von Jerusalem zu registrieren. Jeremia 31,33 zeugt davon, dass Gott sein Gesetz in das Denken und das Herz seines Volkes legen will – als Teil des Neuen Bundes. Diese Beispiele helfen dabei, die Idee von Ewigkeit in Prediger 3,11 zu verstehen. Sie sprechen alle entweder von einer Fähigkeit oder einer Sehnsucht, etwas zu tun, das Gott in ein menschliches Herz gelegt hat. Bezeichnenderweise findet sich keine andere Stelle neben Prediger 3,11, wo Gott etwas ins Herz der gesamten Menschheit gelegt hat. Insofern ist Prediger 3,11 einzigartig. Und doch liegt nahe, als legitime Ausweitung der genannten Textstellen, dass Gott mit *ha-olam* gewisse kognitive Fähigkeiten und Sehnsüchte in das menschliche Herz gelegt hat, die eine Reaktion von menschlicher Seite erfordern. Dazu gehören die Fähigkeit und Sehnsucht des Menschen, über Angelegenheiten der Zeit und Ewigkeit nachzudenken (Psalm 90,12). Der Mensch ist mit einem

Ewigkeitssinn ausgestattet, der ihn immer wieder daran erinnert, dass das Diesseitige nicht alles ist. Vielleicht würden die Menschen ohne *ha-olam*, so Postiff, einfach im »Jetzt« stecken bleiben ohne Hoffnung darauf, wenigstens in ihren Gedanken zu etwas, das größer ist als sie, entfliehen zu können.[104]

Es wäre aber auch falsch, sich Ewigkeit als etwas Fernes, Zukünftiges, ganz und gar Jenseitiges vorzustellen. Ewiges Leben ist Leben, in dem Zeit und Ewigkeit, Gott und Mensch, Himmel und Erde zusammenfallen. Das Geheimnis eines sinnerfüllten Lebens liegt darin, sich jetzt schon – im Diesseitigen – als Ewigkeitsmensch zu verstehen. Darauf werde ich im nächsten Kapitel zurückkommen. Die entscheidende Frage lautet: Lebe ich hier und heute schon im Horizont der Ewigkeit oder lasse ich mich vom Hier und Jetzt völlig vereinnahmen? Gebe ich meinen Sehnsüchten Raum, weil mir bewusst ist, dass der Grund dafür die Ewigkeit ist, die Gott in mein Herz gelegt hat, als eine Art Leitstern, der mein Leben auf Kurs halten soll?

> Der Mensch ist mit einem Ewigkeitssinn ausgestattet, der ihn daran erinnert, dass das Diesseitige nicht alles ist.

MENSCHLICHE GRENZEN

An dieser Stelle möchte ich Ihnen aber auch nicht verschweigen, dass dem Menschen bei aller Erkenntnis klare Grenzen gesetzt sind. Der Mensch mag vielleicht fähig sein, das eine oder andere zu verstehen und einige Erkenntnisstücke zusammenzufügen, aber er wird nie fähig sein, das vollständige Bild zu erkennen. Seine Erkenntnis bleibt stets bruchstückhaft (1. Korinther 13,12).

Selbst Salomo, der Verfasser des Predigerbuches, war nicht fä-

104 Postiff, 2005:22.

hig, Gottes Absichten zu ergründen. Das ist irgendwie tröstlich. Denn zu seiner Zeit gab es keinen, der sich mit ihm messen konnte. Salomo besaß mehr Weisheit und größeren Reichtum als alle anderen Herrscher und Könige (1. Könige 5,11). Kein Wunder, dass sogar Menschen aus fernen Ländern anreisten, um ihm zu begegnen. So auch die Königin von Saba. Zunächst hatte sie nicht glauben wollen, was über den König von Israel erzählt wurde. Dann aber hatte sie sich auf eine lange, beschwerliche Reise gemacht, um sich mit eigenen Augen davon zu überzeugen, dass das, was sie gehört hatte, wahr war. Und sie wurde nicht enttäuscht. Sie war demütig genug anzuerkennen, dass es jemanden gab, der mehr Weisheit und größeren Reichtum besaß als sie selbst. Aber auch Salomos Weisheit war begrenzt. Wenn also schon Salomo mit all seiner Weisheit so vieles nicht verstehen konnte, wie sollte es *mir* dann möglich sein? Und doch ist die Suche nach Weisheit, nach Klarheit und Antworten ein fester Bestandteil der menschlichen Persönlichkeit.

Später kam einer, der von sich sagte: *Hier ist mehr als Salomo* (Matthäus 12,42; LUT). Nur einer hatte das Recht, diese Worte auszusprechen: Jesus Christus, König aller Könige, Abglanz der Herrlichkeit Gottes, geliebter Sohn des himmlischen Vaters. In seinem Sohn hat der Vater seine Weisheit sichtbar gemacht. Auch wenn Ihre menschliche Erkenntnis und Weisheit begrenzt ist, so bietet Ihnen Gott die Möglichkeit, sich mit dem zu verbinden, der alle Schätze der Weisheit und der Erkenntnis in sich vereint: Jesus Christus (Kolosser 2,3). Und wenn Sie sich nach Antworten, nach Klarheit und Weisheit sehnen: Dann klammern Sie sich an ihn! In Ihrer ganzen Hilflosigkeit und Überforderung. So gut Sie können – mit der Kraft und dem Vertrauen, das Sie im Moment aufbringen können. Wiederholt habe ich die Erfahrung gemacht, dass genau dies genügt. Dass es genügt zu wissen, dass einer da ist, der mich trägt und hält und auffängt. Einer, der die Antworten und Zusammenhänge kennt, selbst wenn sie mir für immer verborgen bleiben.

Sehnsucht ist die beständige Erinnerung daran, dass es mehr

gibt als das Sichtbare. Dass tief in mir ein Anknüpfungspunkt ist, der mich mit dem Ewigen verbindet. Es ist die unsichtbare Nabelschnur der Liebe, die mich mit dem verbindet, der alle Antworten hat und in dem alle Weisheit und Fülle verborgen sind. Wenn mir die Antworten fehlen und ich an meine menschlichen Grenzen stoße, darf ich in seiner Gegenwart zur Ruhe finden. Diese besondere Sehnsucht, die der Ewigkeit in meinem Herzen entspringt, treibt mich aber auch an, tiefer in die göttlichen Geheimnisse einzudringen. Das halte ich für überaus wichtig. Denn wie ich am Beispiel von alttestamentlichen Bibelstellen aufgezeigt habe, erfordert es eine Reaktion von menschlicher Seite, wenn Gott einem Menschen etwas ins Herz legt. Sehnsucht bewirkt, dass wir uns nicht mit dem gegenwärtigen Zustand begnügen, sondern dass wir uns nach mehr ausstrecken. Das ist weder ein illusorisches noch ein utopisches Verlangen, sondern es bedeutet, Gott beim Wort zu nehmen. Darauf zu vertrauen, dass er mir noch so viel mehr schenken und offenbaren möchte. So wie er es seinem Propheten Jeremia versprochen hatte: *»So spricht der HERR, der allmächtige Gott, der bewirkt, was er will, und lenkt, was er geplant hat: Rufe zu mir, dann will ich dir antworten und dir große und geheimnisvolle Dinge zeigen, von denen du nichts weißt!* (Jeremia 33,2-3; HFA).

Sehnsucht ist die unsichtbare Nabelschnur der Liebe, die mich mit dem verbindet, der alle Antworten hat.

Durchtrennte Nabelschnur

Dieses Kapitel wäre nicht vollständig, wenn nicht in einem letzten Teil die Tatsache der durchtrennten Nabelschnur zur Sprache käme.

Zum Moment der vermeintlichen »Abnabelung« von Gott kam es in dem Augenblick, als der Mensch aus freien Stücken gegen Gottes Anweisungen verstieß. Die Folgen waren fatal. Indem sich der

Mensch von Gott lossagte, ging das Wissen um seine Herkunft und Zugehörigkeit zunehmend verloren. Er vergaß seine wahre Identität und sein Blick für das Göttliche wurde getrübt. Seine Wurzeln, die einst untrennbar mit dem Ewigen verbunden waren, lagen im Dunkeln. Der Mensch begann sich um sich selbst zu drehen und verlor sich dabei mehr und mehr im Diesseits. Hier schuf er sich neue Sicherheiten, verfolgte den Traum von Freiheit, von Eigenständigkeit und Selbstbestimmung. All dies entpuppte sich jedoch bald als Illusion. Gefangenschaft, Selbstzerstörung, Gebrochenheit und Einsamkeit waren die Folgen der scheinbaren Emanzipation von Gott. Der Mensch begann an sich selbst zu leiden.

Trotz dieser Entfremdung des Menschen von Gott blieb von Gottes Seite her die unsichtbare Nabelschnur zum Menschen bestehen. Selbst als der Mensch der Überzeugung war, sich vollständig von der göttlichen Nabelschnur losgelöst zu haben, und er sein Leben entsprechend gestaltete, hat Gott die unsichtbare Nabelschnur der göttlichen Liebe und Sehnsucht nie durchtrennt. Dank dieser göttlichen Initiative besteht bis heute für jeden Menschen die Möglichkeit, sich Gott wieder neu zuzuwenden. Gott sehnt sich danach, dass der Mensch zu ihm zurückkehrt und die Wahrheit über seine Herkunft, Zugehörigkeit und Bestimmung erkennt.

ZWEI BÄUME IM GARTEN EDEN

Die verhängnisvolle Entwicklung nahm ihren Anfang im Garten Eden, wohin Gott selbst den Menschen gebracht hatte (1. Mose 2,15). Das hebräische Wort für Garten bedeutet »hüten« und Eden bedeutet »sich glücklich fühlen«, »sich wohlfühlen«. Demzufolge steht der »Garten Eden« laut Weinreb für einen Ort, an dem »Glück gehütet« wurde.[105] Und zwar vom Menschen, der damit beauftragt war, den Garten zu bearbeiten und zu hüten.

105 Weinreb, 1996:38.

Im Garten Eden gab es bestimmt Tausende von Bäumen (so stelle ich es mir zumindest vor). Zwei von ihnen, in der Mitte des Gartens, hatten eine ganz besondere Bedeutung: 1. Der *Baum des Lebens* und 2. der *Baum des Wissens von Gut und Böse* (1. Mose 2,9). Meist wird Letzterer in der Übersetzung zum »Baum der Erkenntnis des Guten und Bösen«, doch das hebräische Wort bedeutet einfach »Wissen«.[106] Von allen Bäumen im Garten hätte der Mensch essen dürfen – sogar vom Baum des Lebens, was sozusagen den »Jetztzustand« konserviert und ihn unsterblich gemacht hätte – mit einer einzigen Ausnahme: Gott verbot dem Menschen vom Baum des Wissens von Gut und Böse zu essen. Denn das Essen der Frucht würde ihn zu einem Todgeweihten machen (1. Mose 2,17).

Ich habe mir lange den Kopf darüber zerbrochen, wieso Gott den Baum des Wissens von Gut und Böse überhaupt gepflanzt hat. Was macht es für einen Sinn, dass er einen Baum pflanzt, um gleichzeitig zu verbieten, davon zu essen? Wieso tut Gott das? Hat er damit nicht fast provoziert, dass das Unheil seinen Lauf nahm? Das Schaffen einer Wahlmöglichkeit bringt zum Ausdruck, dass Gott Adam und Eva als freie und mündige Gegenüber respektiert hat. Hätte er ihnen keine Wahl gelassen, wären sie im Grunde genommen nicht viel mehr als Marionetten ohne Willensfreiheit gewesen, die vorprogrammierten Befehlen hätten folgen müssen. Gott sehnte sich mit unendlicher Sehnsucht nach einer Beziehung mit den Menschen, aber er hat sich ihnen zu keinem Zeitpunkt aufgezwungen. Ausgehend von Gottes Allwissenheit ist davon auszugehen, dass Gott schon im Voraus wusste, wie sich die Menschen entscheiden würden, und trotzdem hat er sich für diesen Weg entschieden. Aus Liebe.

Wichtig ist an dieser Stelle: Weder der Baum noch seine Frucht waren schlecht oder böse. Gott hat keinesfalls in böser Absicht einen schädlichen Baum in seinen Garten gepflanzt. Seine Schöpfung war gut und vollkommen (1. Mose 1,31). Gottes Handeln

106 Weinreb, 1996:44.

gründet in seiner tiefen Liebe (5. Mose 7,8; 23,6; Psalm 145,13; Jeremia 31,3; etc.). Ebenso wenig wie der Baum oder die Frucht ist auch Wissen oder Erkenntnis an sich böse. Das Problem war, dass die Menschen sich Gottes Anweisungen widersetzten, weil sie an Gottes Güte und der Wahrheit seiner Worte zweifelten.

VERHÄNGNISVOLLE FRAGE

»*Hat Gott wirklich gesagt […]?*« (1. Mose 3,1). Mit dieser Frage säte Satan, Gottes Gegenspieler, in Gestalt einer Schlange Zweifel im Herzen von Eva. Er brachte Eva auf den Gedanken, Gott würde ihr etwas Gutes vorenthalten und ihre Freiheit unnötig einschränken. Kommt Ihnen diese Frage bekannt vor? Glauben Sie, dass Gott es gut meint mit Ihnen, auch wenn er Ihnen etwas verwehrt? Dass seine Worte wirklich wahr sind? Dass seine Anweisungen für unser Leben seiner tiefen Liebe entspringen? So schnell schleicht sich Zweifel in unser Herz. Und Satan setzt alles daran, unsere Zweifel an Gott zu nähren und uns von Gott wegzutreiben. Der Verführer versucht sein Möglichstes, um uns von dem guten Plan Gottes mit unserem Leben wegzulocken, indem er unsere Schwachstellen ausnutzt und uns Illusionen nachjagen lässt, die uns letztlich ins Verderben stürzen.

Glauben Sie, dass Gott es gut meint mit Ihnen, auch wenn er Ihnen etwas verwehrt?

Satan bezichtigte Gott einer Lüge, indem er behauptete: »Ihr werdet nicht sterben!« (1. Mose 3,4). Das Unheil nahm damit seinen Anfang, dass Eva den Worten Satans mehr glaubte als dem, was Gott gesagt hatte. Neben »Satan« ist in der Bibel auch vom »Teufel« die Rede, wobei der griechische Begriff (*diabolos*) wörtlich übersetzt »Durcheinanderwerfer« (Offenbarung 20,2) bedeutet. Andere Übersetzungen für »Satan« und verwandte Bezeichnungen bedeuten »Verführer«, »Widersacher«, »Feind« oder Ähnliches. Diese Begriffe beschreiben treffend, was im Garten Eden geschehen ist. Als Widersacher Gottes ist es Satan gelungen, die Menschen gegen Gott aufzubringen. Er hat sie verführt und durcheinandergebracht. Durch ihre Tat erkannten sie, dass es neben dem Guten und Vollkommenen auch Böses gibt. Ihnen wurde bewusst, dass sie einen Fehler gemacht hatten. Dass ihr Ungehorsam Gott gegenüber zu einem unüberwindbaren Bruch geführt hatte, weil der heilige und vollkommene Gott nicht Gemeinschaft haben kann mit einem sündigen Geschöpf. Sie erkannten, dass Satan sie getäuscht und ihnen nicht die volle Wahrheit gesagt hatte. Aber es war zu spät! Sie konnten nicht mehr zurück. Sie mussten die Konsequenzen ihrer Tat tragen.

VERHÄNGNISVOLLE SCHAM

Nicht nur die Erkenntnis von Schuld war eine Folge des Ungehorsams, sondern auch das Empfinden von Scham. Vor dem Essen der Frucht waren Adam und Eva nackt, aber sie schämten sich nicht dafür (1. Mose 2,25). Nach dem Essen der Frucht *wurden den beiden die Augen geöffnet und sie bemerkten auf einmal, dass sie nackt waren* (1. Mose 3,7; NLB). Daraufhin flochten sie Feigenblätter zusammen und machten sich Lendenschurze. Als sie hörten, wie Gott am Abend in den Garten kam, versteckten sie sich vor ihm (1. Mose 3,8). Hier wird ein großer Unterschied zwischen Schuld und Scham erkennbar.[107] Schuldgefühle sagen uns: »Du hast etwas falsch gemacht.« Hier ist ein bestimmtes Fehlverhalten das Problem. Und die beste Reaktion darauf ist, dass wir damit zu Gott gehen, ihm die Schuld bekennen und uns von ihm Vergebung zusprechen lassen. Aber Scham greift eine Ebene tiefer. Sie sagt uns nicht: »Du hast etwas falsch gemacht«, sondern vielmehr: »Du

---

107 Einige Gedanken hierzu sind inspiriert von Christine Caines Buch *Unashamed: Drop the Baggage, Pick up Your Freedom, Fulfill Your Destiny* (2016). Auf Deutsch ist das Buch 2018 unter dem Titel *Unverschämt frei. Lass los, was dich belastet, und umarme dein Leben* bei Gerth Medien erschienen.

bist falsch«. Mit anderen Worten, nicht unser Verhalten, sondern wir selbst, unser ganzes Wesen ist das Problem. Scham drängt uns dazu, dass wir uns wie Adam und Eva vor Gott verstecken wollen.

Gott rief nach dem Menschen, indem er fragte: »Wo bist du?« (1. Mose 3,9). Diese Frage, so bin ich überzeugt, hallt bis heute durch alle Generationen! Gott stellte diese Frage im Garten Eden nicht, weil er die Antwort nicht gekannt hätte. Er ist allwissend. Er wusste genau, wo Adam und Eva steckten. Seine Frage ist vielmehr in diese Richtung zu verstehen: Wieso verbergt ihr euch vor mir? Was hindert euch daran, in meine Gegenwart zu kommen? Und diese Frage stellt Gott auch Ihnen heute: »Was hindert dich daran, in meine Gegenwart zu treten?« Man kann sogar in einem Gottesdienst sitzen oder ein Anbetungslied singen und sich im Herzen vor Gott verbergen. Vielleicht denken Sie: Was ich getan habe, ist unverzeihlich. Sie wagen sich mit dieser Last niemandem anzuvertrauen. Erst recht nicht Gott. Sie verbergen sich hinter einer Aufgabe, hinter Ihrer Fassade, hinter Ihrem Amt, hinter einer Sucht, um den Schmerz darüber, was Sie getan oder was Ihnen jemand angetan hat, zu betäuben. Und Gott fragt Sie: Wo bist du? An seiner Sehnsucht nach Ihnen, an seiner tiefen Liebe zu Ihnen hat sich nichts geändert. Und so wartet er – voller Schmerz und Liebe, um Sie mit offenen Armen zu empfangen.

Gott wartet auf Sie!

Ich stelle mir vor, wie Gott den Menschen voller Traurigkeit fragte: *»Wer hat dir gesagt, dass du nackt bist? Hast du etwa von den verbotenen Früchten gegessen?«* (1. Mose 3,11). Auch hier kannte Gott die Antwort längst. In seinen Worten schwingt die Frage mit: Wieso hast du einer anderen Stimme mehr vertraut als mir? Was hat dich dazu veranlasst, an meiner Güte und Liebe zu dir zu zweifeln? Und so ähnlich fragt Gott bis heute: An welchem Punkt hast du der Lüge geglaubt, dass du dumm bist? Dass du nicht genügst? Dass niemand den unheilvollen Teufelskreis in deiner

Familie durchbrechen kann? Dass deine Ehe scheitern wird? Welche Stimme hat dir das eingeredet? Dein Onkel? Deine Lehrerin? Stimmen aus sozialen Netzwerken? Solange wir anderen Stimmen mehr Glauben schenken als der Stimme Gottes, werden wir nie ein Leben in der Fülle dessen führen können, was Gott für uns bereithält.

VERHÄNGNISVOLLER BRUCH

Gott hatte den Menschen vor den Konsequenzen seiner Tat gewarnt. Die Tat ließ sich nicht rückgängig machen. Der Bruch zwischen Gott und Mensch war unumkehrbar. Infolgedessen wurden die Sünde und der Tod Teil der menschlichen Lebenswirklichkeit (Römer 5,12). Mit dem Tod war in erster Linie ein geistlicher Tod im Sinne einer Trennung von Gott gemeint. In zweiter Konsequenz der Tod im Sinne der menschlichen Vergänglichkeit.

Die Schlange hatte nicht gelogen, als sie sagte: *»Gott weiß, dass eure Augen geöffnet werden, wenn ihr davon esst. Ihr werdet sein wie Gott und das Gute vom Bösen unterscheiden können«* (1. Mose 3,5; NLB). Gott selbst bestätigt dies in 1. Mose 3,22: *»Der Mensch ist geworden wie einer von uns, er kennt sowohl das Gute als auch das Böse. Nicht dass er etwa noch die Früchte vom Baum des Lebens pflückt und isst! Dann würde er ja für immer leben!«* Was zunächst wie eine harte Bestrafung klingt, ist vielmehr ein Schutz für den Menschen. Andernfalls hätte er auf ewig in dieser neuen, unheilvollen Lebensrealität leben müssen. Wenn wir heute ewig leben müssten in einer Welt der Scham, der Furcht, des Unfriedens, des Leides, der Krankheit, der Machtgier und so weiter – wäre dies eine erstrebenswerte Zukunftsaussicht? Gewiss nicht. Ich bin davon überzeugt, dass es eine gnädige Bewahrung Gottes war, dass er dem Menschen den Zugang zum Baum des Lebens im Garten Eden verwehrt hat. Aber zu keiner Zeit hat er damit aufgehört, die Menschen zu lieben und sich ihnen zuzuwenden.

Der Bruch zwischen Gott und Mensch hat sich wie ein Schatten auf die Sehnsucht gelegt (die im Kern – wie bereits ausgeführt – ein wundervolles Gottesgeschenk ist!) und hat sie pervertiert. Seither ist das Empfinden der Menschen verwirrt und sie erkennen nicht, dass der Schmerz ihrer Sehnsucht zutiefst mit der Trennung von Gott zusammenhängt. Die *schmerzvolle* Seite der Sehnsucht ist demnach nicht schöpfungsgemäß, sondern die Konsequenz der Trennung von Gott und Ausdruck einer gebrochenen Welt.

Der Verlust des Paradieses, Ort des Glücks und der ungetrübten Gemeinschaft mit Gott, hat im Menschen ein Vakuum hinterlassen, das er verzweifelt zu füllen versucht. Ohne sich dessen bewusst zu sein, sucht der Mensch nach einem Ersatz; nach stellvertretenden Sehnsuchtsobjekten – Besitz, Einfluss, Aktivitäten, Substanzen etc. –, nach denen er sich voller Sehnsucht verzehrt. In der Hoffnung, dass dieser pochende Sehnsuchtsschmerz im Inneren verstummt. Oder dass sich so etwas Ähnliches wie ein »Ersatzparadies«, stellvertretend für das verlorene Paradies, irgendwo und irgendwie finden lässt. Ein gefährliches Unterfangen, das einen Menschen in die Verzweiflung treiben kann. Wird Sehnsucht hier etwa zur Endstation, wie es der deutsche Titel eines Dramas von Tennessee Williams nahelegt?[108]

> Die schmerzvolle Seite der Sehnsucht ist die Konsequenz der Trennung von Gott.

Nein, Sehnsucht ist *keine* Endstation. Sie ist vielmehr der Anfang von allem. Das verlorene Paradies, die Trennung von Gott, die menschliche Gebrochenheit, der Schmerz, die menschliche

108 Tennessee Williams hatte dem Drama, das später im deutschen Sprachraum *Endstation Sehnsucht* genannt wurde, ursprünglich den Titel: *A Streetcar Named Desire* gegeben (auf Deutsch: *Eine Straßenbahn namens Sehnsucht*). Das Drama wurde 1947 am Broadway in New York uraufgeführt und brachte Williams im darauffolgenden Jahr den Pulitzer-Preis ein.

Scham, Sünde und Verlorenheit sind *nicht* das Ende der Geschichte. Auf die überwältigenden Probleme, Nöte und Sehnsüchte der Menschen antwortete Gott auf umso überwältigendere Weise. Die Nabelschnur der Liebe Gottes ist real. Nichts und niemand auf dieser Welt kann sie durchtrennen.

Sehnsuchtsimpulse 3

In diesem Kapitel haben wir uns mit der unsichtbaren Nabelschnur beschäftigt, die Gott und Mensch verbindet. Nachfolgend einige Impulse zur Vertiefung. Einige sind sehr praktisch, verbunden mit einer körperlichen Aktivität. Fühlen Sie sich ganz frei, das auszuwählen, was für Sie stimmt.

- Wir haben uns in einem ersten Schritt mit Grundsehnsüchten auseinandergesetzt. Haben Sie sich in einer bestimmten Grundsehnsucht (oder verschiedenen Grundsehnsüchten) wiedergefunden?

- Erkennen Sie einen Zusammenhang zwischen Ihrer »blauen Blume« aus Kapitel 2 und einer Grundsehnsucht in Kapitel 3?

- Kommt Ihnen eine bestimmte Begebenheit, ein Erlebnis in den Sinn, das im Zusammenhang mit einer Grundsehnsucht stand? (Zum Beispiel ein undefinierbares Gefühl nach mehr, also nach Transzendenz; eine unvergessliche »Heimweherfahrung« oder eine besonders berührende »Schönheitserfahrung«? Vielleicht klingt auch eine andere Grundsehnsucht in Ihnen an – wie die Sehnsucht nach Liebe, nach Freiheit etc.)

- Ich habe in diesem Kapitel die Frage aufgeworfen, ob Adam und Eva einen Bauchnabel hatten. Die Antwort auf diese Frage bleibt hypothetisch und ist auch nicht weiter relevant. Entscheidend ist die Symbolik im Hinblick auf unsere Zugehörigkeit. Hier ein Vorschlag für eine körperliche Vertiefung: Nehmen Sie sich einen Moment Zeit und legen

Sie Ihre Hand auf Ihren Bauchnabel (oder schauen Sie ihn sich an – allenfalls in einem Spiegel). Denken Sie nun über die Frau nach, mit der Sie Ihre Nabelschnur verbunden hat. Welche Gefühle löst das in Ihnen aus? Auch Ihre Mutter war durch eine Nabelschnur mit ihrer Mutter verbunden. Dasselbe galt für Ihre Großmutter, Ihre Urgroßmutter, Ihre Ururgroßmutter und so weiter. Am Ende einer eindrücklich langen Generationenfolge landen wir im Garten Eden – bei Adam und Eva. Auch sie waren zugehörig – nämlich zum lebendigen Gott, in dessen Bild sie geschaffen wurden und dessen Atem sie in sich trugen. Dieses kostbare Erbe, das Adam und Eva anvertraut wurde, war ein Geschenk an die Menschheit und ist auch Teil Ihrer DNA. Versuchen Sie diesen Wahrheiten einen Moment nachzuspüren und sich als Teil dieser langen und eindrücklichen Menschheitsgeschichte wahrzunehmen. Und unter all den Menschen, die schon vorausgegangen sind und die noch kommen werden, hat Gott Sie auf eine Weise im Blick, als ob Sie der einzige Mensch auf Erden wären!

- Schauen Sie sich in einem Spiegel tief in die Augen. Glaubt Ihr Herz, dass Sie im Bild des Ewigen geschaffen sind? Erkennen Sie die Würde und Kostbarkeit, die der Höchste in und auf Sie gelegt hat? Ich weiß aus eigener Erfahrung, dass es oft nicht so einfach ist, dies zu erkennen. Statt der Ähnlichkeit mit dem himmlischen Vater sehen wir Pickel, ein weiteres weißes Haar, eine neue Falte, schiefe Zähne oder was auch immer ... Doch Gott-Ebenbildlichkeit greift viel tiefer. Sie berührt unser Innerstes. Atmen Sie mit dem Atem Gottes, der durch Sie fließt, tief ein und aus und danken Sie Gott dafür, dass er Sie wunderbar erschaffen hat – so wie es David in Psalm 139,14 getan hat. Wenn es Ihnen schwerfällt zu danken, weil Sie Ihr eigenes Spiegelbild nur mit Mühe ertragen, üben Sie Dankbarkeit in kleinen Schritten. Danken Sie für Ihre Augen, mit denen Sie die

Wunder der Schöpfung sehen können. Wenn Sie – wie ich – an Kurzsichtigkeit leiden, danken Sie Gott dafür, dass Sie in einer Zeit leben, in der man die Möglichkeit hat, diese mit einer Brille oder mit Kontaktlinsen auszugleichen. Was für ein Geschenk, dass ich trotz meiner Fehlsichtigkeit so scharf sehen kann (zumindest, wenn meine Brille auf der Nase sitzt!). Danken Sie Gott für das Geschenk des Gehörs, mit dem Sie das Vogelgezwitscher und die Stimmen anderer Menschen hören können; für den Atem, den er Ihnen geschenkt hat; für Ihren Mund und so weiter. Im Danken liegt eine große Kraft. Je mehr Sie Ihren »Dankessinn« trainieren, desto stärker und zugleich sensibler wird er. Er fungiert wie ein Augenöffner und mit der Zeit werden Ihnen immer mehr Dinge einfallen, für die Sie danken können. Danken ist eine Lebenshaltung, die Ihren Alltag und Ihr Denken verändert.

- 1. Mose 3,8 legt nahe, dass es keine Ausnahme war, dass Gott im Garten Eden spazieren ging und sich mit Adam und Eva unterhielt. Was für eine Vorstellung: Gott im direkten Gespräch mit Menschen. Worüber sie wohl gesprochen haben? Ist Ihnen bewusst, wie sehr Gott sich danach sehnt, mit Ihnen Gemeinschaft zu haben? Machen Sie doch in diesen Tagen einmal einen Spaziergang, bei dem Sie sich vorstellen, dass Gott neben Ihnen hergeht. Sprechen Sie mit ihm, als ob er neben Ihnen hergehen würde ... Denn genau das tut er! Teilen Sie mit ihm die Erlebnisse Ihres Tages, Ihre Sorgen, Ihre Freuden, Ihre Ängste, Ihre Nöte, Ihre Verzweiflung. Wagen Sie es, ihm von Ihrer Schuld und Ihrer Scham zu erzählen. Es kann eine riesige Befreiung für Sie sein, dies auszusprechen. Jesus wird deswegen nicht schlecht von Ihnen denken – er weiß all das längst. Halten Sie zwischendurch inne, um zu empfangen, was zurückkommt (vielleicht ein Gefühl, ein wichtiger Gedanke, ein Bibelvers, ein bestimmtes Wort). Denn Beziehung mit Jesus ist kein Monolog, sondern ein Dialog. Vielleicht spürt und hört man lange Zeit nichts. Auch das ist in Ordnung und überhaupt kein Zeichen dafür, dass Sie irgendetwas falsch machen würden. Eine Freundin von mir hat vor etwa zwei Jahren damit begonnen, regelmäßige Gebetsspaziergänge mit Jesus zu machen, und es hat ihr Leben verändert. Wäre das vielleicht auch etwas für Sie? Falls Sie nicht so gerne spazieren gehen, können Sie auch eine Tee-Zeit mit Jesus verbringen oder eine Autofahrt. Wenn ich gewisse Strecken fahre, stelle ich mir vor, wie Jesus neben mir im Auto sitzt. Manchmal entscheide ich mich bewusst dafür, das Autoradio ausgeschaltet oder meine Playlist ruhen zu lassen, damit ich mich ganz auf meinen unsichtbaren Beifahrer konzentrieren kann. In der Gegenwart dieses unvergleichlichen Freundes rede ich mir dann einfach von der Seele, was mich in diesem Moment bewegt. Offen gestanden beginne ich manchmal etwas widerwillig. Es ist nicht immer angenehm, Dinge auszusprechen, die mir auf der Seele lasten. Aber schon so oft durfte ich erleben, wie mich allein das Aussprechen von vielem entlastet hat und sich dadurch auch Dinge klärten. Gemeinschaft mit Jesus geschieht nicht einfach automatisch. Es ist wichtig, dass ich mich immer wieder neu dafür entscheide und meine Vorsätze dann auch in die Tat umsetze. So wie es auch bei einer Freundschaft unter Menschen ist. Auch hier muss ich bereit sein, in Beziehungen zu investieren.

4. DIE ANTWORT

Alles beginnt mit der Sehnsucht,
immer ist im Herzen Raum für mehr,
für Schöneres, für Größeres –
das ist des Menschen Größe und Not:
Sehnsucht nach Stille, nach Freundschaft und Liebe.
Und wo Sehnsucht sich erfüllt,
dort bricht sie noch stärker auf –
fing nicht auch Deine Menschwerdung, Gott,
mit dieser Sehnsucht nach dem Menschen an?
So lass nun unsere Sehnsucht damit anfangen,
Dich zu suchen,
und lass sie damit enden,
Dich gefunden zu haben.

VERFASSER UNBEKANNT[109]

109 Oft wird das komplette Gedicht Nelly Sachs zugeschrieben, doch lediglich die Zeile »Alles beginnt mit der Sehnsucht« findet sich in ihrem Werk, und zwar in: *Eli. Ein Mysterienspiel vom Leiden Israels* (Quelle: Nelly Sachs 1962, *Zeichen im Sand. Die Szenische Dichtungen der Nelly Sachs.* Suhrkamp: Frankfurt am Main. S. 82). Der Verfasser des restlichen Gedichts ist unbekannt.

Schönheit statt Asche

Aus Sehnsucht zu den Menschen entschied sich Gott zum Äußersten: Er schickte seinen Sohn in Menschengestalt auf die Erde. Der Sohn Gottes ist die bemerkenswerteste, erstaunlichste und vollkommenste Veranschaulichung von Gottes Sehnsucht. Jesus Christus ist die Sehnsucht Gottes in Person. Eine sichtbar gewordene Einladung Gottes an die Menschen. Ausdruck seiner sehnsüchtigen Liebe und Barmherzigkeit.

Somit ist Jesus Christus einerseits Gottes Antwort auf seine eigene, göttliche Sehnsucht, andererseits ist er aber auch Gottes Antwort auf die Ursehnsucht der Menschen. Denn durch Jesus wird die enge Beziehung zwischen Gottvater und Mensch wiederhergestellt. Damit wird Jesus auch zur Antwort auf menschliche Grundsehnsüchte, die untrennbar mit der Ursehnsucht verbunden sind (z. B. die Grundsehnsucht nach Heimat, Schönheit, Liebe etc.). Blenden wir an dieser Stelle kurz zurück zur Grundsehnsucht nach Schönheit, indem wir nochmals einen Blick auf den Brand von Notre-Dame werfen.

Jesus ist Gottes Antwort auf seine eigene Sehnsucht und die Ursehnsucht der Menschen.

Die Bilder aus dem Inneren der niedergebrannten Kathedrale waren bedrückend: Rauch, Trümmer, Asche und Löschwasser im Inneren von Notre-Dame. Eine Momentaufnahme stach jedoch aus allen heraus. Mitten im Chaos reflektierte das goldene Kreuz auf dem Altar einen Lichtstrahl. Das Foto entstand am 16. April 2019, drei Tage vor Karfreitag. Was für eine Botschaft: Über den Trümmern und der Asche dieser Welt strahlt das Kreuz. Genauso möchte das Kreuz Jesu auch über den Trümmern und der Asche Ihres Lebens aufleuchten. Er hat alles dafür getan, dass dies möglich wird.

Betrachtet man Gottes Geschichte mit den Menschen aus einer Sehnsuchtsperspektive, ist der rote Faden der Sehnsucht, der die ganze Bibel durchzieht, nicht zu übersehen. Vom ersten bis zum letzten Buch der Bibel geht es um die Wiederherstellung der ursprünglichen Nähe und innigen Vertrautheit zum lebendigen Gott. Lassen Sie mich Ihnen im Folgenden einige dieser göttlichen Sehnsuchtsspuren im Alten und Neuen Testament aufzeigen.

GÖTTLICHE SEHNSUCHTSSPUREN IM ALTEN TESTAMENT

Über Jahrtausende hinweg hat Gott nach Menschen gesucht, mit denen er sich von Herz zu Herz verbinden konnte. Gemäß 2. Chronik 16,9 schweiften seine Augen unermüdlich über die ganze Erde, um denen ein starker Helfer zu sein, die mit ungeteiltem Herzen zu ihm hielten.

Im Alten Testament ragen einige Beispiele heraus. Zum Beispiel die Freundschaft zwischen Gott und Abraham (1. Mose 12–25). Es erstaunt, wie Gott mit Abraham sprach und wie wichtig Abraham die Beziehung zu Gott war. Immer wieder baute Abraham Gott einen Altar, um sich ihm zu nähern und sich seiner Gegenwart zu versichern. Ihre vertrauten Besprechungen gingen so weit, dass Gott Abraham einweihte in seine Gedanken über ferne Jahrhunderte und Gerichte, die er vollstrecken würde. Berührenderweise bezeichnete Gott ihn sogar als seinen Freund (vgl. Jesaja 41,8).

Eine besondere Erwähnung wert ist auch die Beziehung zwischen Gott und Mose. Aus einem etwas holprigen Start (2. Mose 3–4) entwickelte sich eine der innigsten Beziehungen zwischen einem Menschen und Gott. Bevor die Stiftshütte fertig gebaut und eingeweiht war, hatte Mose bereits ein »Zelt der Begegnung« eingerichtet, wo er Gott begegnen konnte. In diesem Zelt geschah Unfassbares: *Der HERR sprach von Angesicht zu Angesicht mit Mose, so wie Freunde miteinander reden* (2. Mose 33,11; HFA). An einem bestimmten Punkt der Wüstenwanderung verteidigte Gott Mose sogar gegenüber seinen leiblichen Geschwistern Aron und Mirjam, die Moses Sonderstellung vor Gott anzweifelten und ihm unter anderem vorwarfen, dass er eine Äthiopierin geheiratet hatte (4.

Mose 12,6-8). Als Mose starb, wurde er von Gott höchstpersönlich begraben (5. Mose 34,6). In 5. Mose 34,10 (HFA) ist zu lesen: *Nach Mose hat es in Israel keinen Propheten mehr gegeben, dem der HERR von Angesicht zu Angesicht begegnet ist.*

In diesem Zusammenhang ist natürlich auch Gottes Beziehung zu seinem Volk Israel zu erwähnen. Hier offenbart sich Gottes Sehnsucht, mitten unter seinem Volk zu wohnen und den Menschen nahe zu sein. Immer wieder suchte er nach Möglichkeiten, dass sich unvollkommene Menschen einem heiligen Gott nähern konnten (zum Beispiel durch die Propheten). Aber es blieb ein ständiges Auf und Ab. Sein Volk kehrte ihm immer wieder den Rücken zu. Die Bibel verschweigt nicht, dass Gott manchmal auch zornig wurde über das Verhalten seines Volkes oder das von Einzelpersonen (in 5. Mose 1,37 z. B. über Mose; in 1. Könige 11,9 über Salomo; in 2. Könige 17,18 über Israel). Um sein Volk oder Einzelpersonen zur Besinnung zu bringen, wandte sich Gott an bestimmten Punkten in der Geschichte vorübergehend von ihnen ab und ließ sie die Konsequenzen ihrer Taten tragen, indem er vorher angekündigte Gerichte und Strafen an ihnen vollzog. Doch das Motiv dahinter blieb stets seine Liebe. Die Strafen sollten sein Volk aufrütteln und daran erinnern, dass es sich mit seinen Fehlentscheidungen in sein Verderben manövrierte. Gott wünschte sich nichts sehnlicher als dass das, was sie erlebten, ihnen die Augen für seine Existenz öffnete und sie an seine Pläne mit ihnen erinnerte. Zum Beispiel daran, dass ein Leben mit Gott kein »Nice to have« (nett zu haben, aber nicht notwendig) ist, wie man heute in der Umgangssprache sagt, um das Leben noch etwas angenehmer zu gestalten. Sondern vielmehr ein »Must-have« (etwas, das man haben muss) für jeden, der in der Tiefe seines Herzens Frieden, Sinnerfüllung und wahres Leben finden will.

Gott sehnt sich danach, den Menschen nahe zu sein.

Hätte Gott sein Volk an irgendeinem Punkt in der Geschichte aufgrund seines Ungehorsams aufgegeben, wäre nichts als pure

Verzweiflung geblieben. Doch Gottes Plan mit seinem Volk (und dadurch mit allen Menschen, die an ihn glauben) ist trotz aller offener Fragen, aller menschlicher Verirrung und göttlicher Geheimnisse ein Plan von überwältigender Schönheit, Hoffnung und Gnade. Es war Gott nie egal, wie es seinem Volk geht. Stets sorgte er sich um seine Kinder und litt mit ihnen, wie es in Jesaja 63,8-9 (HFA) nachzulesen ist: *Er dachte: »Sie sind mein Volk, meine Kinder, sicher werden sie mich nicht enttäuschen!« Und so half er ihnen aus ihrer Not. Denn wenn sie in Bedrängnis waren, litt auch er. Immer wieder ist er durch seinen Engel zu ihnen gekommen und hat sie gerettet. Er befreite sie damals vor langer Zeit, weil er sie liebte und Mitleid mit ihnen hatte. Er nahm sie auf die Arme und trug sie Tag für Tag.*

Gottes Sehnsucht und seine Zuwendung zum Menschen fand auch Ausdruck in den verschiedenen Gottesnamen, mit denen er sich seinem Volk offenbarte. Zum Beispiel als *El Roi* – Gott, der mich sieht (1. Mose 16,13-14); als *Jahwe Jireh* – der Herr wird vorsorgen/vorsehen (1. Mose 22,13-14); als *Jahwe* – Ich bin (der ich bin/der ich sein werde/ ich bin da für dich – 2. Mose 3,14-15); als *Jahwe Rapha* – Herr, der heilt (2. Mose 15,26); als *Jahwe Zurih* – Herr, mein Fels (Psalm 144,1); als *Jahwe Roi* – Herr, mein Hirte (Psalm 23,1-3) und so weiter.

GÖTTLICHE SEHNSUCHTSSPUREN IM NEUEN TESTAMENT

Im Neuen Testament erhält die göttliche Sehnsucht schließlich einen revolutionär neuen Bezugsrahmen. Durch Jesus war Gott plötzlich nicht mehr weit entfernt im fernen Himmel, sondern in greifbarer Nähe auf der Erde – Auge in Auge mit den Menschen. Er rief Jünger in seine Nachfolge und machte sie zu seinen Vertrauten. Er gab ihnen Einblick in göttliche Pläne und Ziele. Er investierte in die Beziehung mit ihnen und nannte sie seine Freunde (Lukas 12,4; Johannes 11,11; 15,14-15). Selbst in den schwersten Stunden seines Lebens wollte Jesus seine Freunde um sich haben.

In Lukas 22,15 lesen wir, wie sehr sich Jesus danach gesehnt hat, das Passahmal mit ihnen zu feiern, bevor er leiden musste. Die Elberfelder Übersetzung gibt den griechischen Urtext wie folgt wieder: *Mit Sehnsucht habe ich mich gesehnt* … Im Griechischen findet sich an dieser Stelle eine Dopplung von Nomen und Verb. Das Nomen *epithymía* ist von *thymós* abgeleitet, was ursprünglich Luft, Sturm, das Bewegte, Bewegende oder Lebenskraft bedeutete und später oft für ein starkes Verlangen im emotionalen Bereich verwendet wurde. Ursprünglich stand das griechische Wort also für eine Erregung, ein heftiges Verlangen, das mit der ganzen Vitalität des Menschen gefüllt ist. Und so nutzte es auch Lukas im Zusammenhang mit dem letzten Passahmahl von Jesus. Es ist hier also nicht nur eine Sehnsucht des Geistes gemeint, sondern eine Sehnsucht, die die ganze Person von Jesus erfasst hat. Eine Sehnsucht voller Kraft und Erregung des Herzens.

Die Sehnsucht Gottes nach dem Einzelnen durchdringt das ganze Neue Testament.

Die Sehnsucht Gottes nach dem Einzelnen durchdringt das ganze Neue Testament. Sie steckt in den Gleichnissen von Jesus (zum Beispiel im Gleichnis vom verlorenen Sohn, dem verlorenen Schaf, dem verlorenen Groschen). In dem, was Jesus seine Jünger lehrte. In seinen Worten an die Pharisäer. Sie äußerte sich sogar in seiner Todesstunde durch die Worte »Mich dürstet!« (Johannes 19,28; ELB). Von Mutter Teresa ist überliefert, dass sie über keine Schriftstelle so tief und nachhaltig erschrak wie über jene Worte von Jesus am Kreuz. In sämtlichen Niederlassungen ihrer Schwestern musste ein »Mich-dürstet-Bild« in der Kapelle aufgehängt werden, das täglich betrachtet werden sollte. Auf dem Totenbett erinnerte Mutter Teresa ihre Schwestern an ihre wichtigste geistliche Erkenntnis: »Nicht nur dass er euch liebt, sondern mehr noch, dass er sich brennend nach euch sehnt. Ihr fehlt ihm, wenn ihr euch ihm nicht nähert. Ihn dürstet nach euch. Er liebt euch ständig, auch wenn ihr euch dessen nicht würdig fühlt. Wenn ihr von den anderen nicht angenommen werdet oder ihr euch manchmal selbst nicht annehmen könnt – so ist er derjenige, der sich euch immer annimmt.«[110]

UNTERBROCHENE ROUTINE

In Lukas 4 lesen wir, wie das öffentliche Wirken von Jesus Christus seinen Anfang nahm. Und auch hier überstrahlt der rote Faden der Sehnsucht das ganze Geschehen. Nachdem Jesus vierzig Tage lang in der Wüste vom Teufel aufs Äußerste herausgefordert und versucht worden war, führte sein Weg zunächst zurück nach Galiläa und von dort aus nach Nazareth, wo er seine Kindheit verbracht hatte (Lukas 4,16). Wie gewohnt ging er am Sabbat in die Synagoge. Als er aufstand, um aus der Heiligen Schrift vorzulesen, reichte man ihm die Schriftrolle des Propheten Jesaja. Als er sie aufrollte, fand er die Stelle, wo Gott dem Propheten Jesaja schon vor langer Zeit seine Absichten offenbart hatte. Jesus las aus der Schriftrolle die folgenden Sätze: *»Der Geist des Herrn ruht auf mir, denn der Herr hat mich gesalbt. Er hat mich gesandt mit dem Auftrag, den Armen gute Botschaft zu bringen, den Gefangenen zu verkünden, dass sie frei sein sollen, und den Blinden, dass sie sehen werden, den Unterdrückten die Freiheit zu bringen, und ein Jahr der Gnade des Herrn auszurufen«* (Lukas 4,18-19, zitiert aus Jesaja 61,1-2; NGÜ). Sätze, die vor ihm bestimmt schon viele andere vorgelesen hatten. Doch an jenem Tag war alles anders.

Jesus rollte die Schriftrolle wieder zusammen, gab sie dem Synagogendiener zurück und setzte sich hin. Die Augen aller Anwesenden waren erwartungsvoll auf ihn gerichtet. Sie warteten darauf, dass er die Textstelle – wie es an dieser Stelle üblich war – auslegte. Die Kunde von seiner außergewöhnlichen Lehrbegabung, die er bereits in galiläischen Synagogen unter Beweis

---

110 Aus dem Testament von Mutter Teresa, zit. in Meuser, Bernhard 2015. *Beten. Eine Sehnsucht.* Basel: Fontis. S. 63.

gestellt hatte, war ihm längst vorausgeeilt. Doch ganz unerwartet wurde der allsabbatliche Ritus, die gewohnte Routine von Gebeten, Textlesung und Auslegung, unterbrochen. Anstelle einer wortgewaltigen Auslegung fielen in die Stille und Andacht der Synagoge zu Nazareth die bedeutungsschweren Worte von Jesus, die alles veränderten: *»Heute ist dieses Wort vor euren Augen und Ohren Wirklichkeit geworden!«* (Lukas 4,21; NLB). Mit anderen Worten: »Heute erlebt ihr die Erfüllung dessen, was vor Jahrhunderten durch Jesaja angekündigt worden ist. Seine prophetischen Worte gelten mir. Ich bin es, auf den ihr all die Jahre gewartet habt. An mir könnt ihr erkennen, wie grenzenlos Gottes Liebe zu euch ist. Wie unermesslich groß seine Sehnsucht nach euch ist.«

Ob wohl ein Raunen durch die Menge ging oder ob man eine Stecknadel hätte zu Boden fallen hören? Wie auch immer – mit dieser Wendung hatte mit Sicherheit keiner gerechnet, als er an jenem Sabbat die Synagoge betrat. Ich stelle mir vor, wie viel Mut es Jesus gekostet haben muss, diese Worte auszusprechen. Ihm war bewusst, dass sie alles verändern würden. Doch er war nicht gekommen, damit ihm die Menschen applaudierten, sondern um das ewige Königreich Gottes mitten in der Gebrochenheit dieser Welt aufzurichten.

ZEIT DER GNADE

In den Worten, die Jesus aus der Jesaja-Rolle zitiert, ist von einem »Jahr der Gnade« die Rede. Dieses besondere Gnadenjahr – auch Erlassjahr, Halljahr, Jubeljahr oder Jahr der Freilassung genannt – sollte gemäss der Thora (3. Mose 25,8-55) in jedem 50. Jahr vollzogen werden. Immer nach 49 Jahren sollten die Israeliten ihren untergebenen Volksangehörigen einen vollständigen Schuldenerlass gewähren, ihnen ihr Erbland zurückgeben und die Schuldsklaverei aufheben. Das Gnadenjahr bedeutete Freude und Freiheit. In der Prophetie von Jesaja wurde das Erlassjahr jedoch nicht mehr mit einem bestimmten *Jahr* verknüpft, sondern mit einer *Person*:

Wenn der Messias käme, würde ein Gnadenjahr anbrechen, das kein Ende hat. Ungerechtigkeit und Leid würden ein Ende haben. Schulden würden für immer erlassen werden und Freiheit das Zusammenleben prägen. Indem Jesus sagte: *»Heute ist dieses Wort vor euren Augen und Ohren Wirklichkeit geworden!«*, bekräftigte er: Mit mir bricht eine göttliche Zeit der Gnade an. Eine Zeit der Gnade nicht nur für Israel, sondern für die ganze Menschheit!

ZEIT DER WIEDERHERSTELLUNG

Ganz offensichtlich wurden die Verheißungen aus dem Alten Testament mit dem Kommen von Jesus nicht außer Kraft gesetzt, sondern vielmehr zum Leben erweckt. Dass Jesus bei seiner Antrittsrede in Nazareth ausgerechnet jene Textstelle aus der Jesaja-Rolle zitierte, war kein Zufall. Voller Kraft und Würde zeugt die gesamte Textpassage von der göttlichen Sehnsucht, Neues zu schaffen und Zerbrochenes wiederherzustellen. Genau deshalb wurde Jesus Mensch. In der Übersetzung *Hoffnung für alle* ist der Abschnitt aus Jesaja 61,1-3 überschrieben mit: Die Trauerzeit ist vorbei.

> *1 Der Geist des HERRN ruht auf mir, weil er mich berufen und bevollmächtigt [wörtlich »gesalbt«] hat. Er hat mich gesandt, den Armen die frohe Botschaft zu bringen und die Verzweifelten zu trösten. Ich rufe Freiheit aus für die Gefangenen, ihre Fesseln werden nun gelöst und die Kerkertüren geöffnet.*
>
> *2 Ich rufe ihnen zu: »Jetzt erlässt der HERR eure Schuld!« [wörtlich: Jetzt ist das Erlassjahr des HERRN!] Doch nun ist auch die Zeit gekommen, dass unser Gott mit seinen Feinden abrechnet. Er hat mich gesandt, alle Trauernden zu trösten.*
>
> *3 Vorbei ist die Leidenszeit der Einwohner Zions! Sie streuen sich nicht mehr voller Verzweiflung Asche auf den Kopf, sondern schmücken sich mit einem Turban. Statt der Trauergewänder gebe ich ih-*

nen duftendes Öl, das sie erfreut. Ihre Mutlosigkeit will ich in Jubel verwandeln, der sie schmückt wie ein Festkleid. Wer sie dann sieht, vergleicht sie mit Bäumen, die Gott selbst gepflanzt hat [wörtlich: nennt sie »Eichen der Gerechtigkeit«].

Gottes Sohn wurde Mensch, um gebrochene Herzen zu heilen und Gefangene zu befreien. Indem Jesus Christus am Kreuz die menschliche Schuld stellvertretend auf sich nahm, schuf er die Voraussetzung dafür, dass der Mensch wieder mit Gott in Beziehung treten kann (2. Korinther 5,17-21). Jesus kam, um die Leidenszeit zu beenden, Trauernde zu trösten und Niedergedrückte aufzurichten. Die Asche der Verzweiflung soll durch festlichen Kopfschmuck (wörtlich durch einen Turban)[111] ersetzt, Trauergewänder sollen gegen duftendes Öl ausgetauscht und Mutlosigkeit soll in Jubel verwandelt werden.

Jesus Christus ist die sehnsüchtige Einladung Gottes zur Wiederherstellung einer gebrochenen Welt. Eine Einladung, die nicht nur seinem Volk oder den Zeitgenossen von Jesus galt, sondern eine Einladung, die bis in die Gegenwart hineinreicht und auch Ihnen und mir gilt: Jesus möchte auch Ihr zerbrochenes Herz heilen und Sie aus aller Dunkelheit befreien. Er möchte Sie in Ihrem Leid trösten und Sie aus den Trümmern Ihres Lebens in eine verheißungsvolle Zukunft führen. Er möchte Ihr Trauergewand gegen ein Festkleid eintauschen. Bitten Sie ihn, dass er mitten im Schmerz und Leid Ihres Lebens Schönheit hervorbringt. Und dass Sie erleben dürfen, wie Ihr Kummer einer Freude weicht, die nicht von äußeren Umständen abhängig ist, sondern die nur Jesus schenken kann.

Jesus ist die sehnsüchtige Einladung Gottes zur Wiederherstellung einer gebrochenen Welt.

111 »Turban anstatt Asche« ist im Hebräischen ein Wortspiel. Der Turban ist in diesem Zusammenhang vor allem Zeichen fehlender Trauer und somit ein Zeichen der Freude. Daneben gehört er ausdrücklich zur Priesterkleidung.

Was hinderte die Menschen von Nazareth daran, den Worten von Jesus Glauben zu schenken? Laut Lukas 4,22 äußerten sich alle Anwesenden zunächst anerkennend über Jesus. Gleichzeitig wunderten sie sich über seine Worte. Es kamen Zweifel auf. *»Wie kann das sein?«, fragten sie. »Ist das nicht Josefs Sohn?«* (Lukas 4,22; NLB). Mit anderen Worten: »Wir kennen Jesus doch, seit er ein kleiner Junge war. Er ist doch bloß der Sohn eines einfachen Handwerkers. Wie kann er es wagen, eine solche Aussage zu machen?« Wenn, dann sollte er seine Worte erst durch entsprechende Zeichen und Wunder bekräftigen, wie man es sich von seinem Auftreten in Kapernaum erzählte! Doch Jesus war nicht bereit dazu. Erschreckend schnell wandelte sich die anfängliche Zustimmung der frommen Juden in blinde Wut. Die Synagogenbesucher schleppten Jesus aus der Stadt zum Steilhang des Berges, auf dem ihre Stadt gebaut war, und wollten ihn von dort hinunterstoßen. Doch als es so weit war, schritt Jesus unbehelligt mitten durch die aufgebrachte Volksmenge hindurch (Lukas 4,30). Er scheint in jenem Moment eine solche Autorität ausgestrahlt zu haben, dass niemand mehr wagte, ihn aufzuhalten. Er verließ Nazareth und ging nach Kapernaum am See Genezareth.

Man könnte sich durchaus schönere Szenarien für einen Dienstantritt in der Heimat vorstellen. Doch irgendwie war dieses Erlebnis programmatisch für das Leben von Jesus. Ablehnung stand am Anfang seines öffentlichen Wirkens und Ablehnung markierte sein Ende – lediglich drei Jahre später mit einer öffentlichen Hinrichtung (Kreuzigung). Jesus wusste schon im Voraus, was ihn erwartete, und trotzdem war er bereit, die Ablehnung der Menschen zu ertragen. Nur indem er die Macht der Dunkelheit bis zum Äußersten durchlitt, konnte er sie durchbrechen – stellvertretend für uns Menschen (Hebräer 4,14-16).

Nagende Zweifel. Etwas, das bis heute nichts von seiner Macht verloren hat. War Jesus denn wirklich mehr als nur ein Mensch? Wie können wir sicher sein, dass seine Worte vertrauenswürdig sind? Ist die Bibel tatsächlich mehr als eine Sammlung von Texten aus Menschenhand? Ist Jesus auch sicher der einzige Weg zum himmlischen Vater? Stimmt das alles auch wirklich? Inwiefern soll mit ihm eine neue Zeit angebrochen sein? Rund 2.000 Jahre später ist der Blick in das Weltgeschehen doch immer noch überaus ernüchternd. Asylzentren sind übervoll, weil so viele Menschen weltweit auf der Flucht sind. Gewalt und Terror verbreiten nach wie vor Angst und Schrecken. Naturkatastrophen, Leid, Gewaltverbrechen, Krankheiten, Armut, Hunger und vieles mehr füllen die Schlagzeilen unserer Zeit. Wie soll mit Jesus Christus eine Gnadenzeit angebrochen sein?

Die Welt hat sich mit dem Kommen von Jesus nicht schlagartig von einem Moment zum nächsten gewandelt. Aber mit der Menschwerdung von Jesus hat sich Gott den Menschen in einer Weise zugewandt, die sämtliche Vorzeichen veränderte. Mit dem Kommen von Jesus wurde das irdische Leben in Perspektive gerückt. Ewigkeit blieb nicht länger ein Versprechen für eine noch ferne Zukunft, sondern brach mitten in die Zeit hinein. Die Ewigkeit ist jetzt schon da. Durch Jesus. Durch seine Erlösung. Durch die Gnade. Überall dort, wo Menschen Jesus nachfolgen und nach seinem Willen leben, breitet sich das Reich Gottes in dieser Welt aus. Nimmt die Ewigkeit Gestalt an. Wird der Ewige in unserer Mitte erfahrbar.

GOTT SEHNT SICH NACH IHNEN!

Liebe Leserin, lieber Leser, die Schlussfolgerung aus alledem, was ich bisher entfaltet habe, lautet: Der lebendige Gott sehnt sich nach Ihnen ganz persönlich! Jesus Christus hat am Kreuz sein Leben hingegeben, damit Sie mit Gott in eine Beziehung treten können, die Ihr Leben grundlegend verändert. Keine noch so große Schuld kann seine Liebe und Sehnsucht aufhalten.

Vielleicht denken Sie nun: Das klingt ja schön, aber das gilt bestimmt nicht für mich. Ich bin doch nichts Besonderes. Ich habe so viele Fehler gemacht, immer wieder neu versagt und mein Leben ist ein Chaos ... In diesem Fall ist Umdenken angesagt! Denn nichts und niemand kann etwas an der Tatsache ändern, dass Gottes Sehnsucht genau Ihnen gilt. So, als wären Sie die einzige Person auf der Erde. Er verzehrt sich vor Sehnsucht und Liebe nach Ihnen. Er sehnt sich danach, dass Sie mit ihm ins Gespräch kommen. Er sehnt sich danach, dass Sie Ihr Leben und alles, was Sie bewegt, vor ihm ausbreiten. Dass Sie bei Entscheidungen nach seinem Willen fragen. Dass Sie an seiner Seite zum größten Abenteuer Ihres Lebens aufbrechen.

Gott sehnt sich nach Ihnen ganz persönlich!

Meiner Ursehnsucht begegnen

Der Blick auf die überwältigende Antwort Gottes führt uns weiter zur Frage: Wie sieht denn die *menschliche* Antwort auf die Sehnsüchte des Lebens aus? Oder anders formuliert: Wie können Menschen gewinnbringend auf die oft übermächtigen Gefühle der Sehnsucht antworten? Wie darauf reagieren? Zumal die Sehnsucht oft so unterschiedlicher Natur ist.

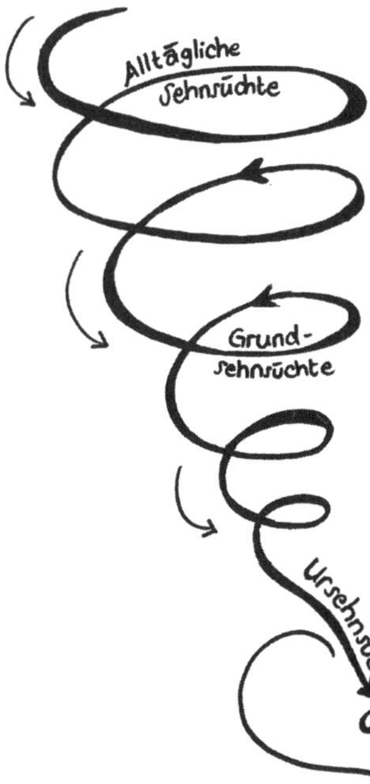

Dieses Buch hat uns sozusagen spiralförmig nach innen geführt – angefangen bei alltäglichen Sehnsüchten, die uns wie Wegweiser zu unseren Grundsehnsüchten und von dort aus zur Ursehnsucht des Lebens geführt haben. Jede Sehnsucht unseres Lebens (sogar die als Sucht getarnte Sehnsucht) zielt letztlich darauf ab, uns an diese Ursehnsucht nach Gott tief in unserem Herzen zu erinnern.

Die Arbeit an diesem Buch hat mir in aller Deutlichkeit vor Augen geführt, dass die menschliche Antwort genau hier – bei der Ursehnsucht – ansetzen muss, wenn wir auch anderen Sehnsüchten unseres Lebens auf heilsame und kraftvolle Weise begegnen wollen. Ob und wie wir uns diesem intimsten Ort der Begegnung mit Gott stellen, beeinflusst den Umgang mit sämtlichen Sehnsüchten unseres Lebens. Wenn wir die Ursehnsucht in uns außer Acht lassen, werden wir unser Leben lang vergeblich nach Erfüllung, tiefem Frieden und einer Freude suchen, die unabhängig von äußeren Lebensumständen ist. Unbewusst oder bewusst werden wir einen Großteil unserer Lebenskräfte dafür aufwenden, Ersatzbefriedigungen nachzujagen, die letztlich keine bleibende Erfüllung bieten.

GENÄHRT – VON DER NABELSCHNUR DER LIEBE

Wenn Sehnsucht zu einer Lebenskraft werden soll, die unser Leben auf positive Weise prägt und voranbringt, gibt es keinen bedeutenderen Ort, damit anzufangen, als in Gottes Nähe. Hier, in der Begegnung mit Jesus, wird unsere Ursehnsucht gestillt – nicht einmalig und auch nicht abschließend. Aber immer wieder aufs Neue, sofern wir die heilende Berührung Gottes an unserem Herzen zulassen. In Verbindung mit Jesus, genährt von der Nabelschnur der göttlichen Liebe, empfangen wir nicht nur Lebenskraft, sondern auch Halt, Orientierung, Perspektive, Freiheit, Vergebung, Heilung und Hoffnung. Hier ist die Basis, von der aus wir uns den anderen Sehnsüchten unseres Lebens stellen können.

So ähnlich wie die Nabelschnur einer Mutter das Kind im Mutterleib mit allen Nährstoffen versorgt, die es für eine gesunde Entwicklung braucht, ist Gottes Nabelschnur die Antwort auf den Hunger und Durst der menschlichen Seele. Jesus hatte einen besonderen Blick für den Hunger und Durst der Menschen – im Sinne eines körperlichen *und* eines seelischen Mangels – und er war ihm nicht egal. Das Neue Testament ist voll von Geschichten, die davon zeugen, wie Jesus den Hunger und Durst seiner Mitmenschen gestillt hat. Jesus sagte von sich selbst: *»Ich bin das Brot des Lebens. Wer zu mir kommt, wird nie mehr hungrig sein, und wer an mich glaubt, wird nie mehr Durst haben.«* (Johannes 6,35; NGÜ) Besonders eindrücklich ist die Erzählung, in der fünftausend Männer, dazu noch Frauen und Kinder, mit fünf Broten und zwei Fischen satt wurden. Am Ende blieben sogar noch zwölf Körbe mit Brotresten übrig! (Matthäus 14,15-21).

In der Begegnung mit Jesus wird unsere Ursehnsucht gestillt – immer wieder aufs Neue.

Hier wird deutlich: Jesus ist nicht an menschliche Begrenzungen gebunden – bei ihm gibt es Nahrung und Leben im Überfluss. Dabei wünscht er sich nicht nur, dass Menschen körperlich satt werden, sondern mehr noch, dass sie innerlich satt werden. Daran hat sich bis heute nichts geändert. Jesus sehnt sich danach, Ihren inneren Hunger und Durst zu stillen. Sein Wort bietet Nahrung für jede Lebenslage. Durch sein Wort und sein Handeln möchte er Ihr Leben von Grund auf erneuern.

DIE SAMARITANERIN AM JAKOBSBRUNNEN

Eine eindrückliche Veranschaulichung für diese lebensverändernde Kraft Gottes findet sich in der Begegnung von Jesus mit der Samaritanerin am Jakobsbrunnen (nachzulesen in Johannes 4,1-42). Zunächst kurz ein Hinweis zum Begriff »Samaritanerin«. Die Samaritaner sind wie das Judentum einige Jahrhunderte vor Christi Geburt aus dem Volk Israel hervorgegangen. Sie zählen zu den ältesten noch lebenden Volksgruppen im Nahen Osten und verfügen über eine eigenständige kulturelle und religiöse Tradition. Zur Trennung kam es durch das Exil von Nordisrael (722 v. Chr. durch die Assyrer) und nachfolgende Entwicklungen. Die Samaritaner verstehen sich bis heute als letzte Nachfahren des ehemaligen Nordreichs Israel. Sie richten sich streng nach den Vorschriften der alten Schriften (Thora und Josua) und leben heute noch an dem Ort, an dem sie bereits vor mehr als zwei Jahrtausenden gelebt haben: am Fuße des ihnen heiligen Berges Garizim. Dies war zugleich auch der Hauptstreitpunkt mit den Juden, die nach ihrer Rückkehr aus dem Exil den Tempel in Jerusalem zum Heiligtum erklärten (1. Könige 6–8). Die Kluft zwischen den Juden und Samaritanern schien unüberbrückbar. Dass Jesus im »Gleichnis des barmherzigen Samariters« einen Samaritaner als positives Vorbild erwähnte, war sogar für die Jünger eine Zumutung. Von den Samaritanern hielt man sich fern. Dies ließ Jesus bewusst außer Acht, als er sich am Jakobsbrunnen niederließ im Wissen darum, dass er einer Frau begegnen würde, deren Seele von einem unstillbaren Durst zerfressen war.

EINE SEHNSÜCHTIGE BEGEGNET JESUS

Es war Mittagszeit. Die heißeste Zeit des Tages. Getröstet von dem Gedanken, dass sie um diese Zeit ziemlich sicher niemandem begegnen musste, machte sie sich auf den Weg zum Jakobsbrunnen. Sie brauchte dringend Wasser. Aber auf gar keinen Fall wollte sie riskieren, andere Stadtbewohner zu treffen. Alle kannten sie. Und zeigten mit dem Finger auf sie. Ihre gescheiterten Beziehungen waren ein offenes Geheimnis und auch jetzt lebte sie in einer Beziehung, die nicht geregelt war. So vieles war schiefgelaufen in ihrem Leben. Zweifellos trug sie eine Mitschuld. Aber auch andere waren schuldig geworden an ihr. Sie verachtete sich für all das, was sie falsch gemacht hatte. Wenn es doch bloß eine Möglichkeit gäbe, ihre kaputte Vergangenheit rückgängig zu machen. Sie sehnte sich so sehr nach einem Ausweg. Es fühlte sich an wie ein endloser Durst tief in ihrem Inneren. Diese Sehnsucht nach einem heilen Leben. Nach Vergebung. Nach Trost und Annahme. Die Sehnsucht, geliebt zu sein. Akzeptiert. Dazuzugehören. Wertgeschätzt zu werden. Nicht mehr so verachtet, so unendlich einsam zu sein – mit ihrer Schuld, ihrer Last, ihrem Schicksal.

Gedankenverloren näherte sie sich dem Jakobsbrunnen. Plötzlich blieb sie erschrocken stehen. Da saß ja jemand ... Aber sie wollte doch niemandem begegnen! Erleichtert stellte sie fest, dass es der Kleidung nach ein Jude war. Der würde sowieso nicht mit ihr sprechen. Als Samaritanerin war sie in den Augen eines Juden Abschaum. Eine Abtrünnige, Unwürdige. Also schnell zum Brunnen, Wasser holen und wieder nach Hause.

Hatte sie richtig gehört? Der unbekannte Jude sprach mit ihr! Er schaute sie erschöpft aber freundlich an und sagte leise: »Bitte gib mir zu trinken.« Überrascht fragt sie zurück: »Wie kommt es, dass du mit mir sprichst und mich um Wasser bittest? Du bist doch ein Jude, und ich bin eine Samaritanerin!«

Der jüdischen Gesetzgebung nach hätte sich ein Jude unrein gemacht, wenn er aus einem Gefäß getrunken hätte, das einer samaritanischen Frau gehörte. Der Fremde antwortete:[112] »Wenn du wüsstest, was Gott dir geben möchte und wer dich hier um etwas Wasser bittet, dann würdest du IHN bitten und ER würde dir lebendiges Wasser geben.« – »Aber Herr, du hast ja nicht einmal etwas, womit du Wasser schöpfen kannst, und der Brunnen ist tief! Wo um alles in der Welt willst du hier lebendiges Quellwasser hernehmen? Oder kannst du etwa mehr als unser Stammvater Jakob, der diesen Brunnen gegraben hat? Er selbst, seine Kinder und seine Tiere haben schon daraus getrunken.« Sie wusste: Menschen können Brunnen graben, Quellen aber kann nur Gott entspringen lassen. Wie konnte der Jude so etwas von sich sagen?

Der Fremde erklärte: »Jeder, der von diesem Wasser trinkt, wird wieder Durst bekommen. Der Brunnen muss immer wieder neu gefüllt werden. Wer aber von dem Wasser trinkt, das ich ihm gebe, wird nie mehr durstig sein. Denn das Wasser, das ich ihm

112 Der Dialog ist in freien Worten von der Autorin nacherzählt.

gebe, wird in ihm zu einer Quelle werden, die ohne aufzuhören immer weitersprudelt bis ins ewige Leben.« – »Dann gib mir bitte von diesem Wasser«, bat die Frau hoffnungsvoll, »damit ich nie mehr Durst habe und nie mehr herkommen muss, um Wasser zu holen.«

Jesus blickte ihr tief in die Augen und sagte: »Geh und ruf deinen Mann. Dann kommt beide hierher.« Die Frau zuckte zusammen. Sie fühlte sich ertappt. Wieso musste dieser Fremde ausgerechnet den wundesten Punkt ihres Lebens ansprechen? Zögernd sagte sie: »Ich bin nicht verheiratet.« Ein Blick in das Gesicht ihres Gesprächspartners zeigte ihr: Diesem Mann konnte sie nichts vormachen. Es war, als ob er mitten in ihr Herz schauen könnte. »Du hast die Wahrheit gesagt«, sagte der Fremde. »Du bist nicht verheiratet. Fünf Männer hast du gehabt, und der, mit dem du jetzt zusammenlebst, ist nicht dein Mann.« Beschämt blickte sie zu Boden. Woher kannte dieser Fremde ihr dunkles Geheimnis? Es gibt nur eine Möglichkeit. Voller Ehrfurcht sagt sie: »Ich sehe, Herr, du bist ein Prophet!«

JESUS SEHNT SICH NACH MENSCHEN, DIE IHN ANBETEN

Offensichtlich dachte sich die Samaritanerin: Diese Gelegenheit muss ich nutzen. Schließlich begegnet man nicht jeden Tag einem Propheten. Also stellte sie ihm die Frage, die vermutlich den meisten Samaritanern zuvorderst war: Wer hat recht – die Juden oder die Samaritaner? Welcher Ort der Anbetung ist der richtige – Jerusalem, der Anbetungsort der Juden, oder Garizim, der Anbetungsort der Samaritaner?

Ist das nicht eine etwas spezielle Frage? Das sitzt der Sohn Gottes vor ihr am Brunnen, bietet ihr lebendiges Wasser an, Wasser des ewigen Lebens. Er will ihren Lebensdurst stillen und sie fragt, wer recht hat? Was hätten Sie Jesus an ihrer Stelle gefragt? So irritierend die Frage im ersten Moment vielleicht erscheint, so wohltuend menschlich ist sie auch. Sie bringt sehr viel von unserer menschlichen Art zum Vorschein. Von unserem Wunsch, in unserem Verhalten bestätigt zu werden – und vielleicht manchmal auch zu hören, dass andere – im Gegensatz zu uns – im Unrecht sind. Das gilt auch im Hinblick auf Fragen, die sich auf unsere Sehnsüchte beziehen.

Die Antwort von Jesus überrascht: »Glaube mir, Frau, es kommt eine Zeit, wo ihr den Vater weder auf diesem Berg noch in Jerusalem anbeten werdet« (Johannes 4,21; NGÜ). Es wird deutlich: Jesus will kein Streitgespräch gewinnen, sondern das Herz der Samaritanerin. Es geht um weit mehr als um die Frage nach dem richtigen Anbetungsort. Im Grunde genommen machen es weder die Samaritaner noch die Juden richtig. Es reicht nicht aus, eine heilige Stätte zu haben. Denn wahre Anbetung erfordert weit mehr als religiöse Traditionen und die Erfüllung von Gesetzen. Sie erfordert eine Veränderung von innen – eine Veränderung, die nur Gott schenken kann. Es braucht ein Erfülltsein von Gottes Geist und das Erkennen der Wahrheit. In allem Ringen und Streiten um den richtigen Ort der Anbetung hatten sowohl die Juden als auch die Samaritaner den eigentlichen Inhalt der Anbetung aus den Augen verloren. Die gegenseitige Ablehnung ging so tief, dass man sogar die gemeinsame Geschichte und die gemeinsamen Wurzeln aus den Augen verlor. Die Antwort von Jesus zeigt: Wahre Anbetung ist keine Frage der äußeren Form und Korrektheit. Sie ist eine Herzenssache. Eine Frage der Beziehung zum lebendigen Gott.

Wahre Anbetung erfordert eine Veränderung von innen.

EINE REVOLUTIONÄRE OFFENBARUNG

Was Jesus der Frau am Jakobsbrunnen offenbarte, war revolutionär. Es war der prophetische Hinweis darauf, dass sich durch das Sterben von Jesus und das Kommen des Heiligen Geistes etwas ganz radikal verändern würde. Etwas, das unvorstellbar war – sowohl für die Samaritaner als auch für die Juden jener Zeit. Nämlich, dass die Gottesbegegnung nicht länger an einen geografischen Ort gebunden war, sondern dass wahre Anbetung, wie Jesus es formulierte, »im Geist und in der Wahrheit« möglich wird. Dies setzt voraus, dass Menschen in eine lebendige Beziehung mit Gott hineintreten und sich vom Heiligen Geist, der Kraft Gottes, erfüllen lassen. Dass sie diesem Geist Raum geben, damit sich Gottes Kraft mehr und mehr entfalten kann. Dass sie überwältigt sind von dem, was Jesus getan hat und jeden Tag neu tut. Überwältig von seiner Liebe, vom Geschenk des Lebens, das er ihnen gegeben hat. Von der Vergebung, die er ihnen immer wieder neu anbietet. Von der ewigen Hoffnung, die er schenken will. Wahre Anbetung ist im Kern ein Überwältigtsein von Jesus und seiner Liebe, die er jedem von uns entgegenbringt – so wie der Samaritanerin.

»Anbetung in der Wahrheit« bedeutet auf der einen Seite, dass wir Jesus, der sich selbst als Wahrheit bezeichnet, immer näher kennenlernen; es bedeutet aber auch, mehr und mehr zu wagen, selbst wahrhaftig zu werden. Wahrhaftig vor Gott und wahrhaftig vor Menschen. Wir können Gott nichts vormachen. Er kennt unsere geheimsten Gedanken und Gefühle. Bei der wahren Anbetung stehen wir nackt vor Gott mit der ganzen Wahrheit unseres Lebens. Auch all unsere Sehnsüchte liegen offen vor ihm. Die Geschichte am Jakobsbrunnen macht jedoch Mut. Jesus ging behutsam mit der Samaritanerin und ihrer »Lebenswahrheit« um. In ihrem verletzlichsten Moment begegnete er ihr voller Liebe, Respekt und Verständnis. Er verurteilte sie nicht, sondern zeigte ihr, dass diese Ausgangslage die ideale Position war, um zu erleben, was Gott in einem menschlichen Leben tun kann.

LEBENSWASSER, DAS ALLES VERÄNDERT

Aufmerksam hörte die Samaritanerin den Ausführungen des Fremden über diese neue Form von Anbetung zu. Wie viele andere Samaritaner und Juden wartete auch sie sehnsüchtig auf den Messias, den Retter der Welt, von dem schon die alten Schriften sprachen. Vertrauensvoll sagte sie zu Jesus: *»Ich weiß, dass der Messias kommen wird [...] Wenn er kommt, wird er uns alle diese Dinge erklären«* (Johannes 4,25; NGÜ). Ich wäre gerne dabei gewesen, als Jesus zu der Frau sagte: »Du sprichst mit ihm; ich bin es« (V. 26). Zuerst war Jesus für die Frau am Brunnen einfach irgendein fremder Jude. Im Verlauf des Gesprächs nannte sie ihn einen Propheten, sie sprach ihn sogar mit *Kyrios*, Herr, an – einem Titel, der im Neuen Testament für Christus gebraucht wird –, und nun offenbarte ihr Jesus, dass er selbst der verheißene Messias ist.

In der Bibel steht nicht, dass die Frau in der Tiefe verstanden hat, was Jesus da sagte. Aber es genügte, dass sie ihren Krug stehen ließ und aufgeregt in die Stadt Sychar lief, um ihre Landsleute zu holen. Sie, die um die Mittagszeit Wasser schöpfen wollte, um ja niemandem zu begegnen, sprang nun voller Begeisterung zu den anderen, um ihnen von dem Mann zu erzählen, der alles von ihr wusste und allem Anschein nach der Messias war. Ihre Worte waren so überzeugend, dass die Stadtbewohner von Sychar auf ihr Wort hin an Jesus glaubten. So weit kann ein vertrauensvolles Gespräch mit Jesus führen: zur Verwandlung einer ganzen Stadt! Hier wird etwas spürbar von der Kraft, die von der Begegnung mit Jesus ausgeht.

LEBEN AUS DER KRAFT GOTTES

Was Jesus der Samaritanerin am Jakobsbrunnen versprach, wurde an Pfingsten Realität. Gott hielt Wort. Er sandte den Heiligen Geist, die »Kraft aus der Höhe« (Lukas 24,49; NGÜ). Diese Kraft befähigte die Jünger auf nie da gewesene Weise, die Botschaft vom Königreich Gottes in die ganze Welt hinauszutragen (Apostelgeschichte 1,8 etc.).

Die mutigen Schritte der Jünger ins Unbekannte vollzogen sich in engster Zusammenarbeit mit dem Heiligen Geist. Manchmal schmiedeten sie eigene Pläne, doch der Geist Gottes hinderte sie daran, diese umzusetzen, weil Gott andere Pläne hatte (z. B. Apostelgeschichte 16,6-10). Andere Male wurden sie vom Heiligen Geist dazu gedrängt, bestimmte Orte aufzusuchen (z. B. Apostelgeschichte 19,21 oder 20,22-23). Und genauso möchte Gottes Geist auch heute in und durch uns wirken. Als Lebenskraft, Tröster, Helfer, Ratgeber und Freund steht uns Gott durch seinen Geist in jeder Lebenssituation zur Seite. Wenn wir Gottes Geist in unserem Herzen Raum schaffen, wird der Heilige Geist in uns zu einer Quelle nie versiegender Kraft: *Wenn jemand an mich glaubt, werden aus seinem Inneren, wie es in der Schrift heißt, Ströme von lebendigem Wasser fließen* (Johannes 7,38; NGÜ). Kein kümmerliches Rinnsal, sondern ein mächtiger Strom! Der Heilige Geist stillt unseren inneren Durst nicht von außen, sondern von innen heraus.

> Gott steht uns durch seinen Geist in jeder Lebenssituation zur Seite.

VOLLE ENERGIESPEICHER

In den vergangenen Jahren wurden bei mir aus verschiedenen Gründen wiederholt Mangelerscheinungen diagnostiziert. Allen voran Eisenmangel und Vitamin-B12-Mangel. Zu den Folgeerscheinungen des Eisenmangels gehörten chronische Müdigkeit, Antriebslosigkeit, Niedergeschlagenheit, erhöhte Infektanfälligkeit, Schlafstörungen, Kopfschmerzen und starker Haarausfall. Mit den Jahren wurden mir die Symptome vertrauter und ich lernte schneller, darauf zu reagieren. War der Mangel sehr ausgeprägt, reichte weder die gezielte Aufnahme bestimmter Nahrungsmittel noch die Zufuhr von Nahrungsergänzungsmitteln aus, um den Mangel auszugleichen. In solchen Fällen brauchte es zunächst einmal eine hoch dosierte Infusion oder Injektion, um den Körperspeicher wieder auf ein gewisses Level zu bringen. Nach langjährigem Eisenmangel wurde überdies festgestellt, dass ein Myom[113] für den hohen Blutverlust verantwortlich war. Erst die Entfernung des Myoms führte zu einer dauerhaften Besserung der Situation.

Bei der Arbeit an diesem Unterkapitel stand mir dieses Erleben plötzlich wieder vor Augen. Und ich fragte mich, ob es sich in einem übertragenen Sinne nicht ähnlich verhält mit dem Füllen unseres »Herzensspeichers«. Nicht nur körperlicher, sondern auch geistlicher Mangel hat spürbare Auswirkungen. Vielleicht zeigt er sich in Form von innerer Erschöpfung und Mutlosigkeit. Vielleicht in Niedergeschlagenheit, in Zweifeln oder Bitterkeit. Zu erwarten, dass irgendwelche Impulse von außen (wie zum Beispiel ein Gottesdienstbesuch, das Gespräch mit einem Seelsorger, die Lektüre eines geistlichen Ratgebers etc.) meinen inneren Speicher auf die Schnelle und dauerhaft auffüllen, wäre ebenso unsinnig, wie zu erwarten, dass sich ein leerer Körperspeicher durch einige wenige zusätzliche Nährstoffe in Tablettenform über Nacht auffüllt. Sie können im Laufe Ihres Lebens tausend Gottesdienste besuchen, hundert christliche Bücher lesen, sich unzählige christliche Podcasts anhören und TV-Predigten anschauen, ja sogar selbst aktiv sein in einer christlichen Kirche und doch unberührt bleiben von der Lebenskraft Gottes. Daher ist dieser Punkt so unglaublich wichtig.

> Geistlicher Mangel hat spürbare Auswirkungen.

In der Tiefe unseres Herzens von Gottes Kraft berührt und erfüllt werden wir weder durch einen Bibellese-Plan, den wir zwar fleißig, aber mechanisch abspulen, noch durch pflichtgemäßen Gottesdienstbesuch oder ein vorbildliches Ehrenamt in der Kirche. Berührt werden wir dort, wo wir Jesus Zutritt gewähren zu unseren Herzen. Dort, wo wir ihm begegnen und betend mit ihm ins Gespräch kommen wie mit einem Freund. Dort, wo wir in sei-

113 Ein Myom ist ein gutartiger Tumor, der sich aus Muskelzellen der Gebärmutter entwickelt.

nem Wort lesen, nicht um ein Tagessoll zu erfüllen, sondern weil sein Wort zu einer Tür der Begegnung mit ihm wird. Dort, wo wir nichts vor ihm verbergen und unsere geheimsten Gedanken mit ihm teilen. Dort, wo wir seinem Geist Raum schaffen und auch sensibel werden für Punkte in unserem Leben, die mitverantwortlich sind für einen wiederholten geistlichen Energieverlust (so ähnlich wie das bei meinem Myom der Fall war). Zum Beispiel eine ungute »Wucherung« negativer Gedanken. Oder ein sündiges Verhalten, das wir nicht bereit sind loszulassen, und dann wundern wir uns darüber, wieso Gott nicht mehr tut in unserem Leben.

Wenn bei unserem Körper ein Mangel diagnostiziert wird, sind wir in der Regel äußerst willig, so schnell wie möglich darauf zu reagieren. Sind wir das auch im Hinblick auf unseren geistlichen Mangel? Sind wir bereit, Maßnahmen zu ergreifen, damit unser geistlicher Energiespeicher von Gott gefüllt werden kann? An mir selbst merke ich, wie herausfordernd dies ist. Ich weiß zwar um die Ursehnsucht in mir, kenne sogar die Antwort darauf – und doch drehe ich mich manchmal so sehr im Hamsterrad des Lebens und meiner Betriebsamkeit, dass mir der Blick für das Wesentliche fehlt: nicht das Gespräch *über* Gott, sondern *mit* ihm. Mein Terminkalender ist so voll, dass ich mir oft viel zu wenig Zeit dafür nehme, bei dem Kraft zu schöpfen, der als Einziger dauerhaft Nahrung für mein Herz bereithält. Die Frage, die sich mir ganz persönlich stellt, lautet: Bin ich bereit, hier neu Verantwortung wahrzunehmen und gezielt auf meine Ursehnsucht und damit verbundene Mangelsymptome zu reagieren?

SUCHEN SIE GOTTES NÄHE!

Wenn wir uns immer wieder neu von Gottes Kraft füllen lassen, wirkt sich dies unweigerlich auf den Umgang mit unseren Sehnsüchten aus. Wir müssen nicht länger um die Aufmerksamkeit, Bestätigung und Anerkennung unserer Mitmenschen betteln.

Denn selbst wenn wir diese punktuell erfahren, bleiben sie stets vorläufig und neue Enttäuschungen sind bereits vorprogrammiert. Bei Jesus finden wir vorbehaltlose Annahme, Liebe, Bestätigung, Vergebung, Gnade – für unser alltägliches, irdisches Leben und darüber hinaus.

Daher möchte ich Sie von Herzen ermutigen: Verbringen Sie so viel Zeit in Gottes Nähe wie möglich. Sprechen Sie mit Jesus über das, was Sie bewegt: Ihre Sehnsucht nach einer heilen Beziehung zu Ihrer Mutter. Ihre Sehnsucht nach finanzieller Entlastung. Ihre Sehnsucht nach Versöhnung mit Ihrer Freundin. Ihre Sehnsucht nach einem Menschen, den Sie viel zu früh loslassen mussten. Ihre Sehnsucht nach einer neuen Arbeitsstelle oder einem neuen Zuhause. Ihre Sehnsucht nach einer bestimmten Person, die Sie stärker in den Bann zieht, als es gut für Sie und Ihre Ehe ist. Ihre Sehnsucht nach einem Menschen, der Sie vorbehaltlos liebt und im Alltag für Sie da ist. Ihre Sehnsucht danach, etwas Großes in dieser Welt zu bewegen. Fragen Sie nach Gottes Rat, wenn Sie ratlos sind (Jesaja 28,29). Suchen Sie seine Weisheit, wenn wichtige Entscheidungen anstehen (Jakobus 1,5). Flehen Sie um seinen Trost, wenn Sie am Leben verzweifeln. Breiten Sie Ihre Träume und Hoffnungen vor ihm aus und gehen Sie den Impulsen nach, die Sie empfangen. Das kann durch einen Bibelvers geschehen, durch ein Erlebnis oder vielleicht durch eine Idee, die Sie nicht mehr loslässt. Gott kann auch durch andere Menschen, durch Träume, ein Lied oder auf andere Weise zu Ihnen sprechen. Treten Sie ein in die göttliche Schatzkammer der Fülle Gottes und lassen Sie sich beschenken.

Treten Sie ein in die göttliche Schatzkammer der Fülle Gottes und lassen Sie sich beschenken!

Rechnen Sie damit, dass der Heilige Geist – als Kraft Gottes – Sie dazu befähigt, Ihren Lebensumständen und anderen Menschen verändert zu begegnen. So wie es bei der Samaritanerin geschah. Die Begegnung mit Jesus hatte ihre Lebensumstände nicht auf märchenhafte Weise verwandelt. Ihre Lebensrealität blieb unverändert hart und schwierig. Doch durch die Begegnung mit Jesus wurde sie selbst verwandelt und dazu befähigt, sich ihrem Leben und den damit verbundenen Herausforderungen auf neue Weise zu stellen. Und das wünsche ich auch Ihnen: dass Sie in der Begegnung mit Jesus Kraft und Weisheit für Ihre Lebensumstände und den Umgang mit Ihren Sehnsüchten schöpfen.

Sehnsucht erkennen – zwischen Zeit und Ewigkeit

Das bisher Entfaltete fügt sich wie folgt zusammen: Am einen Ende der Nabelschnur der Sehnsucht steht der ewige Gott. Erfüllt von seiner grenzenlosen und bedingungslosen Liebe zum Menschen. Am anderen Ende steht der Mensch. Mit einem Herzen voller Sehnsucht (seiner Ursehnsucht, Grundsehnsüchten und allgemeinen Sehnsüchten). Darüber hinaus ausgestattet mit einer Ahnung von ewigen Dingen, die ihm von Gott höchstpersönlich ins Herz gelegt ist.

Mitten in diesem Spannungsfeld von gegenwärtiger Zeit und Ewigkeit, Vergänglichem und Unvergänglichem, Sichtbarem und Unsichtbarem lebt selbst ein Mensch, der sich mit seiner Ursehnsucht an Gott wendet, in einer großen inneren Zerrissenheit. Einerseits ist er dem Zeitlichen (der Vergänglichkeit) unterworfen, andererseits dem Ewigen verbunden. Einerseits glaubt (oder ahnt) er, dass die unsichtbare Welt real ist, andererseits nimmt ihn das Sichtbare so stark in Beschlag, dass das Wissen um die ewigen Dinge in den Hintergrund rückt. Einerseits lebt er in einer Zeitepoche, die eine klare Vorstellung davon hat, was ein gelingendes Leben ausmacht. Andererseits offenbart ihm die Bibel ein ganz anderes, umfassenderes Bild von einem gelingenden Leben.

Viel öfter als ihm bewusst ist, lässt sich der Mensch von Vorstellungen der gegenwärtigen Zeit beeinflussen oder gar vereinnahmen. Im Hinblick auf die Kernfrage dieses Kapitels, wie denn nun der Mensch auf die Sehnsüchte in seinem Herzen antworten soll, erscheint es mir daher wichtig, dieses Spannungsfeld von zeitlichen und ewigen Versprechen, in dem wir alle leben, aufzugreifen. In Kapitel 2 habe ich bereits auf Ergebnisse der Trendforschung hingewiesen und einige Zeitgeist-Trends und Zeitgeist-Bedürfnisse erwähnt. Hier möchte ich nochmals anknüpfen und diese Gedanken weiterführen – diesmal aus dem Blickwinkel,

wie wir darauf reagieren können, wenn sich in unserem Leben ein Spannungsfeld zwischen Gottes ewigen Versprechen und den Zeitgeist-Bedürfnissen auftut. Denn letztlich verbergen sich hinter den verschiedenen Zeitgeist-Trends und Zeitgeist-Bedürfnissen nichts anderes als Grundsehnsüchte, die der Mensch verzweifelt zu stillen versucht. Ganz oben steht die Sehnsucht nach einem gelingenden Leben. Aber auch andere Grundsehnsüchte finden sich in immer neuen Variationen: die Sehnsucht nach Liebe, Bestätigung und Annahme. Die Sehnsucht nach Anerkennung und Status. Die Sehnsucht nach Bedeutung. Die Sehnsucht nach Heimat und Zugehörigkeit. Die Sehnsucht nach Orientierung, Sicherheit und Stabilität. Die Sehnsucht nach Erlösung. Die Sehnsucht nach Unsterblichkeit und ewigem Leben ... Wenn wir uns dieser Grundsehnsüchte bewusst werden und Wege finden, ihnen heilsam zu begegnen, dann können wir Zeitgeist-Trends und unseren eigenen Zeitgeist-Bedürfnissen mit einem anderen Selbstverständnis begegnen.

Der Mensch lebt in einem Spannungsfeld von zeitlichen und ewigen Versprechen.

Nie zuvor war mir in dieser Deutlichkeit bewusst, wie präzise der lebendige Gott auf ebendiese menschlichen Grundsehnsüchte antwortet. Diese Erkenntnis hat mich zutiefst berührt. Gottes Antwort ist nicht abgehoben, fern jeder menschlichen Realität, sondern zielt mitten ins Herz. Es ist sein sehnlichster Wunsch, dass unser Leben gelingt und wir Erlösung und Erfüllung erfahren. Also genau das, wonach wir Menschen uns in der Tiefe unseres Herzens sehnen.

KINDER UNSERER ZEIT

Lassen Sie uns bei der Gegenüberstellung der Pole *Zeit* und *Ewigkeit* zunächst einen Blick auf die gegenwärtige Zeit werfen, in der wir leben. Wir sind alle Kinder unserer Zeit. Egal, ob uns das passt oder nicht. Es ist einfach so. Selbst wenn wir der Ansicht sind, selbstbestimmt und autonom zu handeln, sind wir viel stärker vom Zeitgeist beeinflusst, als uns bewusst (und oft auch lieb) ist. Hinsichtlich der Definition von »Zeitgeist« orientiere ich mich an der Hamburger Trendforscherin und Zeitgeist-Expertin Kirstine Fratz, die den Zeitgeist im Rahmen eines Wochenendseminars im Oktober 2019 als »temporäres Versprechen für ein gelungenes Leben« bezeichnete.[114]

Nehmen wir als Beispiel das Mobiltelefon: Plötzlich ist ein Smartphone nicht mehr aus dem Alltag wegzudenken, obwohl man sich noch einige Jahre zuvor mit Händen und Füßen dagegen gewehrt hat. Kaum hat man sein Reiseziel erreicht, fragt man als Erstes nach dem WLAN-Passwort. Unbewusst geleitet von dem aktuellen Zeitgeistversprechen, dass das Smartphone und das Internet ihren Teil zu einem gelingenden Leben beitragen. Oder die Ernährung: Erstaunt ertappt man eine Bekannte dabei, wie sie einen Smoothie trinkt, obwohl sie sich noch wenige Monate zuvor darüber lustig gemacht hat. In der Zwischenzeit hat sie das Zeitgeist-Versprechen verinnerlicht, dass dieser

114 Kirstine Fratz, anlässlich des Seminars »Zeit-Geist-Spiel«, das vom 19.–20. Oktober 2019 gemeinsam mit tsc-Dozent Andreas Loos am Theologischen Seminar St. Chrischona (tsc) durchgeführt wurde: https://tinyurl.com/rvq5ozj [16.11.2019].

Smoothie etwas Gutes und Wertvolles zu ihrem Leben beitragen kann.

Auf einmal sind Handlungen verpönt, die jahrelang ein wichtiger Teil der Kultur und Tradition waren. So geschehen neulich in der Ostschweiz, als die Organisation der Schweizer Milchproduzenten Swissmilk – wie jedes Jahr an einem bestimmten Tag im November – ihren Tag der Pausenmilch durchführen wollte. Eine Tradition, die ich als Schülerin noch selbst miterlebt hatte. Doch mit jedem Jahr wurden die Gegenstimmen lauter. In diesem Jahr äußerte sich nicht nur die *Vegane Gesellschaft Schweiz* empört, sondern auch der *Verein gegen Tierfabriken*. Beide Gruppen propagieren eine Ernährungsumstellung. Letztere die vegetarische (fleischlose) Ernährung, Erstere eine Ernährung ohne jegliche Tierprodukte, also auch ohne Milch. Es sei falsch, den Kindern zu suggerieren, sie bräuchten Milchprodukte für eine gesunde Ernährung. Denn das stimme überhaupt nicht. Infolgedessen wurde die Pausenmilch zum ersten Mal seit vielen Jahren an einer Schweizer Schule verboten. Offensichtlich findet hier ein Übergang von einem Zeitgeist-Versprechen zum nächsten statt. Ist Milch notwendig für eine gesunde Ernährung und damit für ein gelingendes Leben oder nicht? Die Meinungen gehen auseinander. Und diese Episode steht nur beispielhaft für andere, die von weit größerer Tragweite sind.

Unversehens entwickelt man ein schlechtes Gewissen für Verhaltensweisen, die man jahrelang ohne Schuldgefühle praktiziert hat. Manchmal sind es nur Geistesblitze, die uns durchzucken, die aber eindeutig dem Zeitgeist-Geschehen zuzuschreiben sind. So erging es mir, als ich – unter dem Eindruck der lautstarken und emotional geführten Klimadiskussion der Gegenwart – nochmals meine Einführung las. Da durchzuckte mich der Gedanke: Darf ich überhaupt schreiben, dass ich mit einem Flugzeug von Basel nach Neapel und retour geflogen bin, um einen Kurzbesuch bei meiner Schwester zu machen, oder sollte ich besser einen anderen Einstieg wählen? Bei derartigen Überlegungen geht es erst mal gar nicht darum, was richtig oder falsch ist. Allein die Tatsache, dass uns solche Gedanken überhaupt durch den Kopf gehen, macht deutlich, wie stark wir selbst Teil der aktuellen Zeitgeist-Dynamik sind und wie stark wir von ihr beeinflusst werden. Oder, um es in den Worten von Kirstine Fratz zu sagen, wir alle sind »Zeitgeist-Teilnehmer«.

Wer dem Zeitgeist folgt, kann mit der Anerkennung der breiten Masse rechnen. Wer sich dem Zeitgeist widersetzt, wird von der Angst verfolgt, nicht alles für das Gelingen seines Lebens (oder das Leben der Menschen, die er liebt) getan zu haben. Daher opfern sich immer mehr Menschen den Zeitgeist-Geboten. In der festen Überzeugung, dass es genau so sein muss.

IM WANDEL DER ZEIT

Das Faszinierende am Zeitgeist ist: In absehbarer Zeit wird die Meinung der Allgemeinheit zu vielen Themen, die heute im Trend liegen, schon wieder überholt sein. Schleichend treten neue Ideen und Trends einen Siegeszug an, der rational kaum nachvollziehbar ist. Erst wenn wir realisieren, welche Rolle die Sehnsucht bei der Dynamik solcher Entwicklungen spielt, wird einiges klarer. Zeitgeist-Trends werden dort resonanzfähig, wo sie bei einer kritischen Masse den Nerv der Zeit treffen und auf ein Gefühl des Mangels, dem man so schnell wie möglich abhelfen muss. Letztlich dreht sich alles im Leben – und so auch das Zeitgeist-Geschehen – um den großen Kreislauf von Mangel und Begehren. Und mit jedem sich verändernden Zeitgeist verändert sich auch die Vorstellung von einem gelingenden Leben.

> Die Vorstellung von einem gelingenden Leben verändert sich mit jedem neuen Zeitgeist.

Wenn wir lernen wollen, gut mit unseren Sehnsüchten umzugehen, ist nicht, wie man jetzt vielleicht denken könnte, die Überwindung des Zeitgeists das Ziel, sondern vielmehr das Bewusstwerden dessen, was durch seinen Einfluss mit uns geschieht. Nur so verstehen wir seine Macht und gewinnen Abstand zu seinen Versprechen. Wenn wir unreflektiert mit dem Strom der Zeit treiben, werden wir zum Spielball der jeweiligen Zeitkräfte. Wie willenlose Marionetten – ohne Orientierung und Perspektive. Dann bleibt meist nur die Bewertung, ob wir das jetzt gut finden oder schlecht. Wenn wir den Zeitgeist rigoros ablehnen, verpassen wir wertvolle Möglichkeiten, mit unseren Mitmenschen ins Gespräch zu kommen und ihre Fragen und Herzensanliegen zu verstehen. Erst wenn wir erkennen, von welchen Sehnsüchten unsere Zeit durchtränkt ist, können wir mündig darauf reagieren. Entweder indem wir uns bewusst von gewissen Sehnsuchtsversprechen distanzieren oder indem wir in unserer Freizeit, im Zusammenleben als Familie, im Beruf oder im Kontext der Kirche auf eine bestimmte Sehnsucht reagieren. In unserer Freikirche bieten wir beispielsweise seit einigen Monaten gezielt Abende der Stille an, an denen das Bedürfnis nach Ruhe und Stille ernst genommen wird. Unter Anleitung und im Rahmen einer Gemeinschaft, der man sich zugehörig fühlt, kann der Einzelne in entspannter Atmosphäre in der Stille vor Gott kommen.

Erst wenn wir erkennen, von welchen Sehnsüchten unsere Zeit durchtränkt ist, können wir mündig darauf reagieren.

GRENZERFAHRUNGEN

Hie und da stößt selbst der Zeitgeist an seine Grenzen. Zum Beispiel in der Erfahrung von Ganzheit, Schönheit und Harmonie jenseits von allen Zeitgeist-Idealen. Sei es im Zusammenhang mit einer besonderen Naturerfahrung, dem Erleben einer Geburt oder einem anderen außergewöhnlichen Erlebnis. In solchen Momenten spüren wir, dass das Glück und Gelingen unseres Lebens letztlich nicht vom Zeitgeist abhängt. Aber auch bei der Erfahrung von Leid stößt der Zeitgeist an seine Grenzen. Denn in Zeiten der Not, der Krankheit, der Krise, des Verlustes und der Trauer greifen die Versprechen des Zeitgeistes zu kurz. Floskeln von einem gelingenden Leben – sofern man sich richtig ernährt, richtig verhält, richtig weiterbildet, richtig kleidet, richtig positioniert – entpuppen sich plötzlich als leere Worthülsen.

Und dann ist da noch das Problem mit der Vergänglichkeit und dem Altern, das wie ein Damoklesschwert über dem Zeitgeist-Versprechen eines gesunden, gelingenden Lebens schwebt. Ein nahezu unerträglicher Widerspruch zur unersättlichen Sehnsucht nach Unsterblichkeit und dem ewigen Leben, auf die jede Menschheitsgeneration in einer neuen Zeitgeist-Variante zu antworten versucht. Doch am Ende steht sie ähnlich ratlos da wie die Generation davor: Das darf doch nicht wahr sein! Nun sind wir so weit fortgeschritten in der Entwicklung unseres Ichs. Wir haben so viel investiert und verfügen über fantastische Voraussetzungen, um das Leben weiter zu optimieren. Wir ernähren uns erstklassig und tun alles für unsere Gesundheit. Und trotzdem sollen wir nun hilflos dabei zusehen, wie uns das alles wieder genommen wird durch das Altern und Sterben? Das Altern (nach dem heutigen Verständnis der Zeitpunkt, ab dem wir den Zenit der Optimierung überschreiten) hat mittlerweile den Status einer Krankheit angenommen, die es zu heilen gilt. Das Leben soll um jeden Preis verbessert und verlängert werden. Manche Menschen würden fast alles dafür tun, um ewig zu leben und nicht sterben zu müssen. Auch die Forschung setzt alles daran, das Altern aufzuhalten oder gar umzukehren.

Trotzdem sollten wir uns davor hüten, den Zeitgeist als solchen einfach zu verteufeln. Genau genommen entscheiden wir Menschen nämlich selbst darüber, welche Zeitgeist-Dynamik gefördert wird und welche nicht. Dass der Zeitgeist immer wieder erstarrte Strukturen aufbricht und verborgene Sehnsüchte entlarvt, bietet neue Möglichkeiten, darauf zu reagieren. Wenngleich diese Dynamik im ersten Moment vielleicht bedrohlich erscheint, so sind solche Umbrüche und Aufbrüche doch stets auch »eine neue Annäherung an etwas Lebenswichtiges, was im alten

System zu sterben drohte. [...] Das alles sind immer wieder neue Chancen, die Gesellschaft lebendig und damit auch gesünder zu gestalten.«[115] Zudem zwingt uns niemand, auf einen bestimmten Zeitgeist aufzuspringen. Die Entscheidung liegt bei uns.

LEBEN IM HORIZONT DER EWIGKEIT

Dem Zeitlichen, Wandelbaren und Vergänglichen steht der unverrückbare Horizont der Ewigkeit gegenüber. Meisterhaft beschrieb der damals 21-jährige Wortkünstler Rainer Maria Rilke im Jahr 1897 das Spannungsfeld von Sehnsucht zwischen Zeit und Ewigkeit. In Kapitel 3 habe ich im Zusammenhang mit Heimatlosigkeit und Heimweh bereits auf den Anfang seines Gedichtes verwiesen. Hier ist es in voller Länge:

Das ist die Sehnsucht: wohnen im Gewoge
und keine Heimat haben in der Zeit.
Und das sind Wünsche: leise Dialoge
täglicher Stunden mit der Ewigkeit.

Und das ist Leben. Bis aus einem Gestern
die einsamste von allen Stunden steigt,
die, anders lächelnd als die andern Schwestern,
dem Ewigen entgegenschweigt.[116]

Als vergängliches Wesen sucht der Mensch mitten in Heimatlosigkeit, Unruhen, Umbrüchen und Mühen des irdischen Lebens nach Ruhe. Er sehnt sich nach einer festen Konstante, einem sicheren Halt, den der Zeitgeist aufgrund seines unablässigen Wandels nicht bieten kann. Für Rilke ist diese Konstante in der Ewigkeit

115 Vgl. https://tsc.education/blog/heiliger-geist-trifft-zeitgeist/ [18.11.2019].

116 Verfasst von Rainer Maria Rilke am 3. November 1897 in Berlin-Wilmersdorf. Veröffentlicht in Rilkes Gedichtband: *Mir zur Feier*.

zu finden. Daher sein Wunsch, sich mitten im Alltäglichen immer wieder mit dem Ewigen zu verbinden. Dies geschieht dann, wenn ein vergänglicher Mensch mit dem ewigen Gott ins Gespräch tritt. Im Gedicht wird deutlich: Angesichts des Lebensendes bekommt die Begegnung mit dem Ewigen eine neue Dimension. Schweigen umhüllt das Ende, den Ausgang des Lebens. Der Dialog verstummt. Aber die Stille ist nicht verzweifelt, sondern vielmehr erwartungsvoll. Hoffnungsvoll. Der Tod ist nicht das Ende. Es ist bemerkenswert, wie wichtig Rilke diese Themen bereits in seinen jungen Jahren waren.

Die Ewigkeitsdimension verändert alles. Es gehört zu den Herausforderungen unserer Zeit, dass viele von uns diese Perspektive aus den Augen verloren haben. »Durch eine Art ›Abschaffung der Ewigkeit‹ ist unsere Lebensperspektive kurz und unsere Hoffnung arm geworden«, schreibt der deutsche Theologe Stefan Vatter.[117] Mark Twain sagte einst: »Als wir das Ziel aus den Augen verloren, verdoppelten wir unsere Geschwindigkeit.« Wer nicht weiß, wohin er geht, wird auch keinen Frieden finden, wenn er seine Lebensgeschwindigkeit verdoppelt. Umso wichtiger, dass wir neu lernen, unser Leben im Horizont der Ewigkeit zu verstehen und zu leben.

Zeit und Ewigkeit sind nicht zwei zeitlich voneinander abgegrenzte Einheiten, sondern stehen in ständiger Interaktion miteinander.

Doch noch ist jenes Ende nicht da. Noch sind wir herausgefordert, unser Leben mit all seinen Sehnsüchten im Spannungsfeld von Zeit(geist) und Ewigkeit zu gestalten. »Zeit und Ewigkeit« sind hier im Sinne von »vergänglich und unvergänglich« oder »sichtbar und unsichtbar« zu verstehen. Nicht aber – und das möchte ich ausdrücklich betonen – von »gegenwärtig und zukünftig«. Zeit und Ewigkeit sind nicht zwei zeitlich voneinander abgegrenzte Einheiten, sondern stehen in ständiger Interaktion miteinander.

117 So formuliert es Stefan Vatter im Artikel »Aus dem Horizont der Ewigkeit leiten« (https://tinyurl.com/y59jvfl5) vom 10. Juli 2014.

Die Vorstellung, dass das ewige Leben erst mit dem Zeitpunkt unseres Todes beginnt, entspricht nicht dem Zeugnis der Bibel. Ewigkeit ist nichts rein Zukünftiges. Wir dürfen schon jetzt an der Ewigkeit teilhaben. Und zwar, weil sich der lebendige Gott selbst der Zeit unterworfen hat, indem er Jesus Christus, seinen Sohn, den Erlöser, zu den Menschen sandte: *Als aber die Zeit erfüllt war, sandte Gott seinen Sohn* (Galater 4,4; LUT). Mit Jesus ist der Ewige in die Zeit gekommen, um das Zeitliche mit Ewigkeit zu füllen.

EWIGKEITSVORSTELLUNG AUF DEM PRÜFSTAND

Viel zu lange verstand ich Ewigkeit als eine ferne Destination meines Lebens. Irgendwie abstrakt, weit entfernt und wirklichkeitsfremd. Besonders in Zeiten, in denen mir das Leben sehr schwierig erschien, empfand ich den Gedanken an eine ganz andere – heile und wundervolle – Realität, die mich am Ende meines Lebens erwartet, als zutiefst tröstlich.

Der Gedanke daran, dass ich bloß eine Durchreisende bin – unterwegs zur Ewigkeit –, war für mich mindestens drei Jahrzehnte lang ein bestimmendes Lebensgefühl. Das hängt gewiss auch mit entsprechenden Prägungen zusammen. Wenn ich an gewisse Botschaften denke, die ich in meinem Leben schon gehört habe, ging die Tendenz manchmal in die Richtung (ich übertreibe bewusst): Hier ist das irdische Leben, der Ort der Ungerechtigkeit und des Leidens – was uns durchträgt ist die Hoffnung, dass Jesus uns einmal aus diesem elenden Jammertal herausholen wird, damit wir all das Schwierige und Unverständliche hinter uns lassen können. Bei diesem Verständnis von Ewigkeit besteht die Gefahr, dass man den christlichen Glauben im Kern auf eine Entscheidung für Jesus reduziert. Ist diese Entscheidung einmal getroffen, muss man eigentlich nur noch warten, bis man es schließlich in die himmlische Herrlichkeit geschafft hat. Dies ist allerdings eine völlig verzerrte Sichtweise dessen, was Jesus gelehrt hat und was durch seine Menschwerdung möglich geworden ist. Heute bin ich in einem

Prozess des Umdenkens. Ich will mich nicht länger als »Durchreisende« verstehen. Sondern vielmehr als Reisende, die für unbestimmte Zeit ein Aufenthaltsrecht auf Erden erhalten hat. Hierbei geht es nicht darum, das alles so schnell wie möglich hinter mir zu lassen, sondern mich an der Zeit, die mir geschenkt ist, zu freuen und sie weise zu nutzen. Es geht darum zu erkennen, wie kostbar und einzigartig jeder einzelne Tag meines Lebens ist.

GÖTTLICHE DIMENSIONEN

Heute stelle ich mir die himmlische Realität mehrdimensional vor. Ich bin überzeugt, dass es über die Dimensionen hinaus, die ich mit meinen Augen sehen kann, göttliche Dimensionen gibt, ein göttliches Reich. Haben Sie sich schon einmal einen 3-D-Film angeschaut? Es ist eindrücklich, wenn plötzlich eine neue Dimension hinzukommt. In Jerusalem durfte ich sogar einmal einen 4-D-Film erleben. Verwundert nahm ich damals zur Kenntnis, dass wir vor dem Filmstart nicht nur die 3-D-Brillen aufsetzen, sondern uns sogar auf unseren Sitzplätzen anschnallen mussten. Etwas unbehaglich fragte ich mich, wozu das gut sein sollte. Wenig später kannte ich die Antwort. Unsere Plätze verwandelten sich nämlich kurz nach Filmstart in eine Art Zeitmaschine, mit der wir durch drei Jahrtausende rasten – mal auf ebener Bahn, mal auf holprigen Straßen. Einmal fielen wir im Film in ein Wasserloch, was mit dem abrupten Absenken unserer Sitzplätze und Sprühregen nachempfunden wurde. Düfte, Winde, Lichtelemente und zusätzliche Geräusche dienten dazu, dem Geschehen einen realistischen Touch zu verleihen. Ein unvergessliches Erlebnis. Im Hinblick auf die Ewigkeitsdimension greift jede von Menschen produzierte Dimensionen-Brille zu kurz. Wenn ich in Gottes Wort lese, die Beziehung zu Jesus Christus pflege und mich im Alltag vom Heiligen Geist führen lasse, tauchen manchmal einige Streiflichter aus dieser anderen Dimension auf. Mir wird bewusst, dass ich zwar hier in der irdischen Dimension lebe, aber zugleich auch

Anteil haben darf an dieser anderen, göttlichen Dimension, dem Königreich Gottes.

MICH AN JESUS KLAMMERN

Vor wenigen Wochen ist eine Bekannte von uns bei der Geburt ihres ersten Kindes gestorben. Eine wundervolle, sehr begabte junge Frau um die 30. Ich konnte es nicht fassen, als ich davon hörte, und es hat mich lange beschäftigt. Ich habe mich immer wieder dabei ertappt, wie ich mir innerlich die Frage stellte, inwiefern das Sinn machen soll – ihr Leben – ihr Tod – und überhaupt ... Es ist so schrecklich. Obwohl ich weiß, dass sie an Jesus Christus geglaubt hat und dies doch der beste Trost überhaupt sein sollte.

Mein Verstand erinnert mich daran, dass sie nun in dieser anderen Wirklichkeit ist, bei Jesus, und dass das doch eigentlich wundervoll ist. Aber meine Gedanken und Gefühle schlagen oft eine ganz andere, eigenwillige Richtung ein. Sie sagen: Eine Mutter sollte ihr Kind doch aufwachsen sehen. Ein Kind seine Mutter haben. Ein Ehemann seine Frau. Eine so begabte Frau sollte ihre Begabungen doch noch möglichst lange mit anderen teilen können ...

Solche Gedanken machen mir immer wieder bewusst, wie stark sich mein Leben, mein Empfinden an das Diesseitige klammert. An das, was ich mit Händen greifen kann, selbst wenn es nicht zu be-greifen ist. An das, was ich sehen kann, auch wenn ich vieles nicht verstehe. Mein Verstand weiß um diese andere Realität, diese Wirklichkeit hinter der Wirklichkeit. Das Ewige und Unvergängliche. Das Verborgene. Verhüllte. Transzendente. Doch obwohl mein Verstand darum weiß, bleibt ihm diese verborgene Wirklichkeit verschlossen. Jede Erfahrung, die das Diesseitige erschüttert, zeigt, dass Wissen allein nicht ausreicht.

Der Bereich des Unsichtbaren ist nur dem Glaubenden zugänglich, auch wenn jeder Mensch etwas davon erahnt, und ich spüre, dass in meinem Herzen noch viel wachsen und reifen muss, damit das Unsichtbare, Jenseitige, Ewige in meinem Herzen mehr und mehr eine Glaubensgestalt annimmt, die meinen Umgang mit Diesseitigem verändert. Wie wird es mir wohl ergehen, frage ich mich manchmal, wenn *ich* einmal an dieser Schwelle stehe, diesem Übergang vom Sichtbaren ins Unsichtbare. Wird mein Glaube stark genug sein, dass ich voller Vertrauen und Freude loslassen kann, weil die Grenzen des Unsichtbaren und Sichtbaren, des Jenseitigen und Diesseitigen, Transzendenten und Immanenten längst ineinander übergegangen sind?

In all meinem Fragen komme ich immer wieder zu dem Schluss: Das Beste, was ich tun kann, ist, mich mit aller verfügbaren Kraft, jedem Klein- und Großglauben, den ich aufbringen kann, an Jesus Christus zu klammern. An den, der schon hier im Zeitlichen bei mir ist, der nicht von meiner Seite weicht, wenn meine Zeit abgelaufen ist, und im Verborgenen längst auf mich wartet.

Unsere Sehnsüchte im Gespräch mit Gott

Bei der Einführung in das Spannungsfeld von Zeit und Ewigkeit habe ich bereits darauf hingewiesen, wie präzise Gott auf die Grundsehnsüchte der Menschen antwortet, die in jeder Generation wieder in neuen Trends und Bedürfnissen zum Ausdruck kommen. Mitten in all dem Wandel, allen Veränderungen, neuen Entwicklungen und Ideen sind Gottes Versprechen wie ein Fels in der Brandung. Mit unerschütterlicher Festigkeit trotzen sie den Wogen der Zeit. Dass Gott mit dieser Präzision auf die Grundsehnsüchte der Menschen antwortet, ist mit Sicherheit kein Zufall. Lassen Sie mich Ihnen dies illustrieren, indem ich den fiktiven »Zeitgeist-Teilnehmer« Levi (ein Jungenname, der in der Schweiz zurzeit sehr angesagt ist) mit dem dreieinigen Gott – Gottvater, Jesus Christus, Heiliger Geist – ins Gespräch bringe. Einige biblische Aussagen, die sich im Originaltext an eine Mehrzahl von Menschen richten, wurden im folgenden fiktiven Gespräch bewusst individualisiert, um dem Zeitgeist-Trend Rechnung zu tragen, der das »You«, das »Du«, in den Mittelpunkt allen Geschehens rückt.

Levi: *Ich sehne mich von Herzen nach einem erfüllten und gelingenden Leben.*

Jesus Christus: *Da bist du bei mir an der richtigen Adresse. Denn ich bin das Leben in Person (Johannes 14,6). Die Beziehung zu mir ermöglicht dir wahres, gelingendes Leben. Ich bin gekommen, um dir Leben zu bringen – Leben in der ganzen Fülle (Johannes 10,10).*

Levi: *Wie finde ich denn zu diesem Leben und was soll ich mir unter »Fülle« vorstellen?*

Gottvater: *Ich selbst zeige dir den Weg, der zum Leben führt. In meiner Nähe gibt es Freude in Fülle. Aus meiner Hand empfängst du unendliches Glück (Psalm 16,11).*

Levi: *Aber mir mangelt es an so vielem ... nicht nur an Freude und Glück ...*

Jesus Christus: *Ich kenne deinen Mangel und deine Bedürfnisse. Ich werde dich aus meinem großen Reichtum mit allem versorgen, was du zum Leben brauchst (Philipper 4,19).*

Levi: *Aber was ist mit dem Älterwerden? Ich habe jetzt schon Angst davor, auch wenn ich noch jung bin.*

Gottvater: *Seit deiner Geburt sorge ich für dich. Ich bleibe derselbe und werde dich tragen bis ins hohe Alter, bis du grau wirst. Ich habe es bisher getan und werde es auch in Zukunft tun (Jesaja 46,4).*

Levi: *Was kann ich denn tun, damit das Altern erträglicher wird?*

Gottvater: *Denke schon als junger Mensch an deinen Schöpfer, bevor die beschwerlichen Tage kommen und die Jahre näher rücken, von denen du sagen wirst: »Sie gefallen mir nicht« (Prediger 12,1).*

Levi: *Und doch kommt der Tag, an dem ich sterben muss. Dabei sehne ich mich so sehr nach Unsterblichkeit.*

Jesus Christus: *Ich bin die Auferstehung und das Leben. Wenn du an mich glaubst, wirst du leben, auch wenn du stirbst (Johannes 11,25).*

Levi: *Aber wie kann ich denn leben, wenn ich doch sterben muss?*

Jesus Christus: *Wer an mich glaubt, der hat das ewige Leben (Johannes 3,36).*

Gottvater: *So ist es. Und zwar wird das ewige Leben nicht erst nach dem Tod Realität, sondern schon in deinem irdischen Leben: Das ewige Leben zu haben bedeutet, mich zu kennen, den einzigen wahren Gott, und den zu kennen, den ich zu euch Menschen geschickt habe, meinen Sohn Jesus Christus (Johannes 17,3).*

Levi: *Aber wie soll denn so etwas möglich sein? Ich bin weder besonders liebenswert noch in irgendeiner Weise bedeutend.*

Gottvater: *Du bist kostbar in meinen Augen, wertvoll für mich und ich habe dich lieb (Jesaja 43,4). Meine Liebe zu dir ist so unbeschreiblich groß, dass ich sogar meinen einzigen Sohn für dich hergegeben habe. Wenn du an mich glaubst, wirst du nicht verloren gehen, sondern ewiges Leben haben (Johannes 3,16).*

Jesus Christus: *Wie mich der Vater geliebt hat, so habe ich auch dich geliebt. Bleib in meiner Liebe (Johannes 15,9).*

Heiliger Geist: *Selbst in schwierigen Lebenssituationen darfst du voller Hoffnung sein. Ich erfülle dein Herz mit der Gewissheit, dass Gott dich liebt (Römer 5,5).*

Levi: *Aber was soll ich tun mit all dem, was nicht gut gelaufen ist in meinem bisherigen Leben? Wohin mit meinem Versagen, meiner Schuld?*

Jesus Christus: *Wenn du mir deine Sünden bekennst, bin ich treu und gerecht. Dann vergebe ich dir und reinige dich von allem Unrecht, das du begangen hast (1. Johannes 1,9).*

Levi: *Das will ich aus tiefstem Herzen glauben und für mich annehmen. Aber was ist, wenn Zweifel aufkommen?*

Gottvater: *Hab keine Angst, Levi, denn ich habe dich erlöst! Ich habe dich bei deinem Namen gerufen, du gehörst zu mir (Jesaja 43,1).*

Levi: *Aber was ist, wenn mein Vertrauen zu schwach ist und ich die Hoffnung verliere?*

Heiliger Geist: *Sei nur zuversichtlich. Ich bin Gottes Kraft in dir. Ich mache dich stark und helfe dir dabei, dass deine Hoffnung immer unerschütterlicher wird (Römer 15,13).*

VERWANDELT DURCH GOTTES GEIST

Wenn ich auf die vergangenen 20 Jahre meines Lebens zurückblicke, stelle ich mit großer Dankbarkeit fest, wie viel Gottes Geist in mir schon zum Guten verändert hat. Zum Beispiel im Hinblick auf meine Ängstlichkeit. Nicht in dem Sinne, dass die Angst vollständig aus meinem Leben verschwunden wäre, sondern in dem, dass ich meine Ängste im Vertrauen auf Gottes Kraft immer besser zu überwinden lerne. Jeder Schritt der Überwindung und des Vertrauens hat mich stärker und mutiger gemacht. Während ich früher – voll von inneren Zweifeln und Unsicherheiten – meine Entscheidungen meist davon abhängig machte, was andere über mich denken und sagen könnten, wage ich heute mutige Schritte der Freiheit, weil ich mich zutiefst von Gottes Liebe gehalten weiß. Ich ahne etwas davon, was möglich sein könnte, wenn ich Gottes Geist noch mehr Handlungsspielraum in meinem Herzen einräumen würde. Daher strecke mich aus nach mehr davon –

mehr Freiheit, mehr Fülle, mehr Freude, mehr Glauben, mehr Hoffnung, mehr Liebe.

Der Heilige Geist ist kein Geist der Ängstlichkeit, sondern ein Geist der Kraft, der Liebe und der Besonnenheit (2. Timotheus 1,7). Er belebt (Johannes, 6,63; 2. Korinther 3,6) und führt in die Freiheit (2. Korinther 3,17). Er verändert unseren Charakter zum Guten: Er macht uns liebevoller, freudiger, friedvoller, geduldiger, freundlicher, gütiger, treuer, rücksichtsvoller und selbstbeherrschter (Galater 5,22-23). Je mehr Spielraum wir ihm geben, desto deutlicher wird sein Wirken an uns erkennbar. Nicht selten genau dann, wenn wir uns schwach, unfähig, verletzlich und hilflos fühlen. Es ist ein Geheimnis der göttlichen Gnade, dass Gottes Kraft gerade in unserer Schwachheit zur vollen Auswirkung gelangt. Gottes ALL-Macht verwandelt unsere OHN-Macht in VOLL-Macht.

WELCHER SPUR SOLL ICH FOLGEN?

Am Ende bleibt die Frage, welcher Spur ich folgen soll in diesem sehnsüchtigen Kreislauf von Mangel, Begehren und Hoffnung auf Erfüllung. Zunächst einmal ist es wichtig, dass ich mich in all den Fragen zwischen Zeitgeist und Ewigkeit sicher gehalten weiß von der Nabelschnur der göttlichen Liebe. Insbesondere dann, wenn ich mich in dieser globalisierten Welt der grenzenlosen Möglichkeiten, Versprechen und Angebote völlig verloren und haltlos fühle, darf ich mich daran erinnern, dass ich fest verankert bin in der ewigen Liebe Gottes. Gott selbst bietet mir – durch sein Wort, durch die Beziehung zu Jesus Christus und durch die Kraft seines Geistes – eine Art göttlichen Kompass an, der mir Orientierung schenkt und mir dabei hilft, mündig und eigenverantwortlich meinen Weg zu gehen. Die Verankerung in

> Gott bietet mir eine Art göttlichen Kompass an, der mir Orientierung schenkt.

den göttlichen Versprechen soll die »Operationsbasis« meines Lebens sein. Von hier aus darf und soll ich gespannt und kritisch die Entwicklungen unserer Zeit beobachten, damit ich weise darauf reagieren kann. Im Bewusstsein, dass ich als Kind Gottes nicht länger den Maßstäben dieser Welt unterworfen, sondern dazu aufgefordert bin, nach den Gesetzmäßigkeiten zu fragen, die in Gottes Reich gelten. So könnte ich die Aufforderung von Paulus in Römer 12,2 (NGÜ) wie folgt ergänzen:

> *Richtet euch nicht länger nach den Maßstäben [und Zeitgeist-Versprechen] dieser Welt, sondern lernt, in einer neuen Weise zu denken, damit ihr verändert werdet und beurteilen könnt, ob etwas Gottes Wille ist – ob es gut ist, ob Gott Freude daran hat und ob es vollkommen ist.*

Indem ich mich an göttlichen Maßstäben orientiere und mutig dafür einstehe – insbesondere dort, wo diese mit Füßen getreten werden –, übernehme ich Verantwortung für mein Leben, für meine Gedanken und Taten. In einem Alltag, in dem Menschen für alles Mögliche bereit sind, öffentlich zu demonstrieren und kämpferisch gegen Ungerechtigkeit oder Missstände anzugehen, ist es an der Zeit, dass auch ich meine Stimme erhebe und das Evangelium, die gute Nachricht von Jesus Christus, mutig in meinem Lebensumfeld – und falls Gott mich so führt, sogar darüber hinaus – bezeuge.

Angebunden an die Schönheit des Ewigen nutze ich die Chancen des Temporären. Mein Sehnsuchtsweg zwischen Zeitgeist und Ewigkeit soll mein Herz nicht niederdrücken und belasten, sondern es soll ein Weg der Hoffnung, des Staunens und der Freude werden.

Bei der Arbeit an diesem Buch wurde mein Staunen über das Geschenk der Sehnsucht, die Gott in das menschliche Herz gepflanzt hat, immer größer. Wenn wir es zulassen, können unsere tiefsten Sehnsüchte zum Ort einer heiligen und intimen Verbindung mit dem lebendigen Gott werden. Zu einer Lebenskraft, die unser Leben auf Kurs hält.

Wenn ich in der Bergpredigt lese: *Selig sind die Trauernden; die Sanftmütigen; diejenigen, die nach Gerechtigkeit hungern und dürsten; die Barmherzigen* und so weiter, dann kommt es mir so vor, als ob man den ganzen Abschnitt überschreiben könnte mit: *Selig sind die Sehnsüchtigen* ... und der zweite Teil des Satzes könnte lauten – ausgehend von dem, was Jesus in seinem Wort verspricht: ... *denn sie werden aus meiner Fülle empfangen!* So ähnlich wie es bereits Johannes bezeugte: *Wir alle haben aus der Fülle seines Reichtums Gnade und immer neu Gnade empfangen* (Johannes 1,16; NGÜ).

Unsere tiefsten Sehnsüchte können zum Ort einer heiligen und intimen Verbindung mit dem lebendigen Gott werden.

Über all den Spannungsbögen der menschlichen Existenz steht der (Regen-)Bogen der göttlichen Verheißung, der uns immer wieder neu daran erinnert, dass Gott zu seinen Versprechen steht. Und dass er uns auch dann, wenn uns das Spannungsfeld des Lebens zu viel wird, in seinen Händen der Liebe hält. Wagen Sie es, sich diesem Gott anzuvertrauen. Halten Sie ihm Ihre tiefsten Sehnsüchte entgegen, bitten Sie ihn, Ihren Schmerz und Ihre Verletzlichkeit in Lebenskraft umzuwandeln. Aber auch, sehnsüchtig große Träume zu seiner Ehre und zum Bau seines Reiches Realität werden zu lassen.

Sehnsuchtsimpulse 4

Wie antwortet Gott auf die Sehnsucht (sowohl auf seine eigene als auch auf die der Menschen), haben wir uns in diesem Kapitel gefragt. Und wie kann der Mensch so darauf antworten, dass er seinen Sehnsüchten nicht hilflos ausgeliefert ist, sondern an ihnen wachsen und reifen kann? Die folgenden Impulse sollen Sie dabei unterstützen, einige wichtige Punkte dieses Kapitels zu vertiefen und im Kontext Ihres Lebens zu reflektieren.

- Jesaja 61,1-11 ist in der Übersetzung *Hoffnung für alle* überschrieben mit: *Die Trauerzeit ist vorbei*. Durch Jesus bietet Gott Ihnen ein unglaubliches »Tauschgeschäft« an: Freiheit statt Gebundenheit, Vergebung statt Schuld, Schönheit statt Asche, duftendes Öl statt Trauergewand, Jubel statt Mutlosigkeit, ewiges Leben statt ewige Trennung von Gott, Hoffnung statt Verzweiflung, Heilung statt Gebrochenheit, Licht statt Dunkelheit, Wahrheit statt Lüge und vieles mehr. Sind Sie schon auf dieses göttliche Tauschangebot eingegangen? Welcher Tausch ist für Ihr Leben von besonderer Bedeutung – und wieso?

- Machen Sie auch im Alltag regen Gebrauch von diesem göttlichen Tauschangebot? Überlegen Sie sich etwas, das Ihnen dabei helfen könnte, sich im Trubel des Alltags an das Angebot dieses fantastischen Tauschgeschäfts zu erinnern, das in der Hektik leider viel zu oft in Vergessenheit gerät (z. B. durch eine Erinnerung auf dem Smartphone oder einen Bibelvers, den Sie sich an den Computer/Kühlschrank/Spiegel heften oder in Ihren Geldbeutel legen).

- Was bedeutet Gottes Sehnsuchtsantwort für Sie ganz persönlich? War Ihnen bewusst, mit welch großer Liebe Sie von Gott geliebt sind und was er es sich hat kosten lassen, seine Sehnsucht in Jesus Christus zu offenbaren? Glauben Sie, dass Gottes Antwort auch Ihnen ganz persönlich gilt? Haben Sie schon auf Gottes Liebesangebot geantwortet? Falls nicht und falls Sie das gerne tun würden, dann sprechen Sie die folgenden (oder ähnliche/eigene) Worte: *Jesus Christus, erst jetzt erkenne ich, mit welch großer Liebe ich von dir geliebt bin. Hier bin ich. Ich bringe dir mein Leben. Das, was mich bewegt. Das, was ich in der Vergangenheit falsch gemacht habe. Aber auch das, was mir gelungen ist. All das übergebe ich dir. Ich bekenne dir meine Schuld [an dieser Stelle kann Schuld konkret benannt werden] und bitte dich um Vergebung. Hiermit bezeuge ich, dass ich daran glaube, dass du, der Sohn Gottes, für meine Schuld ans Kreuz gegangen bist. Ich will dir mein Vertrauen schenken und dich bitten, mein Leben von Grund auf zu erneuern. Ich will auf dein göttliches Tauschangebot eingehen und aus deiner Fülle empfangen. Ich möchte erkennen, was es bedeutet, ein Kind Gottes zu sein. Hilf mir, die Beziehung zu dir zu beginnen, zu gestalten und zu vertiefen. Öffne du mir die Augen für die ewige Wirklichkeit, an der ich hier und heute schon teilhaben darf. Mache mein Herz empfänglich für das Wirken des Heiligen Geistes an und in mir, damit ich im Alltag Gottes Stimme hören und mutig darauf reagieren kann. Und schenke mir die richtigen Menschen an meine Seite, die mich auf diesem Weg begleiten. Amen.*

- Fragen Sie sich ganz ehrlich: Wie steht es um meinen inneren Energiehaushalt? Erkenne ich gewisse Mangelsymptome? Vielleicht sogar ein »Leck« (wie es bei meinem Myom der Fall war)? Wo verliere ich aus eigenem Verschulden wertvolle geistliche Lebensenergie? Was kann ich konkret zur Verbesserung der Situation beitragen? Bin ich bereit, regelmäßige Begegnungsräume mit Jesus einzuplanen (vielleicht sogar durch einen Eintrag in meinem Terminkalender)? Bin ich bereit, Gottes Nähe zu suchen, damit sich mein Energiespeicher wieder auffüllen kann? Falls ja: Überlegen Sie sich ganz gezielt, wie Sie das in den kommenden Wochen umsetzen könnten (z. B. durch Gebetsspaziergänge, durch kleine Auszeiten im Alltag, mithilfe eines Bibelleseplans ...). Versuchen Sie dabei so realistisch wie möglich zu planen, nicht dass Sie nach ein, zwei erfolglosen Anläufen gleich wieder entmutigt aufgeben.

- Überlegen Sie, mit welchen Vorstellungen Sie den Ausdruck »gelingendes Leben« bisher gefüllt haben. Halten Sie Ihr bisheriges Verständnis von einem gelingenden Leben in Ihrem Sehnsuchtstagebuch schriftlich fest. Überlegen Sie weiter, wie Gottes Wort gelingendes Leben definiert. Halten Sie auch diese Definition schriftlich fest und vergleichen Sie anschließend die beiden Beschreibungen miteinander. Was fällt Ihnen dabei auf? Vertiefend dürfen Sie gerne noch eine dritte Definition formulieren – nämlich diejenige, an der Sie sich in Zukunft orientieren möchten.

- Skizzieren Sie in Ihrem Sehnsuchtstagebuch das Spannungsfeld zwischen Zeit und Ewigkeit. Wie ergeht es Ihnen in diesem Spannungsfeld? Wo üben Zeitgeist-Trends auf ungesunde Weise Macht über Sie (und damit über Ihre Gedanken, Ihre Ernährung, Ihre Freizeitgestaltung, Ihr Konto etc.) aus?

- Lassen Sie sich vom fiktiven Dialog zwischen Levi und Gott dazu inspirieren, Ihren eigenen Dialog mit Gott zu schreiben. Benennen Sie darin Zeitgeist-Bedürfnisse, die Ihr Denken und Handeln auf besondere Weise prägen. Versuchen Sie in einem nächsten Schritt, Ihrem Zeitgeist-Bedürfnis eine unveränderliche göttliche Wahrheit gegenüberzustellen. Falls Sie die Bibel nicht so gut kennen und dankbar sind für Impulse, können Sie unter www.bibleserver.com (z. B. mit der Übersetzung *Hoffnung für alle*) entsprechende Suchbegriffe eingeben (»keine Angst«, »neue Kraft«, »ewiges Leben«, »Hoffnung« etc.). Führen Sie sich Ihren Dialog von Zeit zu Zeit wieder zu Gemüte, damit Sie sich entschieden von Zeitgeist-Versprechen, die Sie auf ungesunde Weise in ihren Bann ziehen, distanzieren können.

5. DIE LEBENSKRAFT

Die Sandalen der Sehnsucht

ich wusste nicht wer sie
mir heimlich angezogen
die Sandalen der Sehnsucht
aber ich ging in ihnen
ging, ging, ging

sie wuchsen mit mir
wurden dünn und schmiegsam
die Sandalen der Sehnsucht
wir saßen unterm Tulpenberg
im Farnwald
unter dem Sprühregen
mitten im Regenbogen
die Sandalen der Sehnsucht und ich

wo sind sie jetzt, wo?
sie müssen in mir sein
sie tragen mich durch
das Sumpfland Zweifel

und die Sandöde Trauer
sie tragen immerzu
immerzu ihm zu
der sie mir heimlich angezogen
die Sandalen der Sehnsucht

KÄTHI HOHL-HAUSER[118]

MEINE SEHNSUCHT – IM SPIEGEL DER EWIGKEIT

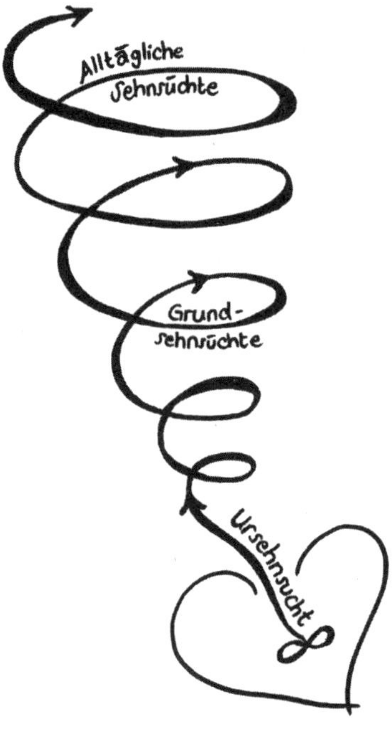

Die Kraft und Inspiration, die wir empfangen, wenn Gott unsere Ursehnsucht stillt, ermöglicht es uns, reif, weise und verantwortungsbewusst mit weiteren Sehnsüchten unseres Lebens umzugehen. Wie ein solcher Umgang konkret aussehen kann, ist Inhalt dieses letzten Kapitels. Im Bild der Spirale gesprochen, beschreiten wir nun wieder den Weg aus dem Inneren der Spirale heraus – via Grundsehnsüchte zurück zu den alltäglichen Sehnsüchten, von denen wir am Anfang des Buches ausgegangen sind. Der Blick auf die Grundsehnsüchte im Spannungsfeld von Zeit und Ewigkeit hat bereits aufgezeigt, wie anders wir den Sehnsüchten unseres Lebens begegnen können, wenn Gott unsere Sicht der Dinge verändert und wir uns von der

118 Hohl-Hauser, Käthi, 1992. *augenblicke deiner nähe: gedichte und gedanken für jeden tag.* Bern: Berchtold Haller. Gedicht zum 20. Mai. Der Abdruck dieses Gedichts aus dem mittlerweile vergriffenen Buch erfolgt mit freundlicher Genehmigung von Pfr. Lukas Hohl, dem Sohn von Käthi Hohl-Hauser.

göttlichen Nabelschnur der Liebe gehalten wissen. Wenn wir uns in der Tiefe unserer Ursehnsucht von Gott berühren lassen, wird eine lebensfördernde Dynamik freigesetzt, die alle Bereiche unseres Lebens durchdringen will. Wo dies geschieht, wird Sehnsucht zu einer Lebenskraft, die uns zum Guten verändert und uns über unsere menschlichen Begrenzungen hinauswachsen lässt. Unerfüllte Sehnsüchte werden zu besonderen Wachstumschancen. Visionäre Sehnsüchte werden zum Ausgangspunkt dafür, mit Gott Geschichte zu schreiben, indem wir mit anderen teilen, was Gott in unser Herz gelegt hat.

STELLE DEINE SEHNSUCHT VOR DEN SPIEGEL DER EWIGKEIT

Im Hinblick auf einen kraftvollen Umgang mit Sehnsüchten unterschiedlichster Art möchte ich nochmals bei der Ewigkeit ansetzen. Seit ich Ewigkeit nicht mehr als etwas rein Zukünftiges verstehe, sondern als etwas Gegenwärtiges, das heute schon kraftvoll meinen Alltag durchdringt, fühle ich mich dem dreieinigen Gott näher als je zuvor. Ich muss nicht länger sehnsüchtig darauf hoffen, dass das ewige Königreich Gottes irgendwann einmal von Bedeutung sein könnte, sondern darf jetzt schon zu diesem Reich dazugehören und mich voller Sehnsucht und Leidenschaft dafür einsetzen, dass diese neue Lebensrealität mehr und mehr Ausdruck findet – in meinem Denken und Tun, aber auch in meinem Lebensumfeld, in meiner Kirche, meinem Dorf, meinem Land und darüber hinaus.

Vor rund 800 Jahren gab Klara von Assisi (Gründerin des Klarissenordens) ihrer Freundin Agnes von Böhmen (Klostergründerin und Äbtissin in Prag) einen wertvollen Rat im Hinblick auf die Berührung des Alltäglichen mit dem Ewigen, indem sie schrieb:

Stelle Dein Denken vor den Spiegel der Ewigkeit,
stelle Deine Seele in den Glanz der Glorie [oder »Herrlichkeit Gottes«, D. S.].[119]

Der Vergleich mit anderen Textpassagen bestätigt, dass der »Spiegel der Ewigkeit« bei Klara von Assisi für Jesus Christus steht. Ähnlich klingt es auch in Hebräer 1,3 (NLB) an: *Der Sohn spiegelt die Herrlichkeit Gottes wider, und alles an ihm ist ein Ausdruck des Wesens Gottes.* Jesus Christus war der Spiegel, in den Klara täglich schaute. Dadurch lernte sie ihn intensiver kennen und lieben.

Der Übersetzung »Denken« (Stelle dein »Denken« vor den Spiegel der Ewigkeit) liegt im Lateinischen das Wort *mens* zugrunde. *Mens* hat eine mehrfache Bedeutung. Es steht für das Denken oder Denkvermögen und den Verstand, aber auch für Absichten, das Erinnerungsvermögen oder das menschliche Gewissen. *Mens* kann des Weiteren für die Seele, das Gemüt, das Herz oder den Charakter stehen. Im Kern beschreibt *mens* das, was den Menschen zu einem eigenständigen Wesen macht und ihn in seiner Individualität auszeichnet. Dazu gehören auch die menschlichen Sehnsüchte. Insofern halte ich es für legitim, das Zitat an dieser Stelle wie folgt anzupassen:

Stelle ***Deine Sehnsucht*** *vor den Spiegel der Ewigkeit,*
stelle Deine Seele in den Glanz der Herrlichkeit Gottes.

SEHNSUCHT IM LICHT DER VERGÄNGLICHKEIT

Im Umgang mit meinen Sehnsüchten ist dies die vielleicht wichtigste Frage überhaupt: Was zeigt mir der Spiegel der Ewigkeit,

---

119 Grau, Engelbert & Schlosser, Marianne, 2001. *Leben und Schriften der heiligen Klara von Assisi.* Kevalaer: Butzon & Bercker. S. 204. Auszüge aus dem 3. Brief an Agnes von Böhmen aus dem Jahr 1238. Auf S. 203 findet sich auch der Originaltext in Lateinisch: »pone mentem tuam in speculo aeternitatis, pone animam tuam in splendore gloriae«.

wenn ich mich mit meinem Herzen voller Sehnsucht darin betrachte? Was sagt Jesus Christus zu mir, wenn ich ihm mein Herz öffne und ihm Einblick gebe in das, was mich zutiefst bewegt?

Der Spiegel der Ewigkeit erinnert mich einerseits an meine neue Identität in Jesus Christus und andererseits an meine Vergänglichkeit. Das Licht der Vergänglichkeit wirft ein neues Licht auf Sehnsüchte, die im Alltag mein ganzes Denken dominieren. Nicht umsonst betet Mose in Psalm 90,12 (HFA): *Mach uns bewusst, wie kurz das Leben ist, damit wir unsere Tage weise nutzen.* Im Licht der Vergänglichkeit verlieren materielle Sehnsüchte an Bedeutung. Ebenso Sehnsüchte, bei denen ich etwas von anderen erwarte: ihre Anerkennung, ihre Aufmerksamkeit, ihr Lob und so weiter. Angesichts meiner Endlichkeit erscheinen Sehnsüchte, die ausschließlich mein eigenes Wohlergehen im Blick haben, meinen Komfort, meinen Status und meine Sicherheit, bemerkenswert blass.

Was zeigt mir der Spiegel der Ewigkeit, wenn ich meine Sehnsüchte darin betrachte?

KLÄRENDE »SPIEGEL-MOMENTE«

Während einige Sehnsüchte verblassen, rücken andere in den Vordergrund – vielleicht die Sehnsucht nach Versöhnung innerhalb der Familie oder die Sehnsucht danach, etwas zu hinterlassen, was von Bedeutung ist.

Der Spiegel der Ewigkeit hilft mir dabei, wesentliche von unwesentlichen Sehnsüchten zu unterscheiden, was zugegebenermaßen nicht in jedem Fall eindeutig, geschweige denn einfach ist. So wird die Aufforderung von Klara von Assisi, mich stets von Neuem vor diesen Spiegel zu stellen und mein Herz Gottes Gegenwart auszusetzen, immer wieder zur Herausforderung. Sehnsüchte, die mich daran hindern, im Hier und Jetzt zu leben, und die meinen Blick für all die guten Dinge trüben, die ich tagtäglich empfange, sind letztlich Energieräuber, die mich von einem Leben in der Fülle dessen abhalten, was Gott für mich vorgesehen hat. Sie rauben viel Lebenskraft und hinterlassen eine innere Leere. Umgekehrt können Sehnsüchte, die mein Herz wachhalten und meine Aufmerksamkeit für Gottes Möglichkeiten und die Dimension seines Reiches schärfen, zu einer richtungsweisenden Lebenskraft werden, die mich auf meinem Weg beflügelt.

> Der Spiegel der Ewigkeit hilft, wesentliche von unwesentlichen Sehnsüchten zu unterscheiden.

Um zu veranschaulichen, welche Denkprozesse ausgelöst werden können, wenn wir unsere Sehnsucht vor den Spiegel der Ewigkeit stellen, möchte ich an dieser Stelle beispielhaft auf die drei Sehnsüchte zurückgreifen, die ich Ihnen in Kapitel 2 als meine »blauen Blumen« vorgestellt habe: 1. Meine Sehnsucht nach Heilung, 2. meine Sehnsucht nach dem Meer und 3. meine Sehnsucht nach Lebenszeit. Im Folgenden gebe ich Ihnen ehrlich Anteil an einigen Gedanken, die mir durch den Kopf gehen, wenn ich diese drei Sehnsüchte im Spiegel der Ewigkeit prüfe. In der Hoffnung, dass es Sie dazu inspiriert, auch Ihre Sehnsüchte mutig im Spiegel der Ewigkeit zu betrachten (vielleicht angefangen mit der blauen Blume, die Sie in der Vertiefung von Kapitel 2 benannt haben).

MEINE SEHNSUCHT NACH HEILUNG – IM SPIEGEL DER EWIGKEIT

Wenn ich mich mit meiner Sehnsucht nach Heilung, meinen Fragen, meinem Schmerz und meiner Traurigkeit vor den Spiegel der Ewigkeit stelle, werde ich bereits voller Liebe erwartet. Ich spüre: Es gibt keinen bedeutsameren Ort als die Gegenwart Gottes. Auch wenn Fragen unbeantwortet bleiben und die Situation weiterhin herausfordernd ist, darf ich bei dem Ewigen zur Ruhe kommen. In seiner Nähe darf ich Trost und Liebe empfangen.

Die Sehnsucht nach Heilung steht im Spannungsfeld zwischen dem Glauben an einen Gott, der Wunder tun kann, indem er körperlich heilt, und dem Vertrauen darauf, dass mich der Allmächtige liebt, auch wenn keine körperliche Heilung eintritt. Es ist das Vertrauen darauf, dass Gott auch dann Wunder wirkt, wenn er auf übernatürliche Weise Kraft schenkt, eine schwierige Situation auszuhalten, und dass es nicht eigenem Verschulden oder mangelndem Glauben zuzuschreiben ist, wenn ein körperliches oder seelisches Leiden andauert.

Selbst wenn wir körperlich gesund sind, bedeutet dies noch lange nicht, dass wir in einem biblisch umfassenden Sinne »heil« sind. Wenn Jesus Menschen heilte, ging sein Bezugsrahmen stets über die körperliche Heilung hinaus. In erster Linie ging es ihm um das Schicksal eines Menschen in Ewigkeit. Beim Studium der Bibel wird aber auch klar, dass Seelenheil und körperliches Heil aufs Engste miteinander verbunden sind. Dies wird z. B. in Psalm 103,3 (NGÜ) deutlich, wo es über Gott heißt: *Er vergibt dir all deine Schuld und heilt alle deine Krankheiten.*

Der Blick in den Spiegel der Ewigkeit hilft mir dabei, Begriffe wie Wohlergehen, Krankheit oder Gesundheit anders zu füllen. Gott ist am ganzheitlichen Wohlbefinden des Menschen interessiert, das heißt, er möchte, dass es uns an Geist, Seele und Körper wohlergeht. Während wir Krankheit oft als eine physische Einschränkung definieren, sind sowohl Krankheit als auch Gesundheit in der Bibel viel umfassender, viel ganzheitlicher gemeint. Dies zeigt sich unter anderem daran, dass sich in der Bibel nicht *Krankheit und Gesundheit* als Gegensatzpaar gegenüberstehen, sondern vielmehr *Krankheit und Shalom*. Kaum ein anderes Wort strahlt in der Urbedeutung so viel Zuversicht und Hoffnung aus und ist gleichzeitig so schwer ins Deutsche zu übersetzen wie *Shalom*. In seiner Urbedeutung meint das hebräische Wort »Shalom« *Vervollständigung*. Shalom steht aber auch für Heil, Segen, Sicherheit, Ruhe, Gesundheit, Freude, Glück, Wohlbefinden und vieles mehr. Shalom hat nicht in erster Linie einen friedlichen Dauerzustand im Sinn – sondern beschreibt den Weg zur Zu-frieden-heit. Shalom möchte in einen Zustand führen, in dem der Mensch in geordnete Beziehungen zu Gott und anderen Menschen zurückfindet. Shalom meint auch das leibliche Wohlbefinden im irdischen Leben – allerdings in einem umfassenden Sinne, indem es dabei auch um Recht und Versöhnung, um Vergebung, Befreiung und Heilung der Gemeinschaft geht. Wenn der Gegenpol zu Krankheit Shalom ist, dann zeigt mir das, wie eindimensional ich Krankheit oft definiere. Es geht eben nicht nur um Körperliches. Krankheit ist, biblisch gesprochen, ein Zustand der Schwäche. Shalom hingegen ist ein Zustand der Lebenskraft. Dies macht eine Schubladisierung in »Kranke« und »Gesunde« plötzlich nicht mehr so einfach und lässt mich fragen: Wo lebe ich selbst nicht im Zustand der Lebenskraft (Shalom) und brauche göttliche Heilung in einem umfassenderen Sinne?

Im Spiegel der Ewigkeit will ich aber auch ehrlich prüfen, ob es Hindernisse gibt, die einer Heilung im Weg stehen (zum Beispiel mangelnder Glaube, unbereinigte Konflikte, unverantwortlicher Umgang mit dem eigenen Körper, sündiges Verhalten etc.). Es kann eine nüchterne Prüfung sein, ohne in ungesundes Grübeln zu verfallen. Ich bin überzeugt, dass Jesus Klarheit schenken kann, falls hier ein Hindernis vorliegt. Aber danach gilt es, einen Schritt weiterzugehen. Der Blick in die Bibel und das Beispiel von zahlreichen geistlichen Vorbildern macht Mut, dass es möglich ist, Gott im »Schmelzofen des Leidens«[120] zu begegnen und dadurch geläutert zu werden. So kann dem Leiden in gewissen Fällen sogar ein tieferer Sinn abgerungen werden (1. Petrus 1,3-9).

Meine Sehnsucht nach Heilung – im Spiegel der Ewigkeit – fordert mein Gottesbild heraus. Sehe ich in meiner Krankheit oder der Krankheit von anderen einen strafenden Gott? Denke ich, dass Gott mir seine Heilung vorenthält, weil ich nicht richtig glaube? Ist Gott meiner Vorstellung nach zornig, unbarmherzig, parteiisch oder lieblos? Ist er ein liebender Vater, der sein Kind tröstet, der Gekreuzigte, (Mit-)Leidende ...? Wie kann ich mein Gottesbild klären? Es ist wie in der Beziehung zu anderen Menschen: Wenn ich

---

120 Timothy Keller führt dies in Kapitel 3 seines Buches *Gott im Leid begegnen* aus.

ein realistischeres Bild von jemandem erhalten möchte, muss ich mir Zeit für diese Person nehmen, sie besser kennenlernen, mehr über sie erfahren. Dasselbe gilt auch für die Beziehung zu Gott.

Die Sehnsucht nach Heilung fordert des Weiteren meinen Glauben heraus. In Nazareth konnte Jesus – wie wir im ersten Unterkapitel von Kapitel 4 gesehen haben – aufgrund des Unglaubens der Ortansässigen kaum Wunder wirken (Markus 6). Unglaube ist eine Entscheidung genauso wie Glaube. Mit dem Vater des Kindes in Markus 9,24 (LUT) schreie ich zu Gott: »Ich glaube; hilf meinem Unglauben!« Ja, ich glaube aus tiefstem Herzen, dass Jesus, der Sohn Gottes, auch heute noch heilt! Ich habe seine Wunder gesehen und möchte noch viel mehr davon erleben. Und ich will weiter daran glauben, dass Heilung möglich ist – im Leben von lieben Bekannten oder in meinem Leben – und mich vertrauensvoll an Gott klammern.

Aber ich glaube auch, dass Gott souverän bleibt. Dass wir vieles von dem, was geschieht, nicht mit unserem menschlichen Verstand erfassen können (Römer 11,33). Und ich entscheide mich, darauf zu vertrauen, dass Gott Gedanken des Friedens über mein Leben hat und nicht des Leides (Jeremia 29,11), selbst wenn er mich nicht heilt. Dass er mir eine Zukunft und Hoffnung schenken möchte. Daran will ich festhalten mitten in aller Dunkelheit und allem Schmerz. Und wenn ich mitten in Schmerz und Leid erfahren darf, wie der Allmächtige mich durchträgt, können mir schwierige Zeiten sogar zum Segen werden. Ich glaube nicht in erster Linie an Heilung, sondern an den Heiler, den »Heiland«, den Retter der Welt. Letztlich geht es um die Beziehung zu ihm. Wenn mir der Kampf um Heilung wichtiger wird als der Heiland, dann ist Umdenken angesagt.

Der Gedanke an mein kleines Haus am Meer ist wundervoll. Ein herrlicher Tagtraum, der angesichts meiner Endlichkeit allerdings schnell an Bedeutung verliert. Wenn ich mir beispielsweise die Frage stelle, inwiefern sich die Sehnsucht nach einem Häuschen am Meer verändern würde, wenn ich nur noch ein halbes Jahr zu leben hätte, dann erscheint mir diese Sehnsucht schnell ziemlich belanglos.

Ganz anders sieht es hingegen bei meiner Sehnsucht nach dem Meer ganz allgemein aus. Ich kann mir sogar vorstellen, dass ich – sofern dies körperlich möglich wäre – alles daransetzen würde, das Meer in meinen letzten Lebenswochen noch einmal zu sehen. Denn wie bereits erwähnt, ist das Meer ein Sehnsuchtsort für mich. Ein Ort, der meine Sicht auf das Leben verändert, der mich innerlich wachsen lässt, der mich stärkt, aufbaut und inspiriert. Das Meer ist ein Ort, an dem ich mich Gott und der Ewigkeit auf geheimnisvolle Weise nahe fühle. Wenn ich mich tief in den Spiegel der Ewigkeit versenke mit meiner Sehnsucht nach dem Meer, dann kann ich schon fast das Meeresrauschen hören. Ich erkenne, dass das Meer ein Ort ist, der mir unglaublich guttut, der mich belebt und mich mutige Entscheidungen treffen lässt. Wie gut, dass es diesen Sehnsuchtsort in meinem Herzen gibt, der mich tief im Innersten berührt und mich auf unvergleichliche Weise mit dem Ewigen verbindet!

Dies bestärkt mich in meiner Entscheidung, dass ich – sofern es finanziell und gesundheitlich machbar ist – mindestens einmal im Jahr ans Meer reisen möchte. Die Tage am Meer geben mir so viel Kraft und Energie und vertiefen meine Beziehung zu Gott. Diese Sehnsucht will ich ganz bewusst nähren, ihr nachgehen, sie vertiefen, mich von ihr beflügeln lassen. Umso schöner, dass sich sogar meine ganze Familie von der Kraft dieses Sehnsuchtsortes hat anstecken lassen. Im diesjährigen Sommerurlaub hat jeder von uns einen Brief an sich selbst geschrieben, der erst im nächsten Urlaub am Meer wieder geöffnet werden darf. In diesen

Briefen haben wir Dinge festgehalten, die wir uns für die Folgemonate vorgenommen haben und die uns die Möglichkeit geben, im nächsten Urlaub eine Standortbestimmung zu machen – uns an Gelungenem zu freuen oder, falls notwendig, eine Kurskorrektur vorzunehmen.

Damit sich das Warten auf meinen jährlichen Aufenthalt am Meer nicht so endlos lang anfühlt, entscheide ich mich, in regelmäßigen Abständen einen Ausflug an ein Schweizer Gewässer zu machen – einen See oder einen Fluss – und mich dort auf besondere Weise mit dem Ewigen zu verbinden.

MEINE SEHNSUCHT NACH LEBENSZEIT – IM SPIEGEL DER EWIGKEIT

Lebenszeit ist eine festgelegte Grenze, innerhalb derer sich unser Leben abspielt. Bis wir das Zeitliche segnen (wie man so schön sagt), sind wir der Zeit unterworfen. Zeit diktiert unseren Alltag, hält uns auf Trab, bringt uns aus der Puste. Zeitnot bringt uns in Bedrängnis. Eine Auszeit soll uns dabei helfen, uns von ungesundem Zeitdruck zu befreien. Dabei bringt sie uns nicht *aus* der Zeit, sondern will vielmehr dabei helfen, zu einem vernünftigen und sinnvollen Umgang mit und *in* der Zeit zurückzufinden.

Wenn ich meine Sehnsucht nach Lebenszeit im Spiegel der Ewigkeit betrachte, wird mir bewusst, wie viel ich diesbezüglich noch zu lernen habe. Es ist nicht zu übersehen, wie schwer es mir fällt, in der Fülle der täglichen Anforderungen nicht permanent dem Zeitdruck zum Opfer zu fallen. Je länger ich über diese Sehnsucht nachdenke, desto klarer erkenne ich, dass mich weniger die Sehnsucht nach einem langen Leben umtreibt als vielmehr die Sehnsucht nach mehr Zeit, in der ich mich lebendig fühle. Nach Zeit, die ich selbstbestimmt gestalten kann und in der ich mich nicht permanent von Erwartungen anderer oder anstehenden Aufgaben fremdbestimmt fühle. Allerdings ist mir sehr wohl bewusst, dass ich Letzterem nicht einfach hilflos ausgeliefert bin, sondern dass ich mich der Herausforderung stellen muss, an diesen Themen zu arbeiten. Zum Beispiel im Hinblick auf die folgenden vier Punkte:

1. *Gelassenheit lernen.* Ich möchte lernen, gelassener zu werden. Den größten Druck erfahre ich nämlich nicht von anderen Menschen, sondern mache ich mir selbst. Ich möchte Gelassenheit lernen, indem ich in Gottes Hände lege, was ich nicht geschafft habe. Die Uhr wird sich auch am nächsten Tag weiterdrehen. Ich möchte Gelassenheit üben, indem ich loslasse, was ich nicht ändern kann oder was mich belastet. Und ich erinnere mich: Alles hat seine Zeit.

2. *Dankbar im Moment leben.* Am gestrigen Tag kann ich nichts mehr ändern. Er ist Vergangenheit. Den morgigen Tag kann ich noch nicht beeinflussen, denn er ist noch nicht da. Der einzige Zeitpunkt, den ich aktiv gestalten kann, ist der jetzige, ist die Gegenwart. Zwar kann ich im gegenwärtigen Augenblick vielleicht nicht darüber entscheiden, welcher Tätigkeit ich nachgehen will, aber sehr wohl, in welcher Haltung ich es tue. Genau in diesem Moment kann ich entscheiden, ob ich mich über die dauernden Unterbrechungen beim Schreiben aufregen will oder ob ich akzeptiere, dass dies zu meiner gegenwärtigen Lebensphase und meinen verschiedenen Lebensrollen dazugehört. Ich kann sogar für Unterbrechungen dankbar sein, weil sie mich daran erinnern, dass ich Mutter von zwei Kindern sein darf. Wie sehr habe ich mir genau das gewünscht! Und auch heute noch – wo beide frisch erwachsen sind – will ich jeden Tag für dieses Wunder danken. Unterbrechungen erinnern mich daran, dass ich Ehefrau, Tochter, Schwester und Freundin bin. Was für ein Segen! Ich kann mich entscheiden, im jetzigen Moment dankbar und glücklich zu sein.

3. *Verantwortung übernehmen.* Im Hinblick auf meinen Umgang mit der Zeit bin ich herausgefordert, Verantwortung

zu übernehmen. Im Wissen darum, dass ich kräftemäßig schneller an meine Grenzen stoße im Umgang mit Menschen, als dies bei anderen der Fall ist, bin ich aufgefordert, weise zu planen. Ich darf mich nicht überfordern mit einem zu vollen Terminkalender. Es ist meine Verantwortung, dass genügend Zeit für meine Herzensleidenschaft – das Schreiben – bleibt. Ich will aber auch Verantwortung übernehmen im Hinblick auf Aufträge, die Gott mir aufs Herz legt. Mein Leben ist kein reiner Selbstzweck. Es geht nicht darum, wie ich das Optimum an Freizeit und Genuss herausholen kann, sondern wie ich anderen dienen kann mit dem, was mir geschenkt ist – und wie ich dabei glücklich und gelassen leben kann.

4. *Den Ruhetag einhalten.* Und schließlich will ich neu für einen Ruhetag in meinem Leben kämpfen. Da ich am Wochenende oft Referate oder sonstige Einsätze habe, sind für mich weder der Samstag noch der Sonntag geeignete Ruhetage. Die Suche nach Alternativen erweist sich als schwierig. Aber es wäre falsch, deswegen aufzugeben. Wenn selbst Gott, der Herr über die Zeit, einen Ruhetag einlegte und dies auch seinem Volk nachdrücklich ans Herz legte, bin auch ich herausgefordert, dieses Prinzip in meinem Leben umzusetzen. Ich habe in meinem Leben schon viel Segen durch die Einhaltung eines Ruhetages erfahren. Nach menschlicher Logik fehlen wertvolle Stunden, wenn man einen Tag lang nicht seinem Tagesgeschäft nachgeht. Es ist ein göttliches Geheimnis, dass Gott uns genau durch Stunden des Ausruhens mit genügend neuer Kraft ausstatten kann, dass die Arbeit anschließend umso leichter von der Hand geht. Der Ruhetag gibt mir zudem die Möglichkeit, über existenzielle Lebensfragen nachzudenken. Er erinnert mich daran, dass ich nicht einfach bin, was ich leiste und tue. Zur Erfüllung findet der Ruhetag dort, wo er zur Begegnung mit dem Lebendigen wird. Im Spiegel der Ewigkeit

wird mir bewusst, wie sehr ich diesen Schatz vernachlässigt habe und dass ich in dieser Hinsicht etwas ändern will.

Wenn ich Jesus Christus nachfolge, bekommt Zeit eine neue Dimension für mich. Er lässt mir Zeit und zeigt mir gleichzeitig die Ewigkeit, die außerhalb von Raum und Zeit steht. Bei ihm ist meine Zeit so gut aufgehoben wie nirgendwo sonst. Mit David darf ich vertrauensvoll sagen: *Meine Zeit steht in deinen Händen* (Psalm 31,16; LUT).

IHRE SEHNSUCHT – IM SPIEGEL DER EWIGKEIT

Was geschieht mit Ihrer Sehnsucht/Ihren Sehnsüchten, wenn Sie sie im Spiegel der Ewigkeit betrachten? Welche Gedanken gehen Ihnen dabei durch den Kopf? Wie reagiert Jesus auf Ihre Sehnsucht? Gibt es Bibelstellen, die im Zusammenhang mit Ihrer Sehnsucht von Bedeutung sind? Welche Impulse empfangen Sie vom Heiligen Geist? Sollen Sie diese Sehnsucht nähren oder sich entschieden von ihr trennen? Ist der Umgang mit Ihrer Sehnsucht mit einer bestimmten Aufgabe verbunden? Ihre Antworten auf diese Fragen entscheiden maßgeblich darüber, ob Sehnsucht in Ihrem Leben zu einer Lebenskraft wird, die Sie zum Guten verändert, oder nicht.

Sehnsucht als Chance ergreifen

»Sehnsüchtig grüßt der, der ich bin, den, der ich sein könnte.« Dieses tiefsinnige Zitat, dessen Urheberschaft umstritten ist,[121]

---

121 Einige schreiben das Zitat Søren Kierkegaard zu, andere Fjodor Dostojewski. Auch weitere Autoren werden genannt. Leider konnte keine zuverlässige Quelle hierzu ausfindig gemacht werden.

bestätigt auf unmissverständliche Weise, dass uns Sehnsucht vor eine Entscheidung stellt. Wenn wir uns von Gottes Kraft in Bewegung setzen lassen, wird Sehnsucht zu einer kostbaren Chance, die es zu ergreifen gilt. Deshalb wäre es der völlig falsche Weg, die Sehnsucht in unserem Herzen zum Verstummen zu bringen. Mein Appell an Sie lautet vielmehr: Setzen Sie alles daran, sehnsüchtiger zu werden! Und zwar nicht, indem Sie jede beliebige Sehnsucht und Sucht in Ihrem Leben nähren, sondern indem Sie auf der einen Seite immer wieder Ihre Ursehnsucht von Gott stillen lassen und auf der anderen Seite selbstverantwortlich diejenigen Sehnsüchte nähren, die im Zusammenhang mit einem bestimmten Auftrag stehen könnten, den Gott für Ihr Leben vorgesehen hat. Bestimmte Themen, die eine besondere Sehnsucht, eine Leidenschaft oder gar eine heilige Unzufriedenheit in Ihnen wachrufen, aber auch Begabungen und Träume, können Hinweise auf diesen besonderen Auftrag sein. Dort, wo wir uns solchen Sehnsüchten stellen, sind wir auf der Spur des Lebens und entdecken wir unsere Lebendigkeit.

Setzen Sie alles daran, sehnsüchtiger zu werden!

UNZUFRIEDENHEIT ALS TREIBENDE KRAFT

In den Augen des Philosophen Ernst Bloch ist der Mensch ein Mängelwesen, das die Fähigkeit besitzt, seinen Mangel konstruktiv zu nutzen. Bloch sieht in der menschlichen Unzufriedenheit sogar eine der wertvollsten menschlichen Eigenschaften überhaupt. Denn sie bringt den Menschen dazu, nach Verbesserung zu streben und nährt seinen Willen danach, etwas zu verwirklichen, das noch nicht ist, das sich in der Mangelerfahrung aber bereits abzeichnet: So lehrt etwa Hunger den Menschen, Werkzeuge für die Jagd zu erfinden, Kälte lässt ihn Hütten bauen.

Auf diese – aus der Mangelerfahrung geborene – Sehnsucht

jedes einzelnen Menschen, aber auch ganzer Gesellschaften, gründet Bloch sein *Prinzip Hoffnung*[122]. Der Philosoph erkannte das Hoffen als zutiefst menschliche Regung und als Prozess, der die gesamte Geschichte vorantreibt.[123] Die Sehnsucht nach einer besseren und gerechteren Welt motiviert die Menschen immer wieder zur Tat. Sie hilft selbst Menschen, die unmenschliche Lebenssituationen aushalten müssen, dabei nicht durchzudrehen, sondern an ihrer Hoffnung auf eine positive Veränderung festzuhalten.

Ähnliches bewirkt meines Erachtens auch eine »heilige Unzufriedenheit«. Damit meine ich eine Unzufriedenheit mit Ereignissen und Zuständen, die Gottes Willen entgegenstehen. Zum Beispiel, wenn Menschen unterdrückt oder verfolgt werden oder existenziellen Mangel leiden. Aber auch wenn Missbrauch geschieht (physisch, psychisch und auch geistlich), wenn verbale Gewalt ausgeübt, Lieblosigkeit gelebt wird und so weiter. Heilige Unzufriedenheit kann sich beispielsweise in einer tiefen Sehnsucht nach Gerechtigkeit äußern. Das ist eine Sehnsucht, die Jesus in der Bergpredigt sogar ausdrücklich würdigt: *Glücklich zu preisen sind die, die nach der Gerechtigkeit hungern und dürsten; denn sie werden satt werden* (Matthäus 5,6; NGÜ).

Wo gibt es in Ihrem Leben eine »heilige Unzufriedenheit«?

Wo gibt es in Ihrem Leben eine heilige Unzufriedenheit? Wo beobachten Sie himmelschreiendes Unrecht? Wo wundern Sie sich darüber, dass niemand seine Stimme erhebt gegen diese Missstände? Könnte es evtl. sein, dass *Sie* hier einen ganz bestimmten Auftrag haben und es an Ihnen liegt,

122 *Das Prinzip Hoffnung* ist das dreibändige Hauptwerk des deutschen Philosophen Ernst Bloch (1885–1977), eine 1.600 Seiten starke Enzyklopädie menschlicher Hoffnungen. Geschrieben wurde das Werk zwischen 1938 und 1947 im US-amerikanischen Exil. Ursprünglich sollte es *The dreams of a better life* (= Die Träume von einem besseren Leben) heißen. Es erschien in den Jahren 1954 bis 1959 in der DDR.

123 Krings, Dorothee, 2010. Ernst Bloch – Philosoph der Hoffnung. 11. Januar 2010 in: *RP Online* (https://tinyurl.com/yy3gurcx; Stand: 09.06.2019).

Ihre Stimme zu erheben und Menschen für ein Thema zu sensibilisieren oder praktisch Hand anzulegen, um das Schicksal einiger Menschen zu erleichtern? Heilige Unzufriedenheit erinnert uns daran, wie wichtig es ist, dafür einzustehen, dass das Reich Gottes – mit seiner Botschaft der Hoffnung, des Friedens, der Befreiung – noch viel stärker die Gebrochenheit unserer Realität durchdringt.

VORSICHT VOR SEHNSUCHTSFALLEN

Wenn ich davon spreche, Sehnsucht als Chance zu ergreifen und der Sehnsucht mehr Raum in unserem Leben zu schaffen, ist es wichtig, dass wir gleichzeitig sensibel sind für Stolpersteine, die uns genau hieran hindern wollen. So ist es elementar wichtig, dass wir uns davor hüten, in eine der beiden folgenden Sehnsuchtsfallen zu tappen:[124]

Sehnsuchtsfalle 1: Schnelle Ersatzbefriedigung. Die wohl häufigste Sehnsuchtsfalle ist die schnelle Ersatzbefriedigung. Das unangenehme Gefühl der Sehnsucht muss so schnell wie möglich – hier, jetzt und sofort – befriedigt werden. Mein Ehemann Rolf erzählte mir neulich, dass er bei der Karriereberatung von Klienten oft die Beobachtung von – wie er es nannte – »Schnellschüssen« macht. Zuerst investiert der Klient viel Zeit, Energie und Geld dafür herauszufinden, was er für Stärken, Begabungen und Sozialkompetenzen hat. Wenn es dann aber darum geht, die passende Arbeitsstelle zu finden – eine, wo er endlich so arbeiten könnte, wie er es sich schon lange wünscht –, wird er schnell ungeduldig und hält es kaum aus, den Arbeitsmarkt mehrere Wochen lang zu beobachten, bis er eine geeignete Stelle entdeckt. Vielmehr stürzt er sich in der Hoffnung, dass es vielleicht doch

124 Der Inhalt dieses Abschnitts ist inspiriert von dem folgenden französischen Buch: Kuby, Sophia, 2018. *Il comblera tes désirs: Essai sur le manque et le bonheur.* Paris: Éditions Emmanuel. S. 63–70.

auf wundersame Weise passen könnte, auf das erstbeste Jobangebot, bloß um nach wenigen Monaten frustriert festzustellen, dass er wieder genau am gleichen Punkt steht wie zuvor bei der alten Arbeitsstelle. Generell ist auffallend, wie schwierig es in der heutigen Zeit geworden ist, auf etwas zu warten, sich zu gedulden oder bewusst auf etwas zu verzichten, das nicht unbedingt nötig ist. In meiner Kindheit wünschten wir uns größere Anschaffungen entweder zum Geburtstag oder zu Weihnachten. Dazwischen übten wir uns in Geduld – allein schon, weil es finanziell meistens nicht anders möglich war. Der Onlinehandel, Leasingmöglichkeiten, Kredite und vieles mehr unterstützen eine Kultur der Ungeduld und der sofortigen Befriedigung. Ich brauche das neue Auto, die neuen Kleider, das neue Smartphone sofort! Dafür setze ich alle Hebel in Gang. Am besten heute noch und sonst bitte am nächsten Tag ins Haus geliefert. Bis zu meinem Geburtstag auf den neuen Laptop zu warten, dauert viel zu lange. Ich will ihn jetzt. Sofort. Darauf zu warten, dass meine sexuellen Bedürfnisse befriedigt werden, dauert mir zu lange. Ich will die Befriedigung jetzt. Sofort. Der Möglichkeiten und Verlockungen sind viele!

> Keine Ersatzbefriedigung der Welt kann die Sehnsucht unseres Herzens dauerhaft stillen.

Das ist das Prinzip der schnellen Ersatzbefriedigung. Natürlich wird die Ersatzbefriedigung – die übrigens diverse Ausprägungen haben kann – nicht unmittelbar als solche wahrgenommen. Nicht selten hält man die schnelle Lösung für die eigentlich Richtige und erkennt nicht, dass sie lediglich eine schwache (und oft sogar schädliche) Imitation ist. Solche Ersatzlösungen sind häufiger anzutreffen, als uns bewusst ist. Das Problem dabei ist, dass die Sehnsucht – kaum ist sie durch den Ersatz befriedigt – schon wenig später umso stärker erneut aufbricht. Der Hunger und der Durst der Seele nehmen stetig zu. Also muss man bei der Ersatzbefriedigung kontinuierlich die Dosierung erhöhen: Noch mehr Arbeit, noch mehr Alkohol, noch mehr neue Kleider, noch mehr

Luxus, noch mehr Zeit im Fitnessstudio, noch mehr Spielwetten, noch mehr Drogen, noch mehr sexuelle Befriedigung, noch mehr Netflix-Konsum und so weiter. Diese Falle ist nichts anderes als der verzweifelte Versuch, die nagenden Gefühle der Sehnsucht schnell zum Schweigen zu bringen. Doch keine Ersatzbefriedigung der Welt kann die Sehnsucht des Herzens dauerhaft stillen.

Sehnsuchtsfalle 2: Unterdrückte Sehnsucht. Bei dieser zweiten Falle (die vermutlich bedeutend weniger oft vorkommt) geht es darum, den Hunger und Durst der Seele um jeden Preis zum Schweigen zu bringen. Die christliche Philosophin Sophia Kuby weist in ihrem Büchlein *Il comblera tes désirs* (*»Er wird deine Sehnsüchte stillen«*) darauf hin, dass das Unterdrücken von Sehnsucht gerade bei »guten Christen«, die ihren Glauben überaus vorbildlich leben wollen, leicht zur Falle wird.[125] Das Wissen darum, wie schnell man der ersten Falle erliegen kann, macht diese zweite Falle in den Augen einiger sogar erstrebenswert. Es wird alles darangesetzt, den inneren Hunger zu leugnen und zu unterdrücken. Aus lauter Angst, dass geschehen könnte, was in Römer 7,19 steht (*Wenn ich Gutes tun will, tue ich es nicht. Und wenn ich versuche, das Böse zu vermeiden, tue ich es doch;* NLB), will man auf Nummer sicher gehen, indem man jegliche Sehnsuchtsregungen im Keim erstickt. Die Angst vor der Sehnsucht ist so groß, dass es diesen Menschen sicherer erscheint, so zu tun, als würden sie gar keine Sehnsucht empfinden. Mit stoischer Willensstärke (und manchmal auch einem gewissen Stolz) bemühen sie sich, ihre Gefühle zu kontrollieren – in der festen Überzeugung, dass sie alles richtig machen. Versagen ist etwas für die anderen. Sie dagegen haben die Situation unter Kontrolle und können auf diese Weise gar nicht erst in Versuchung geraten.[126]

Doch dieses Verhalten hat seinen Preis: Wenn wir so leben, stirbt Stück um Stück ab, was an Lebendigem in uns ist: nicht nur

---

125 Kuby, 2018:67.

126 Kuby, 2018:68.

unsere Sehnsucht. Sondern auch unsere Freude. Begeisterung. Innere Bewegtheit. Gefühlsregungen überhaupt – auch Gott gegenüber. Wenn wir unsere Sehnsüchte unterdrücken, unterdrücken wir mit ihnen auch die leisen Gefühlsregungen des Herzens, die für unser Glaubensleben und unser geistliches Wachstum von größter Wichtigkeit sind. Wenn wir uns von unseren Gefühlen ablösen, wird unser Inneres hart – nicht nur uns, sondern auch anderen Menschen gegenüber. Dann stehen wir in der Gefahr, gefühlskalt, hartherzig oder gar unbarmherzig zu werden.

> Wenn wir unsere Sehnsüchte unterdrücken, stirbt Stück um Stück ab, was an Lebendigem in uns ist.

Wie anders sind die Geschichten, die wir im Neuen Testament lesen, wo Menschen Jesus begegnen und sich ihr Leben durch die Begegnung mit ihm radikal verändert. Hier haben die Protagonisten keine stoische Kontrolle über ihre Gefühle. Die Begegnungen sind vielmehr dadurch gekennzeichnet, dass Menschen offenherzig ihre tiefsten Gefühle zum Ausdruck bringen: Kranke schreien nach Jesus, Trauernde weinen. Sogar ein Dach wird abgedeckt, damit ein Gelähmter Jesus begegnen kann. Sie alle folgen ihrer brennenden Sehnsucht nach Heilung, nach Trost, nach Freiheit. Ihre höchste Priorität ist es, Jesus von Angesicht zu Angesicht zu sehen – koste es, was es wolle.

DER SEHNSUCHT RAUM GEBEN

Sophia Kuby ist überzeugt: »Das Problem der Christen ist nicht, dass sie zu viel Sehnsucht haben, sondern vielmehr, dass sie nicht genug davon haben!«[127] Das Evangelium ruft uns nirgendwo dazu auf, unsere Sehnsucht zu ersticken. Ganz im Gegenteil! Hören wir

127 »(...) le problème des chrétiens n'est pas qu'ils ont trop de désir, c'est qu'ils n'en ont pas assez!« (Kuby, 2018:69-70).

auf zu denken (und sei es auch nur unbewusst), so fordert Kuby, dass wir bessere Christen wären, wenn wir keine Sehnsüchte hätten. Ein erster wichtiger Schritt besteht darin, dass wir unsere Sehnsucht als gottgewollt anerkennen und keine Angst mehr vor ihrer Intensität haben. Denn das eigentliche Problem ist nicht die Intensität unserer Sehnsüchte, sondern dass sie oftmals einer falschen Zielrichtung folgen.[128] Die entscheidende Frage lautet: Welche Zielrichtung geben wir unseren Sehnsüchten?

Wo Menschen einer Sehnsucht Raum geben, in der sich das Alltägliche mit dem Ewigen verbindet, hält eine neue Lebensperspektive Einzug. Wir sind nicht auf die alltägliche Monotonie zurückgeworfen, sondern erkennen Umrisse eines viel größeren Bildes. Wenn uns eine Sehnsucht antreibt, können wir uns einer Sache auf ganz andere Weise hingeben und einen überdurchschnittlichen Einsatz leisten, weil wir darin einen Beitrag für eine höhere Sache erkennen. Antoine de Saint-Exupéry hat am Beispiel des Schiffsbaus aufgezeigt, wie motivierend Sehnsucht wirken kann. In den Arbeitern die Leidenschaft und Sehnsucht nach dem Meer zu wecken, sei viel wichtiger, als jeden einzelnen Arbeitsschritt genau durchzuplanen: »Wenn ich [...] meinen Leuten die Liebe zur Seefahrt mitteile und so ein jeder den Drang dazu in sich verspürt, weil ihn ein Gewicht im Herzen zum Meere zieht, so wirst du bald sehen, wie sie sich verschiedene Tätigkeiten suchen, die ihren tausend besonderen Eigenschaften entsprechen. Der eine wird Segel weben, der andere im Walde den Baum mit dem Blitzstrahl seiner Axt fällen. Wieder ein anderer wird Nägel schmieden, und irgendwo wird es Männer geben, die die Sterne beobachten, um das Steuern zu erlernen. Und doch werden sie alle eine Einheit bilden. Denn ein Schiff erschaffen, heißt nicht die Segel hissen, die

Wo Menschen einer Sehnsucht Raum geben, in der sich das Alltägliche mit dem Ewigen verbindet, hält eine neue Lebensperspektive Einzug.

128 Kuby, 2018:70.

Nägel schmieden, die Sterne lesen, sondern die Freude am Meere wachrufen.«[129]

Was unsere Sehnsüchte dringend brauchen, ist eine Neuorientierung! »Anstatt dass wir den Mangel aus unserem Leben eliminieren, können wir ihn zum Herz unseres geistlichen Lebens machen.«[130] Dies geschieht dann, wenn wir erkennen, dass das Zulassen unserer Sehnsüchte zu einer offenen Tür zu Gott werden kann. Dass Gott gerade mitten in unseren tiefsten Sehnsüchten auf eine intime Weise erfahrbar wird, die mit nichts anderem zu vergleichen ist. Diese Neuorientierung ist umso wichtiger, weil das Hamsterrad des Lebens unsere Lebendigkeit nur zu leicht erstickt.

IM HAMSTERRAD DES LEBENS

Manchmal kommt mir mein Alltag vor wie eine Endlosschleife. Einmal mehr ist es Herbst geworden. Zeit für den Reifenwechsel, damit das Auto winterfest ist. Wie jedes Jahr. Am vergangenen Wochenende haben wir die Uhren auf Normalzeit zurückgestellt. Wie jedes Jahr. Heute ist Montag. Der Tag, an dem ich Großeinkauf mache. Wie jede Woche. Es gehört zu den ungelösten Rätseln der Menschheit, wie es möglich ist, dass eine vierköpfige Familie in einer Woche so viele Lebensmittel verbrauchen kann, dass jede neue Woche ein erneuter Großeinkauf nötig wird. Einkaufen. Waschen. Putzen. Allmonatliche Monatsrechnungen. Und wieder Einkaufen. Waschen. Putzen. Monatsrechnungen. Und wieder ein neuer Tag. Aufstehen. Essen. Zähne putzen. Arbeiten. Schlafen gehen. Am nächsten Tag dasselbe. Am Tag darauf auch. Manchmal fühle ich mich wie in einem riesigen Hamsterrad gefangen, aus dem es

---

129 Saint-Exupéry, Antoine, 1951. *Die Stadt in der Wüste: Citadelle.* Bad Salzig und Düsseldorf: Karl Rauch Verlag. S. 274. Vgl. https://tinyurl.com/qoe62ew [Stand: 13.12.2019].

130 »Au lieu d'éliminer le manque de notre vie, nous pouvons en faire le cœur de notre vie spirituelle!« (Kuby 2018:66).

kein Entrinnen gibt. Schon wieder Weihnachten. Erneut Jahresbeginn. Ostern. Steuererklärung ausfüllen. Sommerkleider. Sommerurlaub. Ein weiterer Geburtstag. Herbstanfang. Winterkleider. Und wieder Weihnachten. Das ganze Leben besteht aus unzähligen Wiederholungen. Es ist mir durchaus bewusst, dass das meiste von dem, was ich hier aufzähle, für viele Menschen auf dieser Welt eine Traumvorstellung ist. Beschämt muss ich mir daher gelegentlich in Erinnerung rufen, wie privilegiert ich eigentlich bin. Dann und wann beschleicht mich auch die Vorahnung, dass vieles von dem, was heute alltägliche Routine ist, in absehbarer Zukunft nur noch eine Erinnerung an vergangene Zeiten sein wird. In der Betriebsamkeit des Hamsterrads ändern diese tiefsinnigen Reflexionen allerdings verschwindend wenig an der Tatsache, dass ich diese Endlosschleife manchmal leid bin.

WIR BRAUCHEN GIPFELERFAHRUNGEN

Gerade *weil* die Wiederholungen des Lebens oft so ermüdend sind, braucht es Momente, in denen wir unser Leben aus einer anderen Perspektive sehen. Momente, in denen wir das Hamsterrad verlassen und unser Blick (zumindest zeitweilig) geschärft wird für das Wesentliche. Für die großen Zusammenhänge des Lebens. Für Sinnhaftigkeit. Für die Wirklichkeit hinter der Wirklichkeit, von der C. S. Lewis schrieb. Momente, in denen unser Herz auf eine Weise von Gott berührt wird, dass es neu Kraft schöpft für die Herausforderungen des alltäglichen Lebens. Vielleicht bräuchten auch wir manchmal so einen Wandschrank wie die Geschwister, die auf diesem Weg nach Narnia gelangten. Oder – für den Fall, dass kein solcher vorhanden ist – in einem anderen Bild gesprochen: Wir brauchen Gipfelerfahrungen! Unsere Sehnsucht drängt gewissermaßen danach. Sie strebt nach mehr,

> Berge machen uns das Geschenk der Weitsicht.

nach Weitsicht, Perspektive, Horizonterweiterung, Sinn und Erfüllung. Auf einem Berggipfel berühren sich Himmel und Erde. Wir besteigen Berge, um die Welt aus einer neuen Perspektive zu sehen. Und genau deshalb brauchen wir auch Gipfelerfahrungen: um daran erinnert zu werden, dass diese andere Dimension, die so viel größer ist als die diesseitige, existiert. Von einem Berggipfel aus sehen Hindernisse, die uns sonst riesig erschienen, plötzlich viel kleiner aus. Berge machen uns das Geschenk der Weitsicht.

GIPFELERFAHRUNGEN IN DER BIBEL

Wenn ich von »Gipfelerfahrungen« spreche, denke ich vor allem an die Bedeutung von Gipfelerfahrungen in Gottes Wort und weniger an den Begriff, der auch in der Psychologie verwendet wird. Was Letzteren betrifft, machte bereits Abraham Maslow, Mitbegründer der humanistischen Psychologie, in den Sechzigerjahren auf das Phänomen von Gipfelerfahrungen des Glücks aufmerksam, die wie Berggipfel weit über die Täler des Alltäglichen herausragen. Seiner Meinung nach gehören Gipfelerfahrungen zu den wichtigsten menschlichen Erfahrungen, da wir uns in solchen Momenten vollständig und ganz fühlen und Zugang zu unserem wahren Selbst haben. Das wiederum ermögliche es uns, die Welt in einem neuen Licht zu sehen. Gipfelerfahrungen tragen Maslow zufolge die Kraft in sich, uns nachhaltig zu verändern.

In der Bibel sind Gipfelerfahrungen mehr als Momente des persönlichen Glücksempfindens. Berge stehen wiederholt für einen besonderen Ort der Gottesbegegnung. Mose begegnete Gott in einem brennenden Busch *am Horeb, dem Berg Gottes* (2. Mose 3,1; HFA). Am Horeb schloss Gott den Bund mit seinem Volk. Gestärkt von der Speise, die er in der Wüste empfangen hatte, erreichte auch Elia den Gottesberg Horeb (1. Könige 19,8). Auf diesem Berg hörte er die leise, sanfte Stimme Gottes (1. Könige 19,12). Berge spielten auch im Leben von Jesus eine bedeutende Rolle. Auf dem Gipfel eines hohen Berges wies Jesus die Versuchungen des Teufels zurück (Matthäus 4; Lukas 4). Auf einem Berg berief Jesus seinen engsten Jüngerkreis – auch bekannt als zwölf Apostel (Markus 3,13-19). Hier erwachten sie zu einem neuen Lebenssinn und einer neuen Identität. Die berühmteste Rede der Menschheitsgeschichte ist die *Bergpredigt*. Der wichtigste Auftrag an die Jünger – nämlich die gute Botschaft in der ganzen Welt zu verbreiten – wurde ihnen auf einem Berg, *den Jesus für die Begegnung mit ihnen bestimmt hatte* (Matthäus 28,16; NGÜ), gegeben. Wiederholt lesen wir in der Bibel auch, dass Jesus auf einen Berg stieg, um zu beten und Zeit mit seinem himmlischen Vater zu verbringen (z. B. Matthäus 14,23).

GEISTLICHES ERWACHEN

Ein besonders schönes Beispiel für das, was bei einer Gipfelerfahrung geschehen kann, ist die Geschichte der Verklärung Jesu (Matthäus 17,1-8; Markus 9,2-13; Lukas 9,28-36). Jesus hatte Petrus, Johannes und Jakobus mit sich genommen, als er auf einen Berg stieg, um zu beten. Das war außergewöhnlich, weil er sonst meist allein ging. Es wird deutlich, dass er sie auf eine neue Ebene der Intimität einladen wollte. Er wollte ihnen mehr von sich offenbaren. Während Jesus betete, verwandelte sich sein Gesicht und sein Kleid wurde strahlend weiß. Plötzlich redeten zwei Männer mit ihm: Elia und Mose. Es muss ein sehr langes Gespräch gewesen sein, da die drei Jünger irgendwann völlig übermüdet einschliefen. Irgendwann wachten sie wieder auf: *Petrus aber und die mit ihm waren, waren beschwert vom Schlaf; als sie aber völlig aufgewacht waren, sahen sie seine Herrlichkeit* (Lukas 9,32; ELB). Wie nie zuvor wurde den Jüngern die Wirklichkeit der unsichtbaren Welt bewusst und sie sahen Jesus in seiner göttlichen Herrlichkeit. Im Grunde genommen entsprach dies einer alltäglichen Realität. Aber erst jetzt erkannten sie es. Der Vorhang der Dimensionen war gelüftet. Für einen kurzen Moment leuchtete für die Jünger auf überwältigende Weise auf, was Jesus längst wusste: Dass wir in einer Welt leben, die von Gott getränkt und durchdrungen ist. »Als sie aber völlig aufgewacht waren« – was für eine besondere Formulierung. Hier geht es um mehr als um ein körperliches Erwachen. In diesem Moment wurden die Augen der Jünger für eine geistliche Realität geöffnet, die den Blick auf ihren Alltag veränderte.

Ein Erwachen erlebte auch Jakob, nachdem ihm Gott im Traum in der Vision von einer Himmelsleiter begegnet war und er bei seinem Erwachen überwältigt feststellte: *»Tatsächlich – der HERR wohnt hier, und ich habe es nicht gewusst!«* (1. Mose 28,16; HFA). Ähnliches klingt auch bei den Jüngern von Emmaus an. Der Auferstandene war ihr Reisegefährte gewesen, der ihnen die Schrift ausgelegt hatte. Doch sie hatten ihn nicht erkannt. Erst als er mit ihnen an einem gewöhnlichen Tisch saß, das Brot nahm, Gott dafür dankte, es brach und ihnen reichte, *wurden ihnen die Augen geöffnet, und sie erkannten ihn* (Lukas 24,31; NGÜ). Lukas verwendet hier dieselbe Formulierung wie in 1. Mose 3, nachdem Adam und Eva Gottes Gebot missachtet hatten. Bloß wurden den Jüngern diesmal die Augen geöffnet für Gottes Wunder, für die Hoffnung und ein Leben, das über den Tod hinausgeht. Bereits unterwegs hatte sie eine Vorahnung dieser Wahrheit ergriffen: *»War uns nicht zumute, als würde ein Feuer in unserem Herzen brennen, während er unterwegs mit uns sprach und uns das Verständnis für die Schrift öffnete?«* (Lukas 24,32; NGÜ). Ein wichtiger Impuls auch für uns, dass wir solchen Ahnungen viel größere Beachtung schenken sollten. Martin Luther übersetzte an dieser Stelle: *Brannte nicht unser Herz,* als er mit uns redete auf dem Weg … Ein brennendes Herz ist die Umschreibung eines sehnsüchtigen Herzens. Sehnsucht steht am Anfang eines Erwachens, das unsere Augen für die geistliche Realität unseres Lebens öffnet und uns hierdurch auch mit einer neuen Wachheit für die Herausforderungen des Alltags ausstattet.

Gipfelerfahrungen öffnen uns neu die Augen dafür, dass wir in einer Welt leben, die von Gott getränkt und durchdrungen ist.

Ich stelle mir vor, dass die drei Jünger mit den Erlebnissen auf dem Berg der Verklärung etwas überfordert waren. Petrus, ein Mann der Tat, machte schließlich den Vorschlag, dass man doch drei Hütten bauen könne – eine für Jesus, eine für Mose und eine für Elia (Lukas 9,33). Gott selbst schnitt dem Wortführer der Jünger gewissermaßen das Wort ab: *Während er noch redete, kam plötzlich eine leuchtend helle Wolke und warf ihren Schatten auf sie, und aus der Wolke sprach eine Stimme: »Dies ist mein geliebter Sohn. An ihm habe ich Freude, und auf ihn sollt ihr hören!«* (Matthäus 17,5; NGÜ).

Gipfelerfahrungen markieren in der Bibel immer besondere Ereignisse. Es entspricht nicht Gottes Idee, dass wir uns auf Dauer auf dem Berggipfel niederlassen. Wenn uns die Augen für einen besonderen Moment geöffnet werden, ist dies ein besonderes Geschenk. Die richtige Reaktion auf das Erwachen ist Gehorsam: »Auf ihn sollt ihr hören!« Das heißt nichts anderes als: Tut, was Jesus euch sagt! Wir brauchen dieses Geschenk des Erwachens immer wieder neu. Egal, ob wir uns für unfähig halten oder aber für geistliche Superhelden. Es ist der Ort, wo unsere Sicht korrigiert und Gottes Willen unterstellt werden kann.

Danach mussten die Jünger den Gipfel wieder verlassen. Von dort aus führte der Weg nicht weiter zum nächsten Gipfel, sondern zurück in ihren Alltag, zurück zur Arbeit, zu den Anforderungen des Lebens, zurück zum Scheitern. Unmittelbar danach begegneten sie einem Mann, dessen Sohn schwer krank war, aber sie konnten dem Jungen nicht helfen (Matthäus 17,16). Der entscheidende Punkt ist jedoch: Jesus war mit ihnen vom Gipfel herabgekommen. Er ging mit ihnen. Stand ihnen zur Seite. Hielt ihr Unvermögen geduldig aus. Und irgendwann gab es einen anderen Berg.

Doch wie ist es denn möglich, dass wir heute zu »Gipfelerfahrungen« kommen? Kann man sie überhaupt gezielt herbeiführen? Ich möchte im Folgenden lieber von heiligen Momenten als von Gipfelerfahrungen sprechen, um noch deutlicher zu machen, worum es geht. Meiner Meinung nach sind heilige Momente nicht einfach so machbar. Damit heilige Momente möglich werden, braucht es (der erwähnten Geschichte und meiner Erfahrung nach) mindestens zwei Dinge: 1. meine Bereitschaft, mich von Gott in Bewegung setzen zu lassen (so, wie die Jünger Jesus auf den Berg folgten) und 2. Gottes übernatürliches Wirken an mir. Wenn ich an heilige Momente in meinem Leben denke, stand am Anfang meist ein göttlicher Impuls: Geh zu dieser Konferenz! Lies dieses Buch! Wage diese Reise! Sprich mit dieser Person! Sag Ja zu dieser Anfrage! Besuche dieses Konzert! ... Bereit zu sein, auf solche Impulse zu reagieren, bedeutet in erster Linie, gehorsam zu sein. Ein mutiger Gehorsamsschritt gibt Gott die Möglichkeit, sich mir in einer Weise zu offenbaren, wie ich es vorher noch nie erlebt habe. Heilige Momente sind nicht alltäglich, sondern vielmehr außergewöhnliche Erfahrungen, die wir wie einen Schatz in unseren Herzen hüten sollten. Und falls Ihnen in diesem Moment kein einziger heiliger Moment in Ihrem Leben einfällt, machen Sie sich keine Sorgen deswegen. Auch biblische Personen erlebten nur selten heilige Momente – einige erst in fortgeschrittenem Alter. Egal, ob Sie schon heilige Momente erlebt haben oder nicht: Strecken Sie sich mutig danach aus. Jesus möchte Ihnen noch so viel mehr über sich, aber auch über Sie offenbaren.

Wenn ich an heilige Momente in meinem Leben denke, stand am Anfang meist ein göttlicher Impuls.

Mit das Wichtigste, was wir in heiligen Momenten tun sollten, ist: Unsere Ohren spitzen und unser Herz weit machen, um offen zu sein für das, was Gott in unsere aktuelle Lebenssituation hineinsprechen möchte. Es geht darum, unseren Blick neu auf geistliche Wahrheiten zu lenken und unser Denken und unser Herz entschieden danach auszurichten. Dazu gehört, dass wir auch bereit sind, uns von Gott korrigieren zu lassen. Viel zu oft glauben wir den Lebenslügen, die andere Menschen uns einreden oder die der Satan uns einflüstert: Du taugst nichts. Du wirst es sowieso nicht schaffen. Du bist ein Versager. Du bist zu schwach. Dein Beitrag ist viel zu unbedeutend. Du bist ein hoffnungsloser Fall. Deine Schuld ist zu groß. Gott hat keine Geduld mehr mit dir.

Christine Caine erzählt in ihrem Buch *Unverschämt frei* von einem Vorfall, der ihrer Tochter Catherine in der Grundschule zustieß.[131] Christine brach es fast das Herz, als sie hörte, dass ein Junge aus der Klasse ihrer Tochter ihr das Spielzeug weggenommen und zu ihr gesagt hatte: »Du bist einfach dumm und hässlich.« Umso berührter war sie, als ihr die Lehrerin von der Reaktion ihrer Tochter erzählte: »Nein, bin ich nicht«, erwiderte die Fünfjährige dem Jungen. »Mein Papa sagt, ich bin schön und intelligent.« Catherine war zu jenem Zeitpunkt zwar noch sehr jung, aber doch alt genug, um zu verstehen und zu glauben, was ihr Vater ihr jeden Tag zusprach.

> In heiligen Momenten werden wir daran erinnert, was unser himmlischer Vater über unserem Leben ausspricht und wie überwältigend seine Pläne mit uns sind.

In heiligen Momenten werden wir daran erinnert, was unser himmlischer Vater über unser Leben ausspricht und wie überwältigend seine Pläne mit uns sind. Indem wir innerlich erwachen, erkennen wir ein Stück

131 Caine, Christine, 2018. *Unverschämt frei: Lass los, was dich belastet, und umarme dein Leben.* Gerth Medien. S. 170–173.

seiner Herrlichkeit. Wir hören damit auf, unsere menschlichen Vorstellungen auf Gott zu projizieren, und können im Glauben annehmen, dass seine Dimension unfassbar viel größer ist, als wir uns das je vorstellen können. Voller Sehnsucht können wir unsere Hände nach Gott ausstrecken, um noch so viel mehr von ihm zu empfangen. Von seiner Kraft. Von seiner Liebe. Von seiner Vergebung. Von seinem Trost. Von seiner Freude. Von seiner Fülle. Danach können wir uns neu gestärkt und innerlich aufgerichtet wieder dem Leben stellen.

Unerfüllte Sehnsucht aushalten

Der vielleicht schwierigste Teil bei der Auseinandersetzung mit unserer Sehnsucht ist die Erkenntnis, dass Gott nicht alle unsere Sehnsüchte stillt, wie es in Kapitel 2 bereits angeklungen ist. Mir ist bewusst, dass ich damit einer Aussage widerspreche, die man nicht selten von Christen hört und die da lautet: »Jesus stillt alle deine Sehnsüchte!« Dass Gott unsere Sehnsucht stillt, trifft meiner Meinung nach nur auf die Ursehnsucht zu. Doch selbst dies geschieht nicht einfach automatisch und auf Dauer. Ob und wie meine Ursehnsucht gestillt wird, hängt davon ab, in welchem Ausmaß ich Gottes Wirken an mir zulasse. Zudem geschieht Erfüllung auch hier bloß bruchstückhaft. In vollkommener Weise wird meine Ursehnsucht erst im Himmel gestillt.

Gott stillt nicht alle unsere Sehnsüchte.

Insbesondere im Hinblick auf alltägliche Sehnsüchte halte ich die Aussage »Jesus stillt alle deine Sehnsüchte« für äußerst problematisch. Sie verspricht etwas, das meiner Überzeugung nach weder dem Zeugnis der Bibel noch der Realität entspricht. Als ich dies vor einigen Monaten in einem Gottesdienst erwähnte, erhielt ich im Anschluss daran eine E-Mail, in der mir eine langjährige Christin schrieb: »Ich möchte dir herzlich danken für deine ehrlichen Worte. Ich habe zum ersten Mal gehört, dass Jesus nicht alle unsere Sehnsüchte ausfüllt. Sonst hört man ja eher, dass Jesus allen Mangel ausfüllen will. Deine Worte haben mich echt ermutigt!« Für sie war es eine große Entlastung zu hören, dass auch ein Christ unerfüllte Sehnsucht sehr schmerzlich empfinden kann.

DER SCHMERZ IST REAL

Meiner Erfahrung nach sind die Löcher in meiner Seele auch da, wenn ich ernsthaft mit Jesus unterwegs bin und mich immer wieder von seiner Kraft beschenken lasse. Unerfüllte Sehnsüchte können sich wie eine innere Wüstenzeit, eine geistliche Durststrecke anfühlen. Beispielsweise die Sehnsucht nach einer Familie – angesichts von Kinderlosigkeit; die Sehnsucht nach Heilung – angesichts einer unheilbaren Erkrankung; die Sehnsucht nach Versöhnung – angesichts eines schlimmen Konflikts; die Sehnsucht nach Perspektive – nach dem Tod des Ehepartners; die Sehnsucht nach einem Wunder – angesichts einer finanziellen Notsituation.

Unerfüllte Sehnsüchte auszuhalten, ist eine Spannung sondergleichen. Viele Fragen bleiben offen. Das hat auch der lutherische Theologe Dietrich Bonhoeffer erlebt, als er in Gefangenschaft geriet und dadurch von seiner geliebten Familie und seiner jungen Verlobten getrennt wurde. In ihrem Briefwechsel spürt man etwas davon, wie sich die beiden vor Sehnsucht nacheinander verzehrten. Wenige Monate vor seiner Hinrichtung schrieb Bonhoeffer in seiner Gefängniszelle:

> *»Es gibt nichts, was uns die Abwesenheit eines uns lieben Menschen ersetzen kann und man soll das auch garnicht versuchen; man muß es einfach aushalten und durchhalten; das klingt zunächst sehr hart, aber es ist doch zugleich ein großer Trost; denn indem die Lücke wirklich unausgefüllt bleibt, bleibt man durch sie miteinander verbunden. Es ist verkehrt, wenn man sagt, Gott füllt die Lücke aus;*

er füllt sie garnicht aus, sondern er hält sie vielmehr gerade unausgefüllt, und hilft uns dadurch, unsere echte Gemeinschaft – wenn auch unter Schmerzen – zu bewahren. Ferner: je schöner und voller die Erinnerungen, desto schwerer die Trennung.

Aber die Dankbarkeit verwandelt die Qual der Erinnerung in eine stille Freude. Man trägt das vergangene Schöne nicht wie einen Stachel, sondern wie ein kostbares Geschenk in sich. Man muß sich hüten, in den Erinnerungen zu wühlen, sich ihnen auszuliefern, wie man auch ein kostbares Geschenk nicht immerfort betrachtet, sondern nur zu besonderen Stunden und es sonst nur wie einen verborgenen Schatz, dessen man sich gewiß ist, besitzt; dann geht eine dauernde Freude und Kraft von dem Vergangenen aus. (...) Vom ersten Aufwachen bis zum Einschlafen müssen wir den anderen Menschen ganz und gar Gott befehlen und ihm überlassen, und aus unseren Sorgen um den Andren Gebete für ihn werden lassen.«[132]

Meine Sehnsucht nach einem Partner, nach Kindern, nach Gesundheit, nach einem neuen Job bleibt real und herausfordernd, auch wenn ich mit Jesus unterwegs bin.

SPANNUNGSFELD ALLTAG

Im Hinblick auf die Frage, wie Sehnsucht in meinem Leben zu einer positiven Lebenskraft werden kann, wuchs im Laufe der vergangenen Wochen in mir die Überzeugung, dass dies maßgeblich damit zusammenhängt, wie es mir gelingt, mit den Spannungsfeldern meines Lebens umzugehen. Mit all den unerfüllten Sehnsüchten. Mit zerstörten Träumen. Dem Spannungsfeld von Trauer und Freude, von Erfolg und Versagen, von Gewinn und Verlust, von Schönheit und Schmerz.

---

132 Bonhoeffer, Dietrich, 1998. *Widerstand und Ergebung*, DBW, Band 8. Gütersloh: Gütersloher Verlagshaus. S. 225 f.

Während ich diese Zeilen schreibe, ist es noch keine zwei Wochen her, dass ich an einem Freitagnachmittag zu einem Einsatz in die Ostschweiz unterwegs war. Es war ein traumhafter Herbsttag. Stahlblauer Himmel mit einigen imposanten Wolkenformationen, die sich vom Wind treiben ließen und fortwährend ihre Gestalt veränderten. Ungefähr zehn Minuten von unserem Zuhause entfernt fuhr ich auf die Autobahn in Richtung Zürich. Ich fuhr vorbei an reifen Feldern und an Waldstücken, deren herbstliche Färbung nicht länger zu verbergen war. Das Gold und Rostrot der Laubbäume bildete einen fantastischen Kontrast zum Blau des Himmels und dem Weiß der Wolken. Die Schönheit des Herbsttages entfaltete eine überaus wohltuende Wirkung. Ich stieß einen Seufzer der Erleichterung aus und spürte, wie der Druck der vergangenen Stunden, Tage und Wochen von mir wich. Selbst die Anspannung hinsichtlich des bevorstehenden Referats rückte in den Hintergrund. Zufrieden machte ich es mir im Autositz bequem (denn es wartete eine längere Fahrt auf mich), während ich das Autoradio einschaltete. Es war die Krönung meines Hochgefühls, als der Radiomoderator wenig später Louis Armstrong ankündigte, mit seinem Lied *What a Wonderful World (Was für eine wunderbare Welt)*. Ich sang aus voller Kehle mit: *I see trees of green, red roses too (Ich sehe grüne Bäume, auch rote Rosen). I see them bloom for me and you (Ich sehe sie für dich und mich blühen); And I think to myself what a wonderful world (Und ich denke mir, was für eine wunderbare Welt).*

Manchmal liegen das Schöne und das Schwere so dicht beisammen.

Als Louis Armstrong mit der zweiten Strophe begann, schien es mir, als wäre der Song für exakt diesen Moment geschrieben worden: *I see skies of blue and clouds of white (Ich sehe blaue Himmel und weiße Wolken) …*

Weiter kam ich nicht mit dem Mitsingen, weil ich mich auf die Ereignisse auf der Spur vor mir konzentrieren musste. Ich sah, dass es etwas weiter vorne auf der gegenüberliegenden Fahrbahn einen schweren Unfall gegeben hatte. Gleichzeitig nahm ich im Rückspiegel besorgt zur Kenntnis, dass der Fahrer des Lieferwagens unmittelbar hinter mir viel zu dicht auffuhr. Zwischen seiner vorderen und meiner hinteren Stoßstange blieben nur wenige Meter Abstand. Schließlich erreichten wir die Höhe, auf der sich auf der gegenüberliegenden Fahrbahn der Unfall ereignet hatte. Es sah schlimm aus. Ein älteres Ehepaar saß in Schockstarre in einem verbeulten Auto und wartete auf die Rettungskräfte. Dahinter staute sich der Verkehr so weit das Auge reichte. Ich konnte beim Vorbeifahren lediglich diese kleine Momentaufnahme erhaschen. Betroffen fuhr ich an der Unfallstelle vorbei, immer noch angespannt wegen des Fahrers hinter mir, der viel zu dicht auffuhr. Dann ging alles ganz schnell. Mit einem großen Knall krachten zwei Autos, die direkt vor mir auf der Überholspur fuhren, ineinander. Vermutlich hatte der vordere Fahrer auf Unfallhöhe abgebremst und der hintere Fahrer hatte es nicht bemerkt, weil er in jenem Moment vielleicht selbst einen Seitenblick auf die Unfallstelle geworfen hatte. Innerhalb von Sekunden verkeilten sich die beiden Autos vor mir ineinander und Autoteile flogen durch die Luft. Wie die anderen Fahrer um mich herum, trat auch ich mit aller Kraft auf die Bremse, um eine Massenkarambolage zu verhindern. Wie durch ein Wunder kam es zu keinen weiteren Zusammenstößen. Schlussendlich standen die Autos kreuz und quer auf der Autobahn still. Selbst dem Fahrer des Lieferwagens hinter mir war es gelungen, rechtzeitig abzubremsen, was ich in meinem Schrecken dankbar zur Kenntnis nahm. Jemand übernahm geistesgegenwärtig die Kontrolle über die Situation, alarmierte die Rettungskräfte und lotste die umstehenden Autos via Pannenstreifen an der Unfallstelle vorbei, um den Weg für die Helfer frei zu machen. Danach hatten wir wieder freie Bahn. Beim Weiterfahren zitterte ich am ganzen Körper. Mir wurde bewusst, wie knapp ich einem Unfall entgangen war. Traurig dachte ich an die beiden Kinder, die ich im Auto vor mir gesehen hatte. In diesem Moment realisierte ich, dass Louis Armstrong im Radio immer noch *What a Wonderful World* sang. Das wirkte so absurd, dass ich meine Tränen nicht mehr zurückhalten konnte. Dasselbe Lied. Derselbe stahlblaue Himmel. Derselbe wundervolle Herbsttag. Und doch schien plötzlich alles so verändert. So surreal.

Mit Sicherheit waren auch Sie schon in Situationen, in denen das Spannungsfeld zwischen der Schönheit des Lebens beziehungsweise unserer Welt und ihren Abgründen fast mit Händen zu greifen war. Manchmal liegen das Schöne und das Schwere so dicht beisammen.

SPANNUNGSFELD LEBEN

Spannungsfelder können die widersprüchlichsten Emotionen erzeugen. Ich denke zum Beispiel an die Geburt unserer Tochter. Es war eine sehr lange und schwierige Geburt. Die Wundversorgung im Anschluss war äußerst schmerzhaft und ich war am Ende meiner Kräfte. Doch gleichzeitig waren da diese unbändige Freude und die unbeschreibliche Dankbarkeit für das Wunder der Geburt unserer Tochter, die mein Herz vor Glück schier platzen ließen.

Oder ich denke an den Tag unserer Verlobung, den Ostersonntag, 3. April 1994. Mit unserer Verlobung wollten wir nicht nur unsere 3-jährige Freundschaftszeit krönen, sondern vor allem ein Zeichen setzen. Auf unserer Verlobungsanzeige war ein Foto zu sehen, das uns bei stürmischem Wetter, ganz verregnet, unter einem Schirm zeigt. Darunter stand geschrieben: »Auch wenn es draußen stürmt und tobt, ab Ostern sind wir zwei verlobt.« Damit meinten wir weit mehr als das Wetter. Es war eine harte Zeit, nicht zuletzt, weil Rolfs Vater im Sterben lag. Aber auch abgesehen davon war vieles ungewiss und schwierig. Unsere schlichte Verlobungsfeier fand in der kleinen Wohnstube der Familie Sommer statt, sodass mein Schwiegervater in spe – von seinem Krankenbett aus – zusehen konnte. Es war

> Spannungsfelder können die widersprüchlichsten Emotionen erzeugen.

ein bewegender Tag, mit vielen Tränen. Aber auch voller Freude und Dankbarkeit. Als wir am Nachmittag in meinem Elternhaus weiterfeierten, klingelte irgendwann das Telefon. Meine Mutter nahm den Anruf entgegen und wirkte anschließend seltsam bedrückt. Ich nahm zur Kenntnis, dass sie mit meinem Vater und Rolfs Mutter sprach. Als das Fest vorbei war, teilten sie uns mit, dass Rolfs Patenonkel an jenem Nachmittag gestorben war. Den darauffolgenden Tag verbrachten wir damit, die Todesanzeige zu erstellen und Adressen für den Versand der Anzeigen zu erfassen.

Dies ist bloß ein Einblick in zwei Spannungsfelder unserer Vergangenheit. Es gibt zahlreiche weitere – natürlich auch aktuelle. Es ist diese spannungsvolle Mixtur, die das Leben kostbar, wunderbar und zugleich schwierig macht. Freude und Leid liegen oft so nahe beieinander.

Abgesehen von persönlichen Spannungsfeldern ist es überaus schwierig, mit globalen Spannungsfeldern konfrontiert zu werden: mit Not, Ungerechtigkeit, Kriegen und Leid einerseits und dem Gefühl der Hilflosigkeit andererseits. Die Liste von Spannungsfeldern ist endlos. Welchen Spannungsfeldern sind Sie zurzeit ausgesetzt? Welche Gefühle löst dies in Ihnen aus?

AN SPANNUNGSFELDERN REIFEN

Auch wenn Spannungsfelder anstrengend sind und oft als schwierig erlebt werden, sind sie nicht einfach nur negativ zu bewerten. In einem gesunden Maß sind sie sogar ein elementarer Bestandteil des Lebens. Ohne Spannung fließt beispielsweise kein Strom. Ohne innere Körperspannung kann niemand aufrecht stehen. Nicht umsonst sprechen wir auch von der seelischen oder inneren »Spannkraft«, die uns hilft, spannungsvolle Zeiten durchzustehen. Auch dass es knistert zwischen zwei Menschen, dass ein Funke überspringt, dass Beziehungen gelebt werden können – selbst das ist eine Frucht der richtigen inneren Spannung. Spannungen gehören ganz selbstverständlich zum Leben dazu, ja, das Leben vollzieht sich geradezu in Spannungen. Gefährlich wird es dann, wenn zu lange »Hochspannung« herrscht. Gefährlich wird es aber auch dort, wo überhaupt keine Spannkraft mehr da ist. Wo das Spannungsfeld einer apathischen Resignation gewichen ist und damit die Lebendigkeit, Leidenschaften und Hoffnungen auf der Strecke geblieben sind.

Hie und da mag es Spannungen geben, an denen wir etwas ändern können, indem wir beispielsweise kürzertreten, einen Kontakt abbrechen oder den Wohnort wechseln. Doch sehr oft können wir nichts zur Veränderung einer Situation beitragen. Hätten wir eine Wahl, würden wir vielleicht am liebsten unsere Augen vor gewissen Spannungsfeldern verschließen. Doch das ist auf Dauer keine Option. Wenn wir lernen wollen, besser mit den sehnsüchtigen Spannungen des Lebens umzugehen, müssen wir beherzt hinschauen, uns der Situation stellen und unsere innere Spannkraft trainieren. Nur so können wir an der Situation reifen und besser mit dem Gefühlschaos umgehen lernen, das sich aus dem ständigen Kreislauf von Mangel und Begehren ergibt.

DIE SPANNKRAFT DER SEHNSUCHT TRAINIEREN

Die Spannkraft unserer Sehnsucht trainieren bedeutet zum Beispiel, unsere Gefühle besser aushalten zu lernen – sowohl die positiven als auch die negativen. Abgesehen davon müssen wir aber auch lernen herauszuspüren, wann wir an einer Hochspannungsgrenze ankommen, wo es gefährlich wird und wo es unbedingt nötig ist, dass unser Herz Entlastung findet.

> Wenn wir lernen wollen, besser mit den sehnsüchtigen Spannungen des Lebens umzugehen, müssen wir unsere innere Spannkraft trainieren.

Wenn jemand ein hochgestecktes Ziel erreichen will, braucht er nicht selten die Hilfe eines Trainers oder Coaches. Die brauchen wir auch beim Training unserer Sehnsuchtsspannkraft. Und von wem könnten wir besser lernen als von dem, der dieses Spannungsfeld bis zum Tod ausgehalten hat? Dem, der zwischen Himmel und Erde ausgespannt am Kreuz hing, verlassen von seinem Vater aus Liebe zu uns Menschen. Er ist es, der diejenigen, die unter der Last der Spannungsfelder in ihrem Leben fast zusammenbrechen, zu sich einlädt: *»Kommt zu mir, ihr alle, die ihr euch plagt und von eurer Last fast erdrückt werdet; ich werde sie euch abnehmen«* (Matthäus 11,28; NGÜ). Wir brauchen Gottes Hilfe, damit unsere Spannkraft zunimmt und wir innerlich »dehnbarer« werden. In gewissen Fällen ist auch professionelle Unterstützung notwendig, um mit bestimmten Spannungsfeldern klarzukommen.

SCHMERZ ALS TÜR ZU GOTT

Ich will aber auch nicht verschweigen, dass es im Erleben von unerfüllten Sehnsüchten Momente geben kann, die so dunkel sind, dass man an Gottes Liebe und Gegenwart zweifelt. Momente, in denen man sich von Gott verlassen und verraten fühlt. Auch die Psalmisten kannten solche dunklen Momente. Viele Psalmen zeugen von einer großen inneren Zerrissenheit und Traurigkeit.

Für den Fall, dass Sie sich genau jetzt in einer sehr schwierigen Situation befinden und fast daran verzweifeln, möchte ich Ihnen Mut zusprechen. Auch wenn Sie sich von Gott verlassen fühlen – er ist da! Selbst wenn es Ihnen im Moment nicht gelingt zu glauben, zu vertrauen, zu beten, zu hoffen – Sie sind gehalten. Der ewige Gott höchstpersönlich breitet seine Arme aus, um Sie zu tragen und zu schützen (5. Mose 33,27).

Wenn Ihnen Schlimmes widerfährt und Sie an unerfüllten Sehnsüchten leiden, können Sie nichts Besseres tun, als sich in Ihrem Schmerz an Jesus zu wenden und ihn zu bitten: Berühre mein Herz. Begegne mir hier. Ich brauche dich. Auch andere Dinge, die durch den erlebten Schmerz an die Oberfläche treten – schmerzliche Erinnerungen, Zweifel, Unglaube –, all dies ist bei Jesus an der richtigen Adresse. Stellen Sie sich vor, dass Ihr Schmerz eine Tür ist. Wenn Sie bereit sind, durch die Tür hindurchzugehen, können Sie in eine tiefere Beziehung zu Jesus hineinwachsen. Eine Beziehung, die es aushält, dass Fragen offenbleiben. Vielleicht haben Sie am Ende des Prozesses nicht mehr Klarheit gewonnen, aber dafür ein stärkeres Vertrauen. Keine spürbare Erleichterung Ihrer Situation, aber mehr innere Spannkraft, um die Situation auszuhalten.

Über die Schwelle dieser Tür zu schreiten, ist gleichzusetzen mit der Entscheidung: Ich will nicht, dass mich dieser Schmerz für den Rest meines Lebens lähmt. Ich will nicht, dass er über mich bestimmt und meine Gedanken und mein Leben dominiert. Es ist die Entscheidung für einen neuen Weg. Dieser neue Weg kann bedeuten, dass Sie Hilfe annehmen. Vielleicht eine Gesprächstherapie machen oder sich im Fall von Süchten, von denen Sie nicht loskommen, professionelle Hilfe suchen. Je nach Abhängigkeit vielleicht sogar einen Entzug antreten, damit Sie Wege aus der Sucht finden und frei davon werden.

> Lassen Sie sich durch den Schmerz hindurch von Gott zum Positiven verändern.

Lassen Sie sich durch den Schmerz hindurch von Gott zum Positiven verändern. Manchmal gebraucht Gott schmerzliche Erfahrungen in unserem Leben, um überhaupt zu uns durchzudringen. Wie oft sind wir so sehr von Alltäglichem in Beschlag genommen, dass wir Wesentliches aus dem Blick verlieren. Wir vergessen, wie abhängig wir eigentlich von Gott sind. Manchmal gebraucht er unseren Schmerz auch, um falsche Denkmuster zu korrigieren oder um Stellen in uns zu berühren, die schon einmal verwundet wurden, sodass unsere Wunde offengelegt wird und er sie heilen kann.

Als Paulus an einer schwierigen Situation in seinem Leben litt, sagte Jesus zu ihm: *»Meine Gnade ist alles, was du brauchst! Denn gerade wenn du schwach bist, wirkt meine Kraft ganz besonders an dir«* (2. Korinther 12,9). Das gilt auch für Ihr Leben! Letztlich ist es Gnade, wenn in Zeiten der Dunkelheit wieder eine innere Gewissheit wächst, dass Jesus da ist und dass er uns in aller Gebrochenheit durchträgt.

SPANNUNGSFELD IM PREDIGERBUCH

Spannungsfelder und damit verbundene Sehnsüchte sind übrigens auch ein Kernthema im Predigerbuch. Dies wird deutlich, wenn wir Prediger 3,11 – die Stelle mit der Ewigkeit im Herzen, auf die ich in Kapitel 3 eingegangen bin – in einem größeren Textzusammenhang betrachten.

Schon zu Beginn des Buches wird deutlich, dass sich der Prediger viele Gedanken über das menschliche Leben und dessen Vergänglichkeit macht (die wohl grundlegendste Spannung im menschlichen Leben überhaupt). Die Ereignisse wiederholen sich wie in einer Endlosschleife (vgl. Prediger 1,4-11) und stehen im Spannungsfeld von Gegensätzen.

Der Abschnitt, in dem Prediger 3,11 zu finden ist, beginnt mit den Worten: *Alles hat seine Zeit, alles auf dieser Welt hat seine ihm gesetzte Frist* (Prediger 3,1; NLB). Zur Illustration nennt der Verfasser die folgenden 14 Gegensatzpaare:[133]

- *Geborenwerden und Sterben* (V. 2a)
- *Pflanzen und Ausreißen* (V. 2b)
- *Töten und Heilen* (V. 3a)
- *Niederreißen und Aufbauen* (V. 3b)
- *Weinen und Lachen* (V. 4a)
- *Klagen und Tanzen* (V. 4b)
- *Steine wegwerfen und Steine sammeln* (V. 5a)
- *Umarmen und Distanz* (V. 5b)
- *Suchen und Verlieren* (V. 6a)
- *Behalten und Wegwerfen* (V. 6b)
- *Zerreißen und Zusammennähen* (V. 7a)

133 Gemäß eigener Übersetzung der Autorin.

- *Schweigen und Reden* (V. 7b)
- *Lieben und Hassen* (V. 8a)
- *Krieg und Frieden* (V. 8b)

Was für Spannungsfelder inmitten derer sich das menschliche Leben vollzieht! Kein Wunder, dass dies Fragen aufwirft. Fragen, die sich bis in die Gegenwart kaum verändert haben: Was soll das alles? Was hat der Mensch davon, dass er sich in dieser Endlosschleife des Lebens abmüht? (Vgl. Prediger 1,3 und 3,9). Was ist der Sinn des Ganzen?

Bleibt denn angesichts dieser Ausgangslage letztlich nur die Verzweiflung? Dieser Schluss wäre durchaus naheliegend, zumindest wenn man gewisse Passagen im Predigerbuch im Hinterkopf hat. Daher lautet die spannende Frage, wie denn der Prediger dieses Dilemma für sich auflöst. Er, der Mann voller Weisheit – welchen Rat gibt er seinen Lesern? Wie sollen sie seiner Meinung nach mit diesen Spannungsfeldern des Lebens umgehen? Damit, dass das Leben nie perfekt sein wird? Dass uns immer wieder Katastrophen ereilen werden? Dass unsere Sehnsüchte im Hier und Jetzt nie vollends gestillt werden?

Der Prediger beendet seine Weisheitsrede mit den Worten: *Als Ergebnis dieser ganzen Gedanken will ich dir Folgendes mitgeben: Bring Gott Achtung entgegen und tu das, was er in seinen Geboten fordert! Das gilt für jeden Menschen. Gott wird über alle unsere Taten Gericht halten – seien sie gut oder böse – selbst über die Taten, die im Verborgenen liegen* (Prediger 12,13-14; NLB). Wie kommt er denn nun in der Essenz seiner Gedanken darauf, dass alles mit Gottesfurcht enden soll? (»Furcht« steht hier nicht für Angst, sondern für vertrauensvollen Gehorsam.) Wie ist das zusammenzubringen mit dem, was der Prediger vorher schreibt bezüglich der Sinnlosigkeit des menschlichen Mühens?

Wenn der Prediger erklärt, das Leben sei sinnlos und bedeutungslos, so meint er damit nicht, dass es nicht wert ist, gelebt zu werden. Die Formulierung »unter der Sonne«, die im Predigerbuch insgesamt 29-mal verwendet wird, kann man übrigens auch so verstehen, dass sie sich auf Aussagen und Einstellungen bezieht, wie sie rein diesseitig beurteilt erscheinen – ohne Bezug zu Gott. Doch Gottes Souveränität, sein Wirken, seine Führungen und Gedanken übersteigen das Diesseitige (Jesaja 55,9).

FREUDE STATT VERBITTERUNG

Im Predigerbuch – und darüber hinaus in der ganzen Bibel – wird deutlich, dass sich Gott für unser Leben nicht einfach wünscht, dass wir die Spannungsfelder des Lebens mit Müh und Not, mit Ach und Weh irgendwie durchstehen und überleben. Nein, er wünscht sich, dass wir mitten in unserem spannungsvoll-sehnsüchtigen Dasein eine Freude erfahren, die übermenschlich ist. Eine Freude, die nicht aus menschlicher Kraft erwirkt werden kann, weil sie sich aus einer anderen Quelle speist – nämlich aus der Verbindung mit dem lebendigen Gott. So, wie wir es bei der Samaritanerin gesehen haben: Obwohl die Spannungsfelder ihres Lebens auch nach der Begegnung mit Jesus weiterbestanden, war die Frau beseelt von einer Lebendigkeit und Freude, die sich sogar auf die übrigen Stadtbewohner übertrug.

Wir sollten nicht all das Gute und Schöne aus den Augen verlieren, das uns Gott mitten in den Spannungsfeldern des Lebens vor die Füße legt.

Es wäre weit gefehlt und überhaupt nicht im Sinne des »Predigers«, an dem, was uns Menschen sinnlos erscheint und was wir nicht verstehen können, zu verzweifeln. Ganz im Gegenteil! Den entscheidenden Hinweis finden wir in den Versen, die der Aussage mit der Ewigkeit im Herzen folgen: *Dadurch wurde mir klar, dass es das Beste für den Menschen ist, sich zu freuen und das zu genießen, was er hat. Denn es ist ein Geschenk Gottes, wenn jemand isst und trinkt und sich über die Früchte seiner Arbeit freuen kann* (Prediger 3,12-13; NLB). Das bedeutet mit eigenen Worten formuliert: Angesichts der Tatsache, dass der Mensch die Geheimnisse Gottes, seine Pläne und sein Wirken nie vollends erfassen wird, wurde dem Prediger klar, dass es nicht die Lösung ist, an einer Situation – an der wir rein gar nichts ändern und deren Sinn wir nicht ergründen können – zu verzweifeln, sondern dass es von viel größerer Bedeutung ist, dass wir nicht all das Gute und Schöne aus den Augen verlieren, das uns Gott mitten in den Spannungsfeldern des Lebens vor die Füße legt. Wir sollten nicht dem Fehler unterliegen, zynisch und bitter zu werden, weil wir alles Gute und Schöne im Leben anzweifeln, sondern wir sollten unseren Blick vielmehr auf den Schöpfer richten, der uns so unfassbar viel geschenkt hat und uns immer wieder neu beschenkt.

Es mag im ersten Moment vielleicht überraschen, aber wenn man das Predigerbuch mal aus dieser Perspektive liest, zieht sich der Kerngedanke der Freude spätestens ab dem Ende von Kapitel 2 fast refrainartig und in verschiedenen Variationen wie ein roter Faden durch den Rest des Buches. Hier einige Freuden-Splitter (alle nach NLB):

- *Es gibt nichts Besseres für den Menschen,* ***als sich an dem zu freuen****, was er isst und trinkt, und das Leben trotz aller Mühe zu genießen. Doch ich erkannte, dass auch das ein Geschenk Gottes ist* (Prediger 2,24).

- *Gott schenkt demjenigen, der ihm gefällt, Weisheit, Erkenntnis* ***und Freude*** (Prediger 2,26).

- ***Wenn es dir gut geht: Freu dich daran****! Und wenn du von Unglück betroffen bist: Denk daran, dass dieser Tag wie auch jener von Gott gekommen ist, damit der Mensch nicht herausfinden kann, was die Zukunft bringt* (Prediger 7,14).

- *Das ergibt auch keinen Sinn auf dieser Welt: Es gibt Menschen, die leben gerecht und werden trotzdem mit einem Schicksal bestraft, das eigentlich derjenige verdient hätte, der falsch und böse lebt. Ich kann nur sagen, dass das einfach sinnlos ist!* ***Des-***

halb singe ich ein Loblied auf die Freude! *Es gibt für einen Menschen nichts Besseres auf der Welt, als dass er isst und trinkt und sich an seinem Leben freut. Das wird ihn während seines ganzen Lebens, das Gott ihm gibt, und trotz aller Mühe, die mit seiner Arbeit verbunden ist, begleiten* (Prediger 8,14-15).

- *Deshalb:* ***Iss, trink und sei fröhlich dabei****. Denn Gott gefällt dein Tun seit Langem! Trag saubere Kleidung und pfleg dein Gesicht mit Salbe. Sei glücklich mit der Frau, die du liebst; genieß jeden flüchtigen Tag deines kurzen Lebens, das Gott dir auf dieser Erde gegeben hat. Denn das ist der Lohn, den du für deine irdischen Mühen bekommst* (Prediger 9,7-9).

Der Autor verschweigt in keiner Weise die Härte des menschlichen Daseins. Doch obwohl das Buch an manchen Stellen pessimistisch klingt, überwiegt letztlich immer wieder die Freude. Wer sich anstatt für Verbitterung für Freude entscheidet und dankbar alles Gute und Schöne in seinem Leben aus Gottes Händen annimmt (selbst wenn gewisse Lebensumstände schmerzlich und schwierig sind und bleiben), betreibt die beste Vorsorge für sein Herz. Er schafft die Voraussetzung dafür, dass es nicht hart wird, sondern berührbar bleibt – für Gott, andere Menschen, Leidenschaften und vieles mehr.

KRAFTVOLLE FREUDE

Auch im Zitat von Bonhoeffer ist etwas hiervon angeklungen: dass Freude selbst in schwierigen Lebenssituationen möglich ist. Hier ist von einer ganz anderen Qualität von Freude die Rede, als wir gemeinhin darunter verstehen. Es geht um Freude, die unabhängig von äußeren Umständen ist. Der Prophet Nehemia ermutigt das Volk Israel: *»Lasst den Mut nicht sinken, denn die Freude am HERRN gibt euch Kraft!«* (Nehemia 8,10; HFA). Paulus fordert zu dieser Freude auf, obwohl er zu jenem Zeitpunkt im Gefängnis sitzt: *Freut euch, was auch immer geschieht; freut euch darüber, dass ihr mit dem Herrn verbunden seid! Und noch einmal sage ich: Freut euch!* (Philipper 4,4; NGÜ). Es geht um die Freude an Gott, der auch an den Tiefpunkten unseres Lebens für uns da ist. Der an seiner Liebe und Treue zu uns festhält, sogar dann, wenn wir aus eigenem Verschulden in einer Lebenswüste gelandet sind. Es geht um die dankbare Freude, dass wir selbst in den dunkelsten Stunden unseres Lebens mit Jesus verbunden sein können und er uns niemals im Stich lässt. Mitten in einer schwierigen Situation, voller Sehnsucht nach dem lebendigen Gott, schreibt David in der Wüste Juda: *Deine Nähe sättigt den Hunger meiner Seele wie ein Festmahl, mit meinem Mund will ich dich loben, ja, über meine Lippen kommt großer Jubel* (Psalm 63,6; NGÜ).

Freude ist selbst in schwierigen Lebenssituationen möglich.

Zu einer solchen Freude durchzudringen, ist mein großer Herzenswunsch. Mir ist aber auch bewusst, dass ich diesbezüglich noch viel lernen muss. Ich ahne etwas davon und erkenne es an Menschen, die bereits zu dieser Freude durchgedrungen sind, dass hier ein tiefes Geheimnis der Zufriedenheit, Gelassenheit und Erfüllung liegt.

Meiner Sehnsucht Segel setzen

Sehnsucht als Chance zu ergreifen, ist die Aufgabe der Gegenwart. Doch Sehnsucht will auch im Hinblick auf unsere Zukunftsgestaltung zur Lebenskraft werden. Darum geht es in diesem letzten Abschnitt. Meiner Sehnsucht Segel setzen, bedeutet: Ich will nicht ziellos in meinen Lebensgewässern herumdümpeln, sondern sehnsüchtig, visionär, lebensmutig und zielorientiert meine Zukunft gestalten. Ich will mich von meiner Sehnsucht zu Abenteuern bewegen lassen, die Gott durch mich in dieser Welt in Gang setzen möchte. Und sollte ich vom Kurs abkommen, will ich mich an meinem inneren Sehnsuchtskompass orientieren und meine Segel neu ausrichten.

Sehnsüchte sind wie Wegweiser.

Sehnsüchtige Gefühle sind wie Wegweiser. Sie zeigen an: Da will ich hin. Das zieht mich an. Das gefällt mir. Das macht mich glücklich. Da sind meine Grenzen, meine Fähigkeiten, meine Leidenschaften, meine Träume. Was ist mir wichtig im Hinblick auf meine Zukunft? Welche neuen Möglichkeiten kristallisieren sich auf meinem Weg heraus? Wo könnten meine neuen Prioritäten liegen?

Rainer Maria Rilke hat in einem Gedicht in seinem *Stundenbuch* der Vorstellung Ausdruck verliehen, dass Gott jedem Menschen vor seiner Erschaffung zuspricht:

Von deinen Sinnen hinausgesandt,
geh bis an deiner Sehnsucht Rand;
gib mir Gewand.[134]

Der Mensch soll Gott »ein Gewand geben« – ihn sichtbar machen in dieser Welt. Und bei all dem bis an den Rand seiner Sehnsucht gehen. Sehnsucht soll nicht unterdrückt werden, sondern ihre ganze Kraft entfalten in einem menschlichen Leben. Sie soll Ausdruck finden – in Musik, in Bildern, in liebevollen Beziehungen, in einer sinnstiftenden Tätigkeit. Wir tragen Sehnsucht in unseren Herzen und gleichzeitig führt sie uns über uns selbst hinaus. Sie lässt Dinge erblühen und kann zu einer Quelle werden, aus der wir leben.

---

134 Geschrieben am 4.10.1899 in Berlin-Schmargendorf. Abgedruckt im *Stundenbuch* von Rilke, Bd I, 1975, S. 294.

GESCHRUMPFTE SEHNSUCHT

Der indische Geistliche Anthony de Mello erzählte einst die folgende Geschichte:

»Nach dreißig Jahren gemeinsamen Fernsehens sagt ein Mann zu seiner Frau: ›Lass uns heute Abend etwas wirklich Aufregendes unternehmen!‹ Sofort tauchen vor ihrem Auge Visionen von einer Nacht in der Stadt auf. ›Phantastisch!‹ sagt sie. ›Was wollen wir machen?‹ ›Wir könnten einmal die Sessel tauschen.‹«[135]

Für diesen Mann bestand die ganze Sehnsucht nach etwas Aufregendem darin, die Sessel zu tauschen. Dreißig Jahre vor dem Fernseher hatten seine Sehnsucht kontinuierlich schrumpfen lassen.

Ein andermal erzählte de Mello: *»In einer kleinen Grenzstadt lebte ein alter Mann schon fünfzig Jahre in dem gleichen Haus. Eines Tages zog er zum Erstaunen seiner Umgebung in das Nachbarhaus um. Reporter der Lokalzeitung sprachen bei ihm vor, um nach dem Grund zu fragen: ›Ich glaube, das ist der Zigeuner in mir‹, sagte er mit zufriedenem Lächeln.«*[136]

Es ist eine traurige Tatsache, dass sich die Sehnsucht vieler Menschen durch Selbstzufriedenheit oder Resignation auf ein Minimum reduziert hat. Und den meisten ist dieser Umstand nicht einmal bewusst. Lassen Sie nicht zu, dass Ihre Sehnsucht zur Unkenntlichkeit zusammenschrumpft. Wagen Sie es, Sehnsucht in Ihrem Herzen zuzulassen – und zwar nicht nur im Mindestmaß, sondern im Überfluss. Auf dass eine neue Dimension von Fülle, Abenteuer und Grenzerweiterung in Ihrem Alltag Einzug halte!

---

135 Zit. in: Grün, Anselm, 2003. *Buch der Sehnsucht*. Hg. Von Anton Lichtenauer. Freiburg: Herder. S. 16.

136 Zit. in: Grün, 2003:17.

»BINDE DEINEN KARREN AN EINEN STERN«

Das Universalgenie Leonardo da Vinci soll einmal dazu aufgefordert haben: »Binde deinen Karren an einen Stern.« Im ersten Moment mögen da Vincis Worte verwundern. Zu seiner Zeit hat man einen Karren vermutlich an einen Esel, einen Ochsen oder an ein Pferd gebunden. Schließlich brauchte man eine Kraft, die den Karren voranbrachte oder aus dem Dreck zog. Aber den Karren an einen Stern binden? Das war vielleicht höchstens eine Idee für Träumer und Spinner ... Angesichts der Lasten, die es im Leben manchmal zu schleppen gilt, könnte man sich schon hin und wieder nach einem »Stern« sehnen – einem Licht am Horizont, das einem erschöpften Herzen wieder neuen Mut und Hoffnung gibt. Mich fasziniert dieser Satz, denn es steckt beides darin: die Erdenschwere eines vollgepackten Lebenskarrens und die Sehnsucht nach einer Vision, die größer und mutiger ist, als ich mir oft vorzustellen wage. Wer seinen Karren an einen Stern bindet, vertraut auf himmlische Kräfte.

> Mit Gottes Hilfe können Träume gelebt werden, Visionen heranreifen und Dinge geschehen, die menschlich gesehen unmöglich sind.

Als ich dieses Zitat von Leonardo da Vinci zum ersten Mal las, gingen mir spontan die Weisen aus dem Morgenland durch den Kopf. Eine ungewöhnliche Sternenkonstellation wies ihrer Meinung nach auf ein epochemachendes geschichtliches Ereignis hin: die Geburt eines neuen Königs der Juden. Dass das Ereignis in den Schriften verheißen war und in den Sternen stand, reichte ihnen aus, um zu einer beschwerlichen Reise aufzubrechen, damit sie sich mit eigenen Augen von den Geschehnissen überzeugen konnten. Sie folgten dem Licht in der Dunkelheit. Sie folgten dem Hoffnungsschein und blieben dabei ihrer hoffnungsvollen Sehnsucht nach einer besseren Zeit, einer besseren Welt auf der Spur. Alle Widrigkeiten, Hindernisse und Widerstände wurden reich belohnt. Am Ziel ihrer Reise fanden sie den neugeborenen König.

Den Messias. Das Licht der Welt. So könnte man den Stern im Zitat auch als den Morgenstern deuten, von dem in 2. Petrus 1,19 und in Offenbarung 22,16 die Rede ist und der sinnbildlich für Jesus Christus steht. Indem wir ihm folgen, sollen wir immer sehnsüchtiger und immer lebensmutiger werden, nach den Sternen greifen und dem nachgehen, was er uns aufs Herz legt. Jesus sieht noch so viel Wachstumspotenzial in uns und sehnt sich danach, uns mehr und mehr in die Weite seiner Dimension einzuführen. Wenn wir unseren Lebenskarren mit Gottes Größe in Verbindung bringen und unseren Blick fest auf ihn richten, sind wir geerdet und visionär zugleich. Mit Gottes Hilfe können Träume gelebt werden, Visionen heranreifen und Dinge geschehen, die menschlich gesehen unmöglich sind.

DIE BEDEUTUNG VON WEGGEFÄHRTEN

In so vielen Geschichten, die ich in diesem Buch erwähnt habe, wird zwischen den Zeilen die Bedeutung von Weggefährten auf unserer Lebensreise deutlich. Sei dies bei den Weisen aus dem Morgenland; bei Petrus, Johannes und Jakobus auf dem Berg der Verklärung; bei den Emmaus-Jüngern; ja, bei der Jüngerschar überhaupt. Wir brauchen Weggefährten auf unserer Reise der Sehnsucht. Menschen, die unseren Herzschlag spüren und uns ermutigen dranzubleiben, wenn wir den Stern in der Dunkelheit nicht mehr erkennen können. Menschen, die für uns da sind und im Gebet für uns einstehen, wenn der Gegenwind so stark wird, dass wir auf unserer Reise müde werden und am liebsten aufgeben würden. Gibt es auf Ihrer Reise der Sehnsucht Weggefährten, die Ihnen zur Seite stehen? Falls nicht, beten Sie dafür, dass Gott Ihnen Unterstützer schenkt, und halten Sie Augen und Ohren offen nach ihnen. Wenn Ihnen ein ganz bestimmtes Thema, eine bestimmte Unzufriedenheit auf dem Herzen liegt, kann es Sinn machen, sich mit anderen Menschen zu verbünden, die dieselbe Unzufriedenheit bewegt. Wie auch immer – wagen Sie auch hier mutige Schritte!

Was uns von Gott geschenkt ist – Nahrung für unsere Seele, innere Freiheit und Freude, Vergebung – wird zugleich zu einem Auftrag an uns alle. Wir sind beauftragt, auch andere an dieser Botschaft der Hoffnung und Rettung teilhaben zu lassen, die ewiges Leben ermöglicht, von dem wir schon im Hier und Jetzt kosten dürfen. Der höchste Auftrag lautet: *»›Du sollst den Herrn, deinen Gott, lieben von ganzem Herzen, mit ganzer Hingabe und mit deinem ganzen Verstand.‹ Das ist das erste und wichtigste Gebot. Ebenso wichtig ist aber ein zweites: ›Liebe deinen Mitmenschen wie dich selbst‹«* (Matthäus 22,37-39).

Darüber hinaus hat Gott uns auch persönliche Aufträge anvertraut. Aufträge, die – wie bereits erwähnt – im Zusammenhang mit individuellen Unzufriedenheiten, Leidenschaften, Begabungen und manchmal auch Lebensführungen (oder sogar Schicksalen) stehen. Diese individuellen Sehnsüchte stehen im Einklang und nicht im Widerspruch mit der Ursehnsucht nach Gott und Grundsehnsüchten, die auf Gott hinweisen. Sie werden von diesen genährt und getragen und gehen doch über jene hinaus. In einen Bereich der persönlichen Beauftragung, der einem Leben eine einzigartige Ausrichtung geben kann.

Im Zusammenhang mit der Formulierung in Prediger 3,11, dass Gott die Ewigkeit ins menschliche Herz gelegt hat, habe ich darauf hingewiesen, dass auch an anderen Stellen im Alten Testament davon die Rede ist, dass Gott Einzelpersonen oder seinem Volk eine bestimmte Fähigkeit oder Idee ins Herz gelegt hat. Etwas Gottgeschenktes, weil Gott selbst durch diesen speziellen Menschen oder sein Volk etwas Außergewöhnliches in dieser Welt bewegen wollte. Kunstwerke, Erfindungen, gesellschaftliche Umbrüche, große und kleine Hilfsprojekte sind gegen alle Wahrscheinlichkeit wahr geworden, weil Menschen das Unvorstellbare gewagt haben und unbeirrt und mutig einem Lebenstraum, der zugleich ein von Gott geschenkter Lebensauftrag war, gefolgt sind. Gott möchte auch mit Ihnen Geschichte schreiben. Er hat auch Ihnen Fähigkeiten und Leidenschaften geschenkt. Nun liegt es an Ihnen, im Gespräch mit Ihrem Schöpfer herauszufinden, inwiefern diese anderen Menschen zum Segen werden können. Wo sind Sie aufgefordert, mutig und vertrauensvoll aufzubrechen und einer bestimmten Sehnsucht zu folgen, weil Sie sich von Jesus so geführt sehen? Es braucht sehr viel Mut, Sicherheiten aufzugeben und einen solchen Vertrauensschritt zu wagen.

Ich selbst habe vor vielen Jahren zaghaft in einem Tagebuch meinen damals sehr unrealistisch erscheinenden Traum notiert, dass ich gerne mal ein Buch schreiben würde. Obwohl ich es mir eigentlich nie wirklich zugetraut habe, bin ich diesem Traum jahrelang über viele Hürden hinweg gefolgt, um schließlich berührt festzustellen, dass es sich bei dem Schreiben um einen göttlichen Auftrag für mein Leben handelt. Gottes Aufträgen zu folgen ist nicht immer leicht. Es kann viel von uns fordern. Abgesehen von den Ressourcen, die es kostet (Zeit, Kraft, Ausdauer, Geld, Mut etc.), bleiben uns auch Rückschläge, Enttäuschungen, Krisen und Kritik nicht erspart. Umso wichtiger, dass wir uns immer wieder an Jesus, dem Morgenstern, ausrichten und alles, was wir denken und tun, stets aufs Neue vor den Spiegel der Ewigkeit stellen. In der Gewissheit, dass unsere Sehnsucht letztlich darauf abzielt, uns in die überwältigende Gegenwart Gottes zu führen. Überreich beschenkt von seiner Nähe, seiner Gnade, Liebe, Güte und seinem Schöpfergeist können wir auch andere Menschen beschenken, indem wir ihnen zum Segen werden mit dem, was unseren sehnsüchtigen Herzen entspringt: Gedanken, Produkten, Hilfsprojekten, Predigten, Liedern, Bildern, Texten, Filmen, Ehrenämtern und vielem mehr. Schaffen Sie Ihrer Sehnsucht und Gottes Wirken in Ihrem Herzen weiten Raum, damit der Ewige durch Sie hindurchstrahlt.

Gott möchte auch mit Ihnen Geschichte schreiben!

Zum Abschluss noch ein Gedanke, der mir sehr am Herzen liegt. Als ich neulich in einem Vortrag über die Bedeutung eines Lebensauftrags sprach und meine Zuhörer dazu ermutigte, herauszufinden, welche besondere Aufgabe Gott in ihr Leben gelegt haben könnte, kam im Anschluss daran eine Frau mit Tränen in den Augen auf mich zu. Sie sagte zu mir: »Ich frage mich schon so lange und weiß einfach nicht, was ich tun soll und was Gott von mir will.« Es stellte sich heraus, dass sie sich seit längerer Zeit in einem Zustand großer Erschöpfung befand. Ich erinnerte sie daran, dass es im Leben unterschiedliche Phasen gibt und dass es für sie im Moment vielleicht einfach nur dran ist, in Gottes Gegenwart neue Kraft zu schöpfen. Egal, wie lange diese Phase dauert. Denn Jesus geht es nicht um unsere Leistung, sondern um unsere Herzen. Alles, was an Taten entsteht, soll dem entspringen, was er an und in unseren Herzen tut.

Ihr Wert hängt in Gottes Augen in keiner Weise davon ab, was Sie tun oder nicht tun.

Falls Sie sich zurzeit in einer solchen Lebensphase befinden, möchte ich Sie ermutigen: Entspannen Sie sich. Setzen Sie sich gelassen vor den Spiegel der Ewigkeit. Lassen Sie Ihr Herz von der Herrlichkeit Jesu berühren. Ruhen Sie in seiner Gegenwart. Lernen Sie Ihre Sehnsüchte wieder wahrzunehmen. Kommen Sie mit dem Hunger und Durst Ihrer Seele vor Gott und empfangen Sie göttliche Nahrung. So, wie es auch Elia in seiner Erschöpfung in der Wüste erfahren durfte (1. Könige 19,4-8). Das ist genug. Und das Beste, was ein Mensch überhaupt tun kann. Ihr Wert hängt in Gottes Augen in keiner Weise davon ab, was Sie tun oder nicht tun. Sie sind kostbar und wertvoll, weil Sie in seinem Ebenbild erschaffen sind. Weil er Sie erlöst hat und Sie durch die unsichtbare Nabelschnur der Liebe untrennbar mit ihm verbunden sind. Nehmen Sie sich diese Zeit so lange wie nötig. Eine Woche lang. Einen Monat. Ein Jahr. Drei Jahre. Zehn Jahre ... So lange, bis Gott selbst Ihnen zeigt, dass nun eine neue Phase anbricht. Und dann werden Sie sich gestärkt, lebensmutig und freudig einer Aufgabe stellen können, die Gott auf Sie maßgeschneidert hat. Letztlich gilt auch hier: Alles hat seine Zeit.

Sehnsuchtsimpulse 5

Dieses abschließende Kapitel hat sich der Frage gewidmet, wie Sehnsucht denn nun ganz konkret zu einer Lebenskraft in unserem Alltag werden kann. Zu den vier genannten Schwerpunkten finden Sie nachfolgend einige Vertiefungsfragen.

- Der Spiegel der Ewigkeit konfrontiert uns mit unserer Vergänglichkeit. Gehen Sie zurück zu einer Sehnsucht, die Sie in Kapitel 2 formuliert haben (oder wählen Sie sonst eine aktuelle Sehnsucht Ihres Lebens) und stellen Sie sie vor den Spiegel der Ewigkeit. Was geht Ihnen dabei durch den Kopf? Bitten Sie Jesus darum, dass er zu Ihnen spricht und er Sie seinen Willen erkennen lässt.

- Gibt es in Ihrem Leben eine »heilige Unzufriedenheit«? Wenn ja, was für eine und für welche Sehnsucht steht sie?

- Zu welcher Sehnsuchtsfalle tendieren Sie eher: zur schnellen Ersatzbefriedigung oder zur Verleugnung Ihrer Sehnsucht? Überlegen Sie sich ein konkretes Beispiel und tauschen Sie sich darüber aus, sofern es die Vertraulichkeit des Rahmens zulässt. Das kann helfen, gewisse Verhaltensmuster deutlicher zu erkennen. Was könnte Ihnen helfen auf dem Weg dahin, Ihrer Sehnsucht Raum zu schaffen?

- Planen Sie für die kommenden Wochen einen Ausflug ein, der Ihrer Vorstellung von einer »Gipfelerfahrung« entspricht. Sei es ein realer Ausflug in die Bergwelt oder aber eine Gipfelerfahrung im übertragenen Sinn – als Aussteigen aus dem Hamsterrad und bewusstes Begeben in eine Situation, in der Sie sich Gott besonders nahe fühlen. Das kann der Besuch eines geistlichen Vorbilds sein, eine Schifffahrt, die Lektüre eines Buches, das Sie schon lange lesen wollten ...

- Hören Sie während Ihrer »Gipfelerfahrung« in Anlehnung an Matthäus 17,5 (»Auf ihn sollt ihr hören« – Tut, was er euch sagt) auf Gottes Stimme. Was sagt Gott zu Ihnen? Wo entlarvt er Lebenslügen? Wo verändert er Ihre Sichtweise? Was trägt er Ihnen auf?

- Wo befinden Sie sich gegenwärtig in einem Spannungsfeld (oder mehreren Spannungsfeldern)? Wie fühlen Sie sich in dieser Situation? Nehmen Sie sich gedanklich dasjenige Spannungsfeld vor, das aktuell am schwierigsten auszuhalten ist. Angenommen, Sie müssten die Stärke dieses Spannungsfeldes auf einer Skala von 0–10 angeben (wobei 0 für eine gut erträgliche Spannung und 10 für Hochspannung steht), bei welcher Zahl würden Sie landen? Sofern Ihre Zahl 8 oder mehr ist: Erinnern Sie sich daran, dass es gefährlich wird, wenn wir zu lange unter Hochspannung stehen. Überlegen Sie sich: Was war der Auslöser für die Spannung? Handelt es sich um ein Spannungsfeld, an dem Sie etwas ändern können? Holen Sie den Rat von Freunden ein (oder allenfalls auch professionellen Rat), wie Sie mit dieser Hochspannung umgehen sollen, damit Sie nicht daran zerbrechen.

- Im Predigerbuch (und in der ganzen Bibel) finden wir immer wieder die Aufforderung zur Freude. In meinen Ausführungen habe ich geschrieben: »Wer sich freuen kann an dem Guten in seinem Leben und von Herzen dankbar dafür ist, betreibt die beste Vorsorge für sein Herz.« Notieren Sie zehn Dinge in Ihrem Sehnsuchtstagebuch, über die Sie sich am heutigen Tag freuen und für die Sie dankbar sind. Es ist eine gute Übung, dies regelmäßig zu praktizieren. Tun Sie dies beispielsweise so lange, bis sich in Ihnen ein

Sensorium für das Gute und Schöne einstellt und Ihr Blick zunehmend dafür geschärft wird. Danken Sie Gott ganz bewusst – auch mitten im Alltag – für gute Dinge, die er Ihnen schenkt (das kann bereits mit einem Tischgebet für die tägliche Nahrung beginnen).

- Wie können Sie Ihrer Sehnsucht Segel setzen? Welche Sehnsüchte weisen auf einen besonderen Auftrag hin, den Gott in Ihr Herz gelegt hat? Welchen Traum hegen Sie tief in Ihrem Inneren? Welcher Sehnsucht möchten Sie im Hinblick auf Ihre Zukunftsgestaltung neu Aufmerksamkeit schenken?

- Gibt es in Ihrem Leben Weggefährten, die Sie auf Ihrer Reise der Sehnsucht ermutigen und unterstützen? Falls Sie sich allein fühlen: Gibt es eine Person, die Sie sich als Weggefährten/Weggefährtin vorstellen könnten? Fassen Sie sich ein Herz und kontaktieren Sie diese Person in den kommenden Tagen. Bitten Sie Jesus darum, dass er Ihnen Menschen zur Seite stellt, die Ihnen mit Rat und Tat dabei helfen, Ihre Reise der Sehnsucht zu bewältigen und mutig über sich hinauszuwachsen.

WUNSCH

horizont

möge deine reise durch das land der sehnsucht
in hellen und dunklen stunden gesegnet sein
mögen wunder deine straße säumen
und sterne deine nacht erhellen
möge der blick auf das ziel deiner reise
deinen alltag mit ewigkeit erfüllen

möge dich in den wogen der wehmut
eine rettende hand ergreifen
damit du nicht ertrinkst in dem
was dein herz nicht ertragen kann
mögen die leiden deiner seele
quellen der offenbarung werden

möge dich im tal der einsamkeit
die heilsame hand gottes berühren
damit dich die angst nicht überwältigt
und du einen weg aus der wüste findest
mögest du im kampf mit den nachtschatten
innerlich und äußerlich erstarken

möge deiner dunkelsten stunde
eine morgendämmerung folgen
deinem winter ein frühling
deinem sturm ein regenbogen
mögest du aus sackgassen des lebens
immer wieder vertrauensvoll aufbrechen

mögest du in den stürmen des lebens
nie den silberstreifen aus den augen verlieren
der dir hoffnungsvolle horizonte erschließt
mögest du der melodie deines herzens folgen
durch sturm und wetter der sonne entgegen
und am ziel deiner reise zuhause ankommen[137]

Debora Sommer, 16.03.2015

....

137 Debora Sommer, in: *longing – sehnsucht – længsel.* 2015. Gilleleje: VNP. Hg. Jørn Henrik Olsen. S. 65–71.

DANK

Kaum ein anderer Buchabschluss wurde von mir und meiner Familie so sehnsüchtig erwartet wie dieser. Die Dimension und Bedeutung des Themas haben mir alles abverlangt. Ohne Unterstützung von vielen hätte ich es nicht geschafft. Ich sage aus tiefstem Herzen „Danke!"

Kathrin Arlt, dies ist bereits das fünfte Buchprojekt, das wir gemeinsam zu Ende gebracht haben. Eigentlich müsste dein Name mit auf dem Cover stehen, denn deine kritischen Rückfragen, dein hartnäckiges Nachhaken und dein enormer Einsatz haben maßgeblich zur Qualität dieses Buches beigetragen. Danke, dass du dich mit mir auf eine Reise der Sehnsucht begeben hast, deren Ausgang völlig offen war. Wir wurden beide wiederholt überrascht, aber auch beschenkt. Ein herzliches Dankeschön für deine wertvolle Unterstützung und alles Herzblut, das du in dieses Projekt investiert hast.

Liebe Mitstreiter im *Team geistliche Ausrichtung* der Freien Missionsgemeinde Region Zofingen: Benj, Bruno, Dieter und Mäce. Unser gemeinsamer Weg in den vergangenen Monaten – sowie mehrere Predigtserien, die wir in dieser Zeit zusammen durchführten – haben entscheidende Spuren in diesem Buch hinterlassen. Danke für alle Inspiration, das freundschaftliche Miteinander und euer brennendes Herz für das Königreich Gottes. Ich schätze euch sehr und bin dankbar für alles, was ich von euch lernen darf.

Rolf, es ist schwer, in Worte zu fassen, wie dankbar ich bin für deine Unterstützung, die weit über die Erstkorrektur meines Manuskripts hinausging. Ohne dich könnte ich dies alles gar nicht machen. Danke, dass du mir den Rücken freihältst und es mir ermöglichst, meine Herzensleidenschaft – das Schreiben – zu leben. Danke für dein Verständnis für unzählige Abende, an denen du auf meine Gesellschaft verzichten musstest. Danke, dass du mich ermutigt hast dranzubleiben, auch wenn mir phasenweise fast die Puste ausging. Ich liebe dich.

Ruben, dieses Buch ist dir gewidmet – zu deinem 20. Geburtstag, den wir kurz vor der Veröffentlichung dieses Buches feiern werden. Ohne lange Ausführungen wirst du wissen, wieso ich mein Sehnsuchtsbuch ausgerechnet dir widme. Es ist ein Thema, das unsere Herzen verbindet und bei dem wir uns auch ohne Worte verstehen. Mit jeder Seite dieses Buches möchte ich dir zurufen: Wage es, die Sehnsucht in dir zuzulassen. Lass dich durch sie in Gottes Nähe führen. Lass dich von Gott in der Tiefe deines Herzens berühren und verändern. Transformiere deine Sehnsucht in Lebenskraft: in sehnsüchtige Songs, in inspirierende Texte, in visionäre Ziele. Streck dich aus nach mehr! Jesus wartet darauf, dir mehr von sich zu offenbaren. Verleihe deiner Sehnsucht Ausdruck, damit Jesus durch dich geehrt wird. Du machst mein Mutterherz stolz. Es fließt über vor Dankbarkeit.

Dina, während der Abfassung dieses Manuskripts bist du erwachsen geworden. Auch du musstest oft auf mich verzichten und ich weiß, was das für dich bedeutet. Danke, dass du mich trotz meiner Begrenzungen aushältst und liebst. Meine Tochter, ich liebe dich aus tiefstem Herzen und bin unbeschreiblich stolz auf dich. Beim Schreiben dieses Buches habe ich oft an dich gedacht und ich hoffe, dass du Inspiration und Wegweisung für dein Leben darin findest. Auch dein Konfirmationsvers aus Sprüche 4,23 passt wunderbar dazu. Ja, behüte dein Herz wie einen kostbaren Schatz. Jesus ist mit dir und will dich aus dem Reichtum seiner Fülle beschenken.

Wie immer gilt ein besonderer Dank meinen Eltern, *Erich* und *Helena Mauerhofer*, sowie meiner Schwester *Mirjam Mistreanu*. Ihr leidet bei jedem Buchprojekt mit und helft, wo ihr könnt. Ihr seid mir unendlich kostbar und ich danke Gott für euch.

Der Dank an meinen himmlischen Vater übertrifft alles. Bei der Arbeit an diesem Buch wurde mir neu bewusst, wie viel ich ihm verdanke und welch unermesslicher Reichtum mir in Jesus Christus geschenkt ist. In der Kraft seines Geistes will ich der Sehnsucht meines Herzens folgen und neue Glaubensdimensionen entdecken. Ich will bis an den Rand meiner Sehnsucht gehen und meine Hände ausstrecken zu dem, dem alle Macht gegeben ist im Himmel und auf Erden. *Soli Deo gloria*. Gott allein gehört die Ehre – in Zeit und Ewigkeit.

Weitere Bücher von Debora Sommer

Raum für mehr
Mein Sehnsuchtstagebuch
ISBN 978-3-96362-142-0
160 Seiten, Paperpack mit Gummiband

Ein wunderschön gestaltetes Notizbuch für all diejenigen, die ihren Sehnsüchten auf den Grund gehen und ihr Leben aus der Sehnsuchtsperspektive betrachten wollen. Die Art und Weise, wie wir mit unseren Sehnsüchten umgehen, entscheidet darüber, wie unsere Zukunft aussehen wird. Wir alle sind Sehnsuchtswesen. Doch welche Sehnsucht schlummert in Ihnen?

Blühe dort, wo du gepflanzt bist
ISBN 978-3-96362-019-5
256 Seiten, Klappenbroschur
auch als E-Book erhältlich

Debora Sommer hat sich aufgemacht, dem Geheimnis blühenden Lebens auf die Spur zu kommen. Wieso gelingt es manchen Menschen, trotz schwierigster Lebensumstände zu blühen, während andere daran kaputtgehen? Warum schielen wir so oft sehnsüchtig auf die Lebensgärten anderer?

Die gute Nachricht ist: Blühendes Leben ist jederzeit möglich. Ungeachtet der Lebensumstände. Jeder kann dort, wo er gepflanzt ist, aufblühen und reiche Frucht bringen. Allerdings gibt es einige Faktoren, die das Blühen hindern, und andere, die es fördern. Welche das sind und wie eine gesunde Verwurzelung aussehen kann, die letztlich die entscheidende Voraussetzung für ein erneutes Aufblühen ist, zeigt Debora Sommer anhand vieler persönlicher Geschichten und praktischer Tipps einfühlsam auf. Fragen zum Weiterdenken helfen dem Leser, das Gelesene ganz konkret auf die eigene Lebenssituation zu übertragen.

einzigartig - Entfalte, was in dir steckt
ISBN 978-3-86827-639-8
222 Seiten, Paperback
auch als E-Book erhältlich

»Einzigartig« richtet sich an all jene, die auf ein Schmetterlingswunder hoffen. Die sich danach sehnen, dass in ihrem Leben zur Entfaltung kommt, was Gott in sie hineingelegt hat. Doch wie kann das geschehen?

Die gute Nachricht ist: Wir alle sind dazu bestimmt, wunderschöne, einzigartige Schmetterlinge zu sein. Und Gott hat uns mit allem ausgestattet, was für die Verwandlung nötig ist. Warum verharren wir trotzdem oft im Raupenstadium? Warum sehen wir Kokonzeiten als Bedrohung, nicht als Chance zum Wachstum? Welche Lektionen lassen sich aus der Verwandlung der Raupe zum Schmetterling ableiten und wie können wir diese auf unser Leben übertragen?
Für Debora Sommer ist die Verwandlung der Raupe zum Schmetterling zu einem Sinnbild für ihr eigenes Leben geworden. Offen erzählt sie in diesem Buch von ihren persönlichen Erlebnissen, gewährt Einblicke auch in schwere Zeiten in ihrem Leben und nimmt den Leser mit auf eine faszinierende Entdeckungsreise.